# CÓMO FUNCIONA LA POLÍTICA

# CÓMO FUNCIONA
# LA POLÍTICA

Guía gráfica de la gestión de lo público

**Edición sénior** Alison Sturgeon
**Edición de arte sénior** Gadi Farfour
**Edición del proyecto** Daniel Byrne
**Edición** Kathryn Hill, Andrew Humphreys,
Joanna Micklem, Victoria Pyke, Andrew Szudek
**Diseño** Daksheeta Pattni
**Ilustración** Phil Gamble,
Vanessa Hamilton, Mark Lloyd
**Edición ejecutiva** Gareth Jones
**Edición ejecutiva de arte** Lee Griffiths
**Edición de producción sénior** Andy Hillard
**Control de producción sénior** Rachel Ng
**Diseño de cubierta** Vidushi Chaudhry
**Diseño de maquetación sénior** Harish Aggarwal
**Coordinación sénior de cubierta** Priyanka Sharma Saddi
**Dirección de desarrollo de diseño de cubierta** Sophia MTT
**Dirección editorial** Liz Wheeler
**Dirección de publicaciones** Jonathan Metcalf
**Dirección de arte** Karen Self

**De la edición en español:**
**Coordinación editorial** Marina Alcione
**Asistencia editorial y producción** Eduard Sepúlveda

**Servicios editoriales** Tinta Simpàtica
**Traducción** Ismael Belda

Publicado originalmente en Estados Unidos
en 2022 por Dorling Kindersley Limited
1450 Broadway, Suite 801, New York, NY 10018
Parte de Penguin Random House

Los libros de DK pueden adquirirse con descuento especial por volumen
para ventas, promociones, obsequios, captación de fondos o uso educativo.
Para más información, contactar con: DK Publishing Special Markets,
1450 Broadway, Suite 801, New York, NY 10018 – SpecialSales@dk.com

Impreso y encuadernado en Dubái

Para mentes curiosas

**www.dkespañol.com**

Este libro se ha impreso con papel
certificado por el Forest Stewardship
Council™ como parte del compromiso
de DK por un futuro sostenible.
Para más información, visita
www.dk.com/our-green-pledge

CONTENIDOS

Introducción                                    08

# BASES DEL PENSAMIENTO POLÍTICO

**La necesidad de la política**            12
Gobernante soberano                        14
Soberanía por consentimiento              16
El pueblo es soberano                      18
**¿Quién debería gobernar?**               20
Líderes sabios                             22
Liderazgo moral                            24
El arte de gobernar                        26
Elegir a los líderes                       28
La voluntad del pueblo                     30

# TEORÍA POLÍTICA

**Ideologías políticas**                   34
Liberalismo                                36
Conservadurismo                            38
Neoliberalismo                             40
Libertarismo                               42
Anarquismo                                 44
Fascismo                                   46
Nacionalismo                               48
Populismo                                  50
Socialismo                                 52
Comunismo                                  54
Socialdemocracia                           56
Multiculturalismo                          58
Panafricanismo                             60
Feminismo                                  62
Ecologismo                                 64

# ORGANIZACIÓN DEL GOBIERNO

**Sistemas políticos**    **68**
Monarquía    **70**
Teocracia    **72**
Unipartidismo    **74**
Dictadura    **76**
Democracia multipartidista    **78**
Federalismo    **80**
**Instituciones políticas**    **82**
Poder ejecutivo    **84**
Poder legislativo    **86**
Poder judicial    **88**
Función pública    **90**
Departamentos del Gobierno    **92**
Hacienda y políticas económicas    **94**
Prestaciones sociales    **96**
Ejército    **98**
Gobierno local    **100**
Organizaciones no gubernamentales    **102**

# CAMBIO POLÍTICO

**Elecciones y voto**    **106**
Campañas electorales    **108**
Sistemas electorales    **110**
Referéndums    **112**
Manipular las elecciones    **114**
**Medios y política**    **116**
Libertad de prensa    **118**
Propaganda y censura    **120**
Redes sociales y desinformación    **122**
**Derechos**    **124**
Derechos humanos, morales y legales    **126**
Derechos positivos y negativos    **128**
El derecho al voto de los ciudadanos    **130**
Derechos de las mujeres    **132**
**Justicia, identidad e inclusión**    **134**
Clasismo    **136**
Esclavitud    **138**
Racismo y antirracismo    **140**
El patriarcado    **142**
Derechos LGBTQ+    **144**
Interseccionalidad    **146**
**Grupos de presión y protestas**    **148**
Cabildeo    **150**
Sindicatos    **152**
Activismo y protesta    **154**
Revoluciones    **156**

# COLABORADORES

### Paul Kelly (asesor editorial)

Paul Kelly es catedrático de Teoría Política en la London School of Economics and Political Science y exdirector de esta. Es autor, editor y coeditor de diecisiete libros sobre filosofía política contemporánea, teoría política internacional y política e ideas británicas.

### Philip Baselice (asesor editorial)

Philip Baselice es profesor de Historia en la Nysmith School y lo fue en el Northern Virginia Community College. Ha sido asesor de seis libros sobre historia y política. Sus intereses académicos se centran en la historia estadounidense, la historia europea de los siglos xix y xx, el nacionalismo y la descolonización.

### Niheer Dasandi

Niheer Dasandi es profesor asociado de Política y Desarrollo en la Universidad de Birmingham. Sus investigaciones se centran en la política del desarrollo sostenible y los derechos humanos, y se han publicado en destacadas revistas académicas. También es autor del libro *Is Democracy Failing?*

### Elizabeth Dowsett

Elizabeth Dowsett es una escritora y editora que ha colaborado en numerosos libros, entre ellos *Politics Is...*, de DK. Trabajó en la Oficina del Gabinete del Gobierno británico, otros departamentos de la Administración pública y el Parlamento, como coordinadora del periódico *The Guardian*.

# RELACIONES INTERNACIONALES

**Conexiones internacionales** 160
Diplomacia 162
Organizaciones internacionales 164
Organismos internacionales 166
Deuda externa 168
Barreras comerciales internacionales 170
Comercio y colonización 172
Globalización 174
**Guerra y paz** 176
El derecho a la guerra 178
Alianzas y neutralidad 180
Terrorismo 182
**Preocupaciones globales** 184
Migración 186
Geopolítica 188
Ayuda exterior 190
Desafíos medioambientales 192

# GOBIERNOS DEL MUNDO

América del Norte y Centroamérica 196
Centroamérica y América del Sur 198
Europa 200
África 206
Oriente Medio 208
Asia 210
Oceanía 214

**Índice** 216

**Agradecimientos** 224

**Ann Kramer**

Historiadora y escritora, Ann Kramer estudió Feminismo e Historia de la mujer en la Universidad de Sussex. Ha escrito o colaborado en numerosos libros sobre política, feminismo y derechos humanos. Recientemente ha colaborado en *Politics Is…* y *The Feminism Book*, de DK.

**Anca Pusca**

Anca Pusca es editora ejecutiva de relaciones internacionales en Palgrave Macmillan (Springer Nature). Doctora en Relaciones Internacionales en la Escuela de Estudios Internacionales de la American University. Es profesora visitante en el CUNY Graduate Center y en la New School de Nueva York.

**Andrew Szudek**

Andrew Szudek es escritor y editor. Estudió Filosofía en la Universidad de Cambridge y se especializó en filosofía política y ética. Ha trabajado en numerosos títulos de no ficción, desde guías de viaje hasta historia militar.

**Marcus Weeks**

Marcus Weeks ha escrito y colaborado en numerosos libros sobre política, filosofía, psicología y arte, incluidos varios títulos de la colección «Big Ideas», de DK. Ha sido también asesor editorial y colaborador de la obra *Cómo funciona la filosofía*, también de DK.

# INTRODUCCIÓN

Las personas siempre han vivido en comunidad y, por tanto, la política siempre ha estado con nosotros. La política es principalmente una actividad social que se ocupa de cómo se organizan las sociedades y cómo pueden mejorar. No obstante, también es una disciplina teórica que trata de responder a cuestiones como cuánto poder debe tener un gobierno sobre sus ciudadanos, cómo se justifica la autoridad política, qué derechos tienen los ciudadanos o cómo deben ser protegidos.

Las respuestas a estas preguntas siempre han sido objeto de discusión y se pueden agrupar en lo que se conoce como «ideologías». Una ideología es una tradición de pensamiento, y puede favorecer la autocracia (gobierno absoluto por parte de una persona), la democracia (gobierno por parte del pueblo) o algo intermedio, como una monarquía electiva. Lo que distingue a estas ideologías entre sí es que cada una ofrece una visión fundamentalmente diferente de la naturaleza humana. Por ejemplo, los defensores de la autocracia, o de un gobierno con considerables poderes, tienden a ver a las personas como inherentemente violentas y necesitadas del control estatal. Por el contrario, los defensores de la democracia, o de los poderes gubernamentales limitados, tienden a verlas como inherentemente razonables y capaces de controlar su propio destino.

*Cómo funciona la política* proporciona una descripción general de las principales ideologías políticas y examina la gama de instituciones que utilizan los gobiernos para implementar sus criterios. Así como hay diversos tipos de regímenes autoritarios, también hay distintos tipos de democracias; todos ellos se analizan en este libro. Los cinco primeros capítulos se ocupan de teoría política, de cómo se organizan los gobiernos y de algunos problemas a los que se enfrentan los gobiernos, como la forma en que deben interactuar entre ellos internacionalmente y cómo deben administrar los recursos internos. El capítulo 6 ofrece una descripción general de los principales gobiernos del mundo actual y analiza lo que hace que cada uno de ellos sea único.

# BASES DEL PENSAMIENTO POLÍTICO

# La necesidad de la política

Los seres humanos son animales sociales y han evolucionado con una tendencia natural a vivir en unidades sociales. Para que estas unidades, o sociedades, funcionen correctamente, han tenido que desarrollar formas de organizarse y regularse para beneficio y seguridad de sus miembros. Como resultado, han surgido diversas formas de gobierno. El proceso de establecer estos distintos sistemas y de decidir cómo deberían funcionar es el cometido de la política.

## Gobernantes y ciudadanos

A lo largo de la historia, el gobierno de la sociedad estaba determinado por un dirigente, o clase dirigente, y los ciudadanos comunes no tenían voz en el asunto. Luego, durante la Ilustración de los siglos XVII y XVIII (ver p. 17), los filósofos comenzaron a considerar la relación entre el Gobierno y los gobernados, y a sugerir formas en las que los ciudadanos podrían participar en la selección de sus gobernantes.

**Thomas Hobbes (1588-1679)**
El filósofo inglés Thomas Hobbes consideraba que, sin autoridad, la sociedad caería en la anarquía. Sostenía que la gente debía someterse a un gobernante soberano con poder absoluto.

## CRECIMIENTO DE LAS CIVILIZACIONES

Desde la Prehistoria, las personas se han unido. Los primeros grupos familiares de cazadores-recolectores nómadas se fusionaron en clanes y tribus. Más tarde, la adopción de prácticas agrícolas hizo necesarios los asentamientos permanentes. Estos crecieron en tamaño y sofisticación, desde campamentos y aldeas hasta pueblos y ciudades, y extendieron su influencia a los territorios vecinos, para aliarse con otras ciudades o bien para conquistarlas. Las grandes civilizaciones antiguas surgieron de estas ciudades-Estado, al aumentar su poder y convertirse en reinos o en imperios, precursores de los Estados modernos. Al evolucionar, estas sociedades se organizaron políticamente y establecieron diferentes ideas acerca de cómo regir y cómo gobernar al pueblo.

> «La justicia [...] es el principio de orden en una sociedad política».
>
> Aristóteles, filósofo griego, *Política*, Libro I (siglo IV a. C)

**John Locke (1632-1704)**
El filósofo inglés John Locke consideraba que la sociedad debía transferir algunos de sus derechos al Gobierno para así garantizar el derecho de las personas a la vida, la libertad, la salud y las posesiones.

**Jean-Jacques Rousseau (1712-1778)**
El filósofo de origen suizo Rousseau sostenía que todas las formas de gobierno existentes estaban basadas en la desigualdad. Decía que el poder de hacer leyes debe estar en manos del pueblo.

# Gobernante soberano

En su libro *Leviatán*, obra clave de filosofía política escrita en 1651, Thomas Hobbes presentó su argumento de que se necesita un gobernante poderoso para controlar los conflictos en la sociedad civil.

## Anarquía y malestar

Thomas Hobbes escribió *Leviatán* durante la Revolución inglesa (1642-1651), que influyó mucho en su filosofía política. Su experiencia del conflicto le dejó una visión pesimista de la existencia humana: la vida para la mayoría de las personas, decía, es «solitaria, pobre, desagradable, brutal y breve». Creía que la guerra surgía de desacuerdos en los fundamentos filosóficos del conocimiento político. Ideó su propia teoría reformada sobre cómo se podía gobernar mejor a las personas para poner fin a todas las divisiones y para poner fin también a la condición de guerra.

Sin regulación de ningún tipo, razonaba, cada cual debería luchar por su cuenta por la supervivencia. Esta situación, creía el filósofo, provocaría un constante estado de caos, como en la Revolución inglesa.

Hobbes pensaba que la autoridad política existe para evitar ese desorden. A cambio de que los ciudadanos sacrifiquen algunas de sus libertades, sus gobernantes los protegen de los ataques de otros.

## Un bien mayor

Hobbes explicaba las concesiones hechas por cada individuo en favor de la sociedad en su conjunto como una forma de acuerdo o «contrato social», como se conoció más tarde. Al firmar este contrato, la sociedad misma se convierte en una autoridad soberana, a la cual los individuos entregan su propia autoridad.

Para evitar que la sociedad caiga en la anarquía, Hobbes argumentó que esta autoridad soberana debe ser aplicada mediante la fuerza, y que el trabajo de ejecución se le otorga al gobernante soberano. El gobernante recibe poder absoluto y toma el control de todos los asuntos civiles, militares y judiciales. A cambio, es deber del soberano velar por la protección y el bienestar de la población.

## LA FILOSOFÍA DE THOMAS HOBBES

Hobbes era materialista, lo que significa que creía que todo en el universo es físico. Por tanto, negaba la existencia de sustancias inmateriales. En virtud de su materialismo, argumentaba que el universo, y todo lo que hay en él, se comporta de forma mecanicista, de acuerdo con las leyes científicas, y, como resultado, rechazaba la idea de que los seres humanos tengan libre albedrío. También creía que las personas, por naturaleza, están motivadas por su propio interés para satisfacer sus necesidades físicas. Hobbes fue el primer filósofo que promovió la idea del contrato social (ver página opuesta).

## Conflictos de interés

En todo grupo social, inevitablemente habrá conflictos de interés y disputas sobre los recursos y la propiedad. La función de la sociedad civil es prevenir y resolver estos conflictos, y para ello se requiere alguna forma de gobierno.

### ESTADO NATURAL

Sin las limitaciones de la sociedad civil, sostenía Hobbes, el estado natural o «estado de naturaleza» de las personas sería un conflicto constante por la supremacía y la supervivencia.

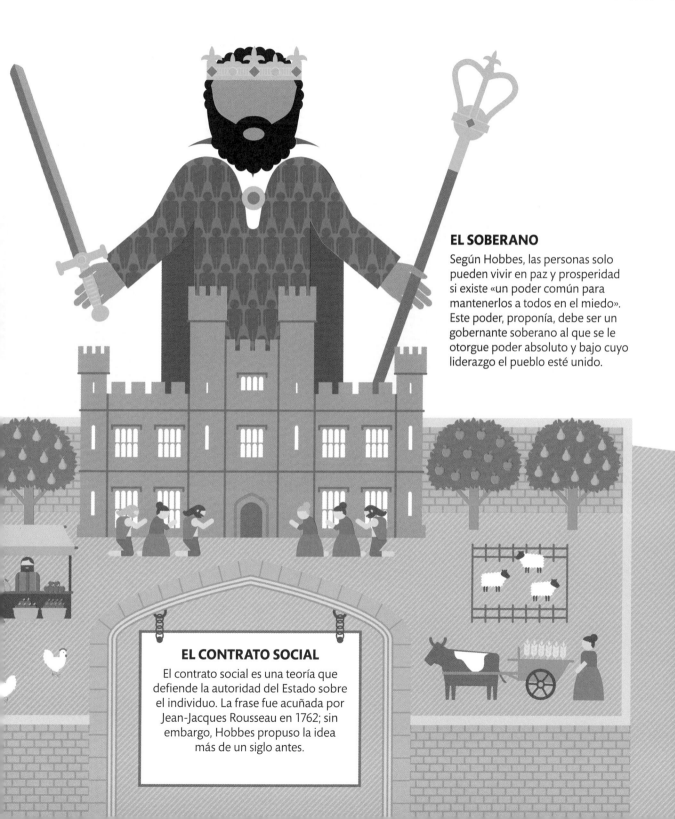

## EL SOBERANO

Según Hobbes, las personas solo pueden vivir en paz y prosperidad si existe «un poder común para mantenerlos a todos en el miedo». Este poder, proponía, debe ser un gobernante soberano al que se le otorgue poder absoluto y bajo cuyo liderazgo el pueblo esté unido.

## EL CONTRATO SOCIAL

El contrato social es una teoría que defiende la autoridad del Estado sobre el individuo. La frase fue acuñada por Jean-Jacques Rousseau en 1762; sin embargo, Hobbes propuso la idea más de un siglo antes.

# Soberanía por consentimiento

**John Locke, influyente partidario de los valores de la Ilustración –libertad, igualdad y pensamiento racional–, abogó por una sociedad basada en un contrato social que protegiera los «derechos naturales» de sus miembros.**

## Derechos de las personas

John Locke tenía una opinión más favorable de la naturaleza humana que Thomas Hobbes, pues creía que las personas son esencialmente cooperativas, altruistas y, sobre todo, racionales. Locke reconocía que también quieren proteger sus propios intereses y para él cada individuo tiene un «derecho natural» a defender vida, salud, libertad y posesiones. Afirmaba que esto puede provocar conflictos de interés, pero propuso una manera alternativa de resolverlos.

Mientras que Hobbes abogaba por una autoridad soberana fuerte, Locke favorecía una forma de gobierno más benigna. Argumentó que una sociedad civil exitosa requiere que la gente otorgue a un gobierno autoridad para que los dirija. Esto garantiza que el Gobierno protegerá los derechos y libertades de su pueblo en lugar de restringirlos. Locke creía que la función central de ese gobierno es garantizar la justicia siendo árbitro en cualquier disputa y respetando los derechos naturales de cada

## Gobierno por consentimiento

Tanto Hobbes como Locke reconocieron que la formación de una sociedad civil depende de una forma de contrato social, en el que la gente acuerda dar poder al Gobierno a cambio de su seguridad. Locke, sin embargo, enfatizó el elemento de consentimiento necesario para el acuerdo. El pueblo, argumentaba, se somete voluntariamente a un gobierno que protegerá sus derechos y administrará justicia en disputas sobre conflictos de interés.

### Racional y cooperativa

La visión de Locke de la sociedad civil se basaba en la idea de que las personas son por naturaleza animales sociales capaces de razonar. Los seres humanos comprenden las ventajas de comportarse cooperativamente en grupos sociales sin coerción en lugar de como individuos egoístas.

ciudadano. Sostenía que si un gobierno no lo hace, se justifica que el pueblo lo derroque y lo reemplace por uno que sirva a sus intereses.

### Una influencia duradera

En opinión de Locke, dado que las personas son cooperativas y racionales, pueden consentir que el Gobierno ejerza autoridad sobre ellas para garantizar sus derechos naturales. Esta interpretación del contrato social, y la concepción de Locke de los derechos del individuo, influyó en los pensadores liberales de la Europa del siglo XVIII. También tuvo un impacto en Estados Unidos: la teoría de los derechos de Locke es la fuente del derecho a la «vida, la libertad y la búsqueda de la felicidad» de la Declaración de Independencia de Estados Unidos.

> «La finalidad de la ley no es abolir o frenar, sino preservar y agrandar la libertad».

John Locke, *Segundo tratado sobre el gobierno civil* (1690)

### LA ILUSTRACIÓN

Durante los siglos XVII y XVIII, un movimiento intelectual conocido como «Ilustración» surgió en la sociedad europea. Científicos y filósofos enfatizaron la importancia del pensamiento racional y de la ciencia sobre la fe y la religión, desafiando la autoridad de la Iglesia y la monarquía. La Ilustración hizo repensar la forma en que la sociedad se organizaba y era gobernada, y dio lugar a un movimiento político centrado en los ideales de libertad, igualdad y derechos de los ciudadanos que culminó en la Revolución francesa y la Revolución estadounidense.

### El contrato social
Aunque cada individuo tiene derechos naturales, estos solo pueden ser protegidos por la sociedad en su conjunto, con el acuerdo del pueblo. Los ciudadanos, como miembros de la sociedad civil, firman un contrato social con el Gobierno, entregando cierta autonomía y otorgando autoridad a este.

### Apoyar los sistemas del Estado
Según el contrato social, los miembros de la sociedad civil otorgan a un gobierno la autoridad para ejercer el poder en su nombre en beneficio del conjunto. El acuerdo puede formalizarse mediante una constitución que detalle los poderes y responsabilidades del Gobierno y los derechos de sus ciudadanos.

# El pueblo es soberano

Jean-Jacques Rousseau criticó el concepto de sociedad civil, alegando que corrompe la bondad innata de la humanidad y restringe la libertad. Abogó por una sociedad gobernada por la «voluntad general» del pueblo.

## La sociedad corrompe

Rousseau acuñó la expresión «contrato social», el título de su tratado político publicado en 1762. Pero su visión del funcionamiento de aquel en una sociedad ideal era diferente de las ideas anteriores de Hobbes o de Locke.

Rousseau sostenía que en un estado de naturaleza, los humanos son esencialmente buenos y libres: porque los recursos naturales están disponibles para todos, sin conflictos de interés. En palabras suyas: «Los frutos de la tierra son de todos, pero la tierra misma no es de nadie».

Lo que echa a perder la situación ideal, según él, es el momento en que una persona reclama como propio un territorio y niega a otros el acceso a sus recursos. En el pasado, la sociedad civil protegió los derechos del individuo, sobre todo el derecho a la propiedad privada. Con ello, creó desigualdad y restringió la libertad, fomentando el conflicto y la corrupción de la bondad natural de las personas. Los conflictos de interés eran entonces inevitables entre los que tenían y los que no tenían.

## El poder para el pueblo

La solución de Rousseau fue una forma de sociedad y de contrato social radicalmente diferente: en lugar de que los ciudadanos otorguen una autoridad gubernamental, como proponía

## La «voluntad general»

En la sociedad ideal de Rousseau, el centro de atención es el interés colectivo, en oposición a los derechos del individuo. El Gobierno debería ser un proceso colectivo, en el que las personas participasen en la democracia directamente (ver pp. 30 y 31) y no a través de representantes.

### La propiedad privada crea desigualdad

Reclamar la posesión de propiedad privada conduce a una distribución injusta de los recursos, y un gobierno que protege el derecho a la propiedad restringe la libertad natural.

Locke, la sociedad deberían gobernarla los ciudadanos. Sostenía que las decisiones deben tomarse por consenso, expresando así la «voluntad general» del pueblo. Esto garantizaría que el Gobierno preservase los intereses de la sociedad en su conjunto en lugar de limitarse a proteger los derechos individuales, restaurando así la libertad natural de las personas.

## ROUSSEAU Y LA REVOLUCIÓN FRANCESA

Si la teoría de los derechos de Locke inspiró los ideales de la Revolución estadounidense (1775-1783), Rousseau fue una inspiración parecida en Francia. La Revolución francesa (1789-1799) compartía las aspiraciones por los derechos ciudadanos de Estados Unidos, pero fueron las ideas de

Rousseau, y su deseo de derrocar el viejo orden corrupto, lo que animó a los revolucionarios. Su grito de guerra: «Liberté, égalité, fraternité», adoptado más tarde como lema de la República Francesa, era una paráfrasis directa de las ideas expresadas en *El contrato social* de Rousseau.

### La sociedad deben gobernarla los ciudadanos

En lugar de otorgar autoridad a un gobierno, el pueblo debe ser soberano y tomar decisiones según la voluntad más amplia de la ciudadanía en su conjunto.

### Cada miembro es parte de un todo indivisible

Todo ciudadano renuncia a sus derechos individuales pero es parte integral de la sociedad. La voluntad general protege las libertades individuales: atacar los derechos de uno es atacar a todos.

# ¿Quién debería gobernar?

A lo largo del tiempo, han evolucionado diferentes modelos de gobierno, junto con ideas sobre cómo servir mejor a los intereses de los gobernados. Los antiguos modelos basados en el liderazgo de un solo gobernante, que solía heredar el poder y al que apoyaba una casta privilegiada, se han ido reemplazando por sistemas más democráticos. En el mundo moderno, la mayoría de los países prefieren gobiernos elegidos por el pueblo y que representen sus opiniones y aspiraciones.

## Tipos de líder

Cada líder refleja el sistema político de la sociedad a la que representa, así como los valores y prioridades de esta. El proceso de selección de líderes varía según la sociedad: se les puede otorgar poder por el respeto que inspiran, algunos nacen para gobernar, otros se hacen con el poder y otros son designados o elegidos.

### Tribal

Las sociedades tribales más pequeñas se estructuran como familias tradicionales. Los líderes tribales son el cabeza de familia y brindan seguridad y protección. A menudo son elegidos por su mayor edad, sabiduría y experiencia.

### Militar

Los líderes militares pueden alcanzar el poder por su habilidad en la batalla o su rango. En el pasado, podían hacerse con el poder mediante la conquista; hoy en día, es más probable que sea a consecuencia de un golpe de Estado.

1. **¿Qué poder tienes?**
2. **¿De dónde lo sacaste?**
3. **¿En interés de quién lo ejerces?**
4. **¿A quién debes rendir cuentas?**
5. **¿Cómo podemos librarnos de ti?**

Tony Benn, político británico, en su último discurso en la Cámara de los Comunes (2001)

## ¿POR QUÉ SE NECESITAN LÍDERES?

Tendemos a querer que nos guíen. Incluso en democracias en las que todos somos «iguales», surgen también líderes. Algunos son solo hombres de paja, pero a menudo se selecciona a una sola persona para que asuma la responsabilidad final de las acciones del Gobierno. Solo unos pocos sistemas políticos, como el anarquismo, no consideran necesarios a los líderes.

### Hereditario

Históricamente, muchas naciones han sido gobernadas por monarcas (reyes, reinas, emperadores, sultanes, emires...), que se creía que habían heredado el derecho divino de gobernar, el cual transmitían a sus herederos.

### Religioso

Las sociedades muy religiosas creen que las leyes y el Gobierno han sido decretados por Dios y están controladas por sacerdotes. Los líderes son elegidos por su autoridad moral y su conocimiento religioso.

### Electo

En la era moderna, la idea de gobierno democrático ha terminado por dominar. Los líderes pueden ser elegidos por el pueblo o por representantes electos. Es el gobierno por el pueblo, no por un individuo.

# Líderes sabios

En la historia, algunos gobernantes han heredado su poder o lo han tomado por la fuerza, mientras que otros han sido elegidos por sus cualidades de liderazgo, especialmente según los valores tradicionales de sabiduría y experiencia.

## Una clase gobernante

Parece obvio que una cualidad del buen gobernante sea la sabiduría, pero fue el filósofo ateniense Platón (siglo v a. C.) quien identificó el tipo de sabiduría que creía necesaria en un líder. En la *República*, describió lo que consideraba una sociedad ideal y cómo debía gobernarse.

Platón consideraba que la sociedad constaba de tres clases de personas: los trabajadores ordinarios, las fuerzas armadas y la élite educada. Había experimentado el gobierno de la «gente común» en la forma de democracia ateniense, bajo la cual su amigo y mentor Sócrates fue acusado de corromper a la juventud con sus ideas y condenado a muerte. Por ello, Platón concluyó que eran los educados y los sabios los más adecuados para gobernar, pues los guiaría la razón y no el interés propio.

## Reyes filósofos

En la sociedad ideal de Platón, las personas pueden vivir una «buena vida»: se encuentran seguras, son felices y se comportan de manera moral. Es responsabilidad de los gobernantes crear una sociedad en la que los ciudadanos disfruten de esta «buena vida». Sin embargo, decía Platón, solo los filósofos entienden realmente el significado de ideas como «bueno» y «correcto» y, como tales, son los únicos capaces de dirigir la sociedad.

Por tanto, él abogaba por una sociedad gobernada por una pequeña élite de «reyes filósofos». Esto podía lograrse colocando a los filósofos en posiciones de poder o educando a los gobernantes en la disciplina de la filosofía. Aunque la

## MARCO AURELIO

Aunque heredó el puesto en lugar de ganárselo, Marco Aurelio (121-180 d. C.) se convirtió en uno de los emperadores romanos más exitosos y apreciados. Confirmando aparentemente la defensa de Platón de los reyes filósofos, no solo fue un destacado líder político y militar que mantuvo la paz y la prosperidad durante todo su reinado, sino también un filósofo respetado. Sus *Meditaciones*, escritas cuando era emperador, son un largo discurso sobre la superación personal, la virtud y la ética. Esta obra sigue siendo una inspiración para los filósofos y líderes políticos de la actualidad.

## La nave del Estado

En la *República* de Platón, Sócrates, uno de los personajes, compara la sociedad con un barco cuyo amo (ciudadanos) sabe poco de navegación. Para manejarlo, cuenta con una tripulación de marineros (políticos), que se jactan de su habilidad marinera pero necesitan la dirección de un navegante (filósofo) para fijar un rumbo seguro y eficiente.

**El navegante**
El navegante, que representa al rey filósofo, es el único con el conocimiento y la comprensión de las estrellas y el mar necesarios para establecer el rumbo del barco.

idea de Platón parece contradecir las ideas tradicionales de la monarquía y las nociones modernas de la democracia, todavía tiene influencia en la actualidad; en muchos países ha surgido una clase de líderes políticos que han estudiado filosofía política antes de emprender sus carreras.

«Mientras los filósofos no sean reyes... las ciudades no descansarán de sus males».

Platón, *República* (c. 375 a.C.)

**El amo de la nave**
El amo del barco, que representa a los ciudadanos, está nominalmente a cargo, pero depende del navegante y la tripulación para llegar a su destino.

**La tripulación**
La tripulación (los políticos) discuten a menudo entre ellos. Pueden manejar el barco pero se pierden sin la guía del navegante.

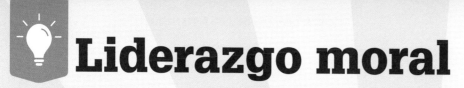

# Liderazgo moral

**Los primeros filósofos políticos creían que el papel principal de la política era crear una sociedad de ciudadanos morales. En consecuencia, el líder de tal sociedad debe ser un modelo de comportamiento ético.**

## El gobernante virtuoso

Un objetivo de la sociedad es proteger a los ciudadanos y darles una vida segura y feliz. Esto se logra con el Estado de derecho, basado en los principios morales aceptados sobre lo que está bien y lo que está mal y sobre el buen y el mal comportamiento. En su *República*, Platón sostiene que la sociedad debe ser supervisada por sabios reyes filósofos con el conocimiento para guiar a los ciudadanos por el verdadero camino hacia una existencia feliz (ver pp. 22-23). Otras filosofías políticas sostenían que no basta con la sabiduría. Un buen líder debe gobernar en el mejor interés de la gente y debe ser considerado justo e inspirar respeto. En resumen, en una sociedad virtuosa, un gobernante debe ser considerado virtuoso. Incluso hoy, se espera que los líderes vivan según los estándares morales de la sociedad, y pueden perder el respeto de la gente si no los cumplen.

## Liderar con el ejemplo

Confucio abogó por los conceptos de *ren* y *li*. *Ren* es la comprensión de cómo comportarse en todas las situaciones en función del lugar del individuo en la jerarquía. *Li* significa «ritual» y se refiere a la veneración de los antepasados. Para ayudar a difundir el ejemplo del gobernante virtuoso, Confucio también abogó por ceremonias que enfatizaran estos códigos morales. Así, las virtudes del gobernante se asemejan a las semillas en un tallo de hierba, que el viento dispersa por el campo; allí echan raíces y dan más tallos y semillas, todos tan virtuosos como el gobernante.

**1. Virtudes del gobernante**
Las virtudes del gobernante deben mostrarse de forma notoria en todo momento para ofrecer un modelo positivo para sus súbditos.

> **«Al ver a hombres de valía, debemos desear igualarlos».**
> Confucio, *Las analectas* (siglo v a. C.)

## La «persona superior»

Las ideas sobre la importancia de la moralidad en la estructura de la sociedad también se desarrollaron en la antigua China. El filósofo Confucio (551-479 a. C.) argumentaba que un líder debe ante todo dar ejemplo de comportamiento correcto para que la gente lo siga. Propuso una organización jerárquica de la sociedad en la que cada elemento reconociera su lugar y mostrase respeto por los que se encuentran en una posición superior y consideración por los de abajo. Según él, de esta manera, el comportamiento correcto del gobernante ayuda a establecer una sociedad de personas virtuosas, ya que cada ciudadano aspira a convertirse en una «persona superior» moralmente.

### 2. Virtudes transmitidas

Las virtudes que demuestra el gobernante son emuladas por aquellos con los que entran en contacto. Se transmiten y se propagan entre la población.

### 3. Virtudes del pueblo

El pueblo imita el comportamiento del líder y cultiva en sí mismo esas virtudes. En el proceso, se convierten en un ejemplo el uno para el otro.

## CINCO RELACIONES CONSTANTES

Confucio describió cinco parejas de relaciones esenciales que son el resumen de todas las relaciones humanas.

 **Soberano-súbdito:** El gobernante debe ser benévolo y considerado con sus súbditos, y estos, a cambio, deben ser leales y respetuosos.

 **Padre-hijo:** Los padres deben ser afectuosos y protectores; sus hijos, a su vez, deben ser obedientes y educados.

 **Marido-mujer:** Los maridos deben ser buenos y justos; sus esposas deben ser, a cambio, obedientes y comprensivas.

 **Hermano mayor-hermano menor:** Los mayores deben ser gentiles y afectuosos; los menores deben respetarlos y admirarlos.

 **Amigo-amigo:** Los amigos de más edad deben ser amables y considerados; los amigos más jóvenes deben ser, a su vez, deferentes con sus amigos mayores.

# El arte de gobernar

**Mientras que los primeros filósofos políticos enfatizaron la necesidad de que un gobernante poseyera sabiduría y virtud, el pensador renacentista Nicolás Maquiavelo sostenía que el arte de gobernar exige cualidades más prácticas.**

### Realismo político

Con *El príncipe* (1532), un tratado político en forma de manual para gobernantes, el diplomático italiano Maquiavelo (1469-1527) cambió por completo el enfoque del pensamiento político. En lugar de identificar los atributos que necesita un gobernante para fomentar el bienestar moral de los ciudadanos o considerar cómo se debería dirigir la sociedad en un mundo ideal, Maquiavelo dejó de lado la moral e hizo una descripción más realista de gobernar en el mundo tal como es, centrada en los aspectos prácticos del gobierno.

Debido a su defensa de métodos poco escrupulosos, «maquiavélico» se ha convertido en sinónimo de la perversidad política, pero el paso de la moral al pragmatismo en la teoría política fue muy influyente, e inspiró la noción, más aceptable, de *realpolitik* (política práctica). Maquiavelo proponía que los resultados de las acciones de un gobernante, para el pueblo, el Estado y el propio líder, son de suma importancia. En el centro del enfoque revolucionario de Maquiavelo sobre el arte de gobernar estaba la idea de que hay una diferencia entre moral personal y moral política. Las responsabilidades de un gobernante son diferentes de las de las personas en la vida cotidiana: por el bien del Estado y su gente, a menudo es necesario que un gobernante actúe de una manera que en otras circunstancias se consideraría

### El fin justifica los medios

Maquiavelo fue uno de los primeros filósofos en argumentar que la moral de una acción debe juzgarse por su resultado y no por sus principios, especialmente en asuntos de liderazgo político. De hecho, dijo que para un gobernante el fin justifica los medios.

**Resuelto**

Maquiavelo aconsejaba que un gobernante debería ser «un verdadero amigo o un enemigo declarado» para obtener respeto. Es mejor ser resuelto y estar de parte de un lado que ser neutral.

poco ética. Según Maquiavelo, lo que importa es el resultado, el panorama general. Esto requiere un conjunto de habilidades políticas muy diferente de la sabiduría y la moral que se defendían antes.

Al gobernar, un líder debe estar listo para romper con la moral convencional, utilizando la manipulación, el soborno, el engaño e incluso la violencia para conservar el poder y ganarse el respeto del pueblo. Al preguntarle si es mejor para un gobernante inspirar amor o miedo en sus súbditos, Maquiavelo respondió que lo ideal sería tener ambas cosas, pero si hay que elegir, es mejor ser temido que amado.

## LUDWIG VON ROCHAU

El término *realpolitik* fue acuñado por el escritor alemán Ludwig von Rochau (1810-1873). Tenía algo de agitador y en sus tiempos de estudiante fue encarcelado por su participación en un levantamiento en Fráncfort en 1833. Escapó y vivió exiliado en Francia e Italia, trabajando como escritor de viajes, para más tarde regresar a Alemania, donde se convirtió en periodista político. En 1853, Rochau escribió su influyente tratado *Principios de política práctica*. Más tarde se desempeñó como miembro del primer Reichstag, el Parlamento alemán, donde representó al Partido Nacional Liberal.

«**Es** necesario **para** un príncipe **desear mantener su posición para así** saber cómo hacer el mal **y** hacer uso de ello o no **según** la necesidad».

Nicolás Maquiavelo, *El príncipe* (1532)

**Contundente**

Según Maquiavelo, un gobernante debe tener la ferocidad de un león y estar listo para usar la fuerza y la violencia cuando convenga para protegerse él mismo y a su pueblo.

**Taimado**

Maquiavelo escribió que incluso el comportamiento taimado, como mentir, hacer trampas y romper promesas, se justifica en un gobernante si quiere lograr fines nobles.

# Elegir a los líderes

Además de identificar el carácter y las habilidades requeridas de un buen líder, los ciudadanos también necesitan un método para garantizar que esos líderes son elegidos para gobernar.

## Transmitir el poder

En las primeras sociedades, los líderes surgían naturalmente del pueblo. Muchos establecieron la tradición de nombrar a sus sucesores, generalmente de la siguiente generación de su propia familia. A medida que las comunidades se convirtieron en ciudades-Estado y en naciones, a menudo se mantuvo la práctica de transmitir el derecho a gobernar. El monarca de una nación era visto como el principal miembro de la familia gobernante y se aceptaba su derecho a gobernar. A medida que el poder se transmitía de generación en generación, se establecían dinastías: algunos niños nacían para gobernar, y algunos gobernantes incluso se creían designados por la divinidad. A partir del siglo XVIII, la mayoría de las monarquías fueron derrocadas y reemplazadas por gobiernos cuyo derecho a gobernar se establecía por la fuerza militar o por elección de los ciudadanos mediante un sistema de votación.

Al margen de algunos monarcas absolutos (ver pp. 70-71), los pocos reyes y reinas que quedan hoy tienen poderes limitados que les otorga el Gobierno elegido: son monarquías constitucionales.

En muchos casos, la noción de clase dominante no ha desaparecido del todo. Los aristócratas, generales y otras personas poderosas con frecuencia reclaman el derecho al poder, no por nacimiento sino por motivos educativos, financieros o de otro tipo. Incluso en democracia, los líderes elegidos muchas veces son de una clase política profesional. A finales del siglo XX, democracias como EE. UU. y Singapur tuvieron como líderes a hijos de otros líderes.

## Llamado a gobernar

Históricamente, el tipo de liderazgo más común ha sido una monarquía hereditaria, aunque con distintos títulos, como rey, reina, emperador, sultán... En la era moderna, sin embargo, la idea del liderazgo como derecho de nacimiento ha sido reemplazada en gran medida por el Gobierno de líderes elegidos.

> «El derecho a votar [...] es el principal derecho con el que los derechos restantes quedan protegidos».
>
> Thomas Paine, escritor político, *Disertación sobre los primeros principios de gobierno* (1795)

## CÓMO DESTITUIR A UN LÍDER

En las democracias, los votantes pueden destituir a los líderes, pero existen otras formas de lograr un cambio de gobierno.

> **La revolución** ciudadana, que suele conllevar violencia, se ha usado para cambiar el mundo, especialmente contra gobernantes tiránicos.

> **Un golpe de Estado** es una amenaza en que el gobierno pierde el favor de los líderes de las fuerzas armadas.

> **Un cambio de régimen a manos de una potencia exterior** es poco común, pero sí puede suceder que un Estado destituya indirectamente al líder de otro Estado al instigar una revolución, un golpe de Estado o una invasión militar.

### Aristocracia

A los parientes de los monarcas generalmente se les otorgaba títulos y poder local limitado. En ocasiones, también se otorgaba honores similares a personas que eran útiles para el monarca.

## Electorado

En las democracias, el pueblo tiene capacidad de decisión sobre quién debe ser su líder: los ciudadanos tienen derecho a votar para decidir quién representará sus intereses.

### Línea de sucesión

El trono de un monarca casi siempre ha sido hereditario, es decir, que el poder pasa de una generación a la siguiente. La línea de sucesión suele ir del padre al hijo mayor.

### Poder hereditario

En muchas sociedades, se creía que el monarca era elegido por Dios con el derecho divino de gobernar, lo que en la China antigua se denominaba «mandato del cielo».

### Representantes electos

En una democracia, el presidente o primer ministro y su gobierno son elegidos no solo para gobernar, sino para representar las opiniones y los deseos del pueblo.

# La voluntad del pueblo

La noción de Jean-Jacques Rousseau de gobierno por «la voluntad del pueblo» se ha aplicado en muchos países democráticos actuales.

## Tener voz en el Gobierno

La idea de que los ciudadanos deben poder decidir cómo se gobierna su sociedad es antigua, y ya en Atenas, en la antigua Grecia, se estableció una forma de democracia, o Gobierno del pueblo. Pero la idea tradicional sobre el monarca todopoderoso persistió, y solo en los siglos xviii y xix comenzaron realmente los ciudadanos a tener voz política.

La extensión del poder a partir de una élite hasta el pueblo ha sido un proceso gradual. En las primeras democracias, solo una clase en particular tenía derecho a votar, por ejemplo los hombres propietarios –las mujeres obtuvieron el voto mucho más tarde (ver pp. 130-31)–, pero hoy la democracia implica la participación de todos los ciudadanos adultos.

## Representantes elegidos

Dado que en las naciones a menudo viven decenas de millones de ciudadanos, es poco práctico que cada persona participe directamente en el proceso de toma de decisiones –proponer, debatir y votar sobre legislación–, un sistema conocido como

## Tipos de democracia

La democracia original era una forma de democracia directa en la que los ciudadanos aptos votaban sobre cada tema antes de tomar una decisión. Sin embargo, a medida que crecía el número de votantes y se hacían más complejas las decisiones que había que tomar, esto resultó impracticable y evolucionó hacia una democracia representativa.

**DEMOCRACIA DIRECTA**

**4. Nueva ley promulgada**
La propuesta elegida directamente por la mayoría de los ciudadanos se convierte en ley.

OPCIÓN A

OPCIÓN B

**3. Aprobar una nueva legislación**
Se cuentan los votos de los ciudadanos y la decisión de la mayoría determina qué propuestas se adoptan.

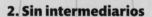

**2. Sin intermediarios**
Los ciudadanos votan sobre propuestas específicas de leyes en lugar de votar por una persona o un partido para que tome esas decisiones en su nombre. Así, participan directamente en la legislación.

**1. Papel de los ciudadanos**
Cuando se propone una nueva ley, se invita a todos los ciudadanos aptos a debatir sobre el tema y votar a favor o en contra.

## DEMOCRACIA REPRESENTATIVA

**5. Nueva ley promulgada**

La propuesta elegida por la mayoría de los representantes electos se convierte en ley.

OPCIÓN A

OPCIÓN B

**4. Aprobar una nueva legislación**

Se cuentan los votos de los representantes elegidos y la decisión de la mayoría determina qué propuestas se adoptan.

**3. Los representantes votan**

Cuando se propone una nueva ley, los representantes elegidos debaten el tema y votan.

**2. Representantes electos**

El número de votos a favor determina qué candidatos son elegidos para actuar en nombre de los ciudadanos.

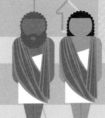

**1. Papel de los ciudadanos**

Los ciudadanos son invitados periódicamente a votar en la elección de personas o partidos que representan sus intereses.

## ANTIGUA ATENAS

Las primeras democracias se establecieron en la antigua Grecia. Los historiadores creen que varias ciudades-Estado de la región adoptaron constituciones democráticas, pero la más famosa es Atenas. Después de que el tirano Hipias fuera derrocado en el año 510 a. C., Clístenes, su sucesor como líder de Atenas, introdujo reformas, entre ellas la democracia directa. Esta se limitaba a una sección selecta de ciudadanos varones, pero les daba voz en el Gobierno de la ciudad-Estado. Los ciudadanos con derecho a voto se reunían en una colina sobre la ciudad para debatir y votar.

«democracia directa». Y así, casi todas las naciones han adoptado alguna forma de democracia representativa, en que los ciudadanos eligen a quienes actuarán en su nombre y representarán sus intereses.

En una democracia representativa, los candidatos se presentan a las elecciones y hacen campaña sobre diferentes temas y medidas, a menudo alineándose con un partido político o una ideología en particular. Los ciudadanos generalmente votan por el candidato que mejor representa sus propios puntos de vista. Estos representantes electos son, cada vez con mayor frecuencia, miembros de una clase de políticos profesionales.

## Menos de la mitad de la población mundial vive en una nación completamente democrática.

Economist Intelligence Unit (2020)

# TEORÍA POLÍTICA

# Ideologías políticas

Todos los partidos, grupos y movimientos políticos se sustentan en una ideología o conjunto de ideas, creencias y principios comunes. Estas ideas describen cómo cree un partido que se debe organizar la sociedad y distribuir el poder dentro de un país o Estado. La ideología de un partido se reflejará en sus valores sociales, políticos y culturales centrales, y en la forma en que ve asuntos como el papel del Gobierno, la economía, el bienestar social y las libertades civiles.

## Dos ejes

El «espectro» político distribuye las ideologías en un eje horizontal, con el comunismo en la extrema izquierda y el fascismo en la extrema derecha. Sin embargo, una ideología puede ser económicamente de izquierdas y conservadora. Una «brújula» política, que agrega un eje vertical de autoritario a libertario, permite un posicionamiento más sutil.

 **DEBES SABER**

> Las ideologías **autoritarias** favorecen la adhesión rígida a una autoridad a expensas de la libertad personal.

> Las ideologías **libertarias** favorecen la completa libertad de elección y los derechos individuales. Se oponen al autoritarismo.

> **«Izquierda» y «derecha»** nacen en la Revolución francesa (1789-1799), cuando en la Asamblea Nacional los revolucionarios se sentaban a la izquierda, y los monárquicos, a la derecha.

### Comunismo
Esta ideología de izquierdas (ver pp. 54 y 55) pone el énfasis en la responsabilidad colectiva en lugar de en las libertades individuales, lo que la acerca al autoritarismo más que al libertarismo.

### Socialismo
Esta ideología de centro izquierda establece que las personas deben poseer colectivamente los principales medios para producir riqueza y controlarlos de forma democrática (ver pp. 52 y 53).

**IZQUIERDA**

### Socialdemocracia
Esta ideología centrista contiene algunos principios socialistas, pero cree que el capitalismo puede reformarse y ser más justo para todos los ciudadanos (ver pp. 56-57)

### Socialismo libertario
Esta ideología socialista de extrema izquierda, antiestatal y antiautoritarista, rechaza la jerarquía (ver pp. 42-43).

### Anarquismo
Esta ideología de extrema izquierda y extrema libertad rechaza los gobiernos, las jerarquías y el capitalismo, y aboga por los derechos y las responsabilidades individuales (ver pp. 44-45).

## VALORES CENTRALES

Las ideologías políticas pueden ser difíciles de definir con precisión. Incluso las de un mismo grupo varían. En general, las ideologías opuestas tienen puntos de vista opuestos. Las ideologías de izquierda y las de derecha poseen algunos valores centrales.

### Izquierda

Ideologías como el comunismo y el socialismo favorecen la igualdad de derechos, la justicia social, la propiedad pública y prestaciones sociales financiadas por impuestos.

### Derecha

Ideologías como el conservadurismo se inclinan hacia la empresa privada, la competencia, la libertad individual, el orden social y la mínima interferencia estatal.

«[...] ningún sistema, ni el más inhumano, puede seguir existiendo sin una ideología».

Joe Slovo, político sudafricano

**AUTORITARIA**

### Nacionalismo

Esta ideología, a menudo vinculada a la política de derechas, con fuertes elementos de autoritarismo, antepone la importancia de la nación a la del individuo (ver pp. 48-49).

### Fascismo

Situado en el extremo derecho del espectro político, el fascismo es una ideología altamente autoritaria que valora una sociedad estrictamente reglamentada (ver pp. 46-47).

### Conservadurismo

El conservadurismo, ideología moderada de derechas, valora las estructuras de poder tradicionales y tiene un enfoque paternalista de los cambios sociales (ver pp. 38-39).

**DERECHA**

### Liberalismo

Situado cerca del eje libertario, el liberalismo es una ideología política que aboga por la protección de los derechos y libertades del individuo, pero no a costa de los demás (ver pp. 36-37).

### Libertarismo

El libertarismo, una filosofía política de derechas, defiende la libertad y el individualismo de las personas y una mínima interferencia del Estado (ver pp. 42–43).

### Anarcocapitalismo

Situado en la extrema derecha del espectro político, el anarcocapitalismo combina algunos elementos libertarios del anarquismo con el apoyo al capitalismo de libre mercado (ver pp. 44-45).

**LIBERTARIA**

# Liberalismo

El liberalismo abarca una amplia gama de ideas políticas y filosóficas y se basa en los principios de igualdad y libertad. Las personas tienen derechos básicos que deben protegerse siempre que no causen perjuicio.

### Derechos y libertades

El liberalismo es un movimiento político arraigado en ideas de justicia social, reforma social, justicia civil y derechos humanos. Sus partidarios están comprometidos con la libertad de expresión, la democracia, la tolerancia y la igualdad ante la ley.

El liberalismo es reformista en lugar de revolucionario y a menudo se lo considera progresista, pues cuenta con un historial de respaldo a causas sociales, como los derechos de la mujer, de las personas con discapacidad y de las personas LGBTQ+. Surge en los siglos XVII y XVIII como un desafío a la antigua creencia en el privilegio hereditario y en el «derecho divino» de los reyes. John Locke sentó sus bases al sostener que las personas tienen derechos naturales universales e inalienables (ver pp. 16-17). Un filósofo inglés posterior, Jeremy Bentham (1748-1832), fundador del utilitarismo (ver recuadro), contribuyó al liberalismo argumentando que las decisiones deben tomarse para lograr la mayor felicidad para el mayor número de personas.

Uno de los pensadores liberales más importantes fue John Stuart Mill (1806-1873), filósofo inglés que defendió gobiernos elegidos democráticamente cuyo papel fuera proteger los derechos del individuo. Mill creía que el Gobierno tenía un papel social en la salud, la educación y la mitigación de la pobreza. Este liberalismo social fue muy influyente en Gran Bretaña. William Beveridge (1879-1963) publicó en 1942 un informe que sentó las bases del estado del bienestar, que se implementó en 1948.

**Libertad personal**
Según Mill, a una persona se le debería permitir tocar música cuando quiera y con el volumen que quiera. El individuo es libre de actuar como le plazca.

### El principio del daño

John Stuart Mill creía que cada individuo debe ser libre de vivir la vida como le plazca, siempre que no perjudique a los demás. Esto se conoce como el «principio del daño» de Mill. En su ensayo *Sobre la libertad* (1859), Mill decía que la única justificación para que una autoridad limite las acciones de un individuo es prevenir el daño a otros. Sobre esta base, por ejemplo, un Gobierno estaría justificado para imponer restricciones sobre el ruido.

**Daño a otros**
Sin embargo, las acciones de una persona, como tocar música a volumen alto, pueden afectar o perjudicar a otra, que tiene derecho a disfrutar de paz y tranquilidad.

## Liberalismo económico

Económicamente, el liberalismo favorece el libre mercado capitalista, el libre comercio, la competencia y la propiedad privada. Este enfoque fue desarrollado por el economista escocés Adam Smith (1723-1790), cuyo influyente trabajo de 1776 *La riqueza de las naciones* defendía una economía de libre mercado que permitiera que las leyes de la oferta y de la demanda se ajustaran por sí mismas. Más tarde, los economistas liberales, en particular John Maynard Keynes (1883-1946), argumentaron que los gobiernos debían intervenir en tiempos en que hubiera dificultades económicas.

El liberalismo ha tenido una influencia muy notable en las políticas gubernamentales de un buen número de democracias occidentales. Recientemente, algunos países han visto resurgir esta ideología en la forma del neoliberalismo (ver pp. 40-41), que apoya las economías extremas de libre mercado, y del libertarismo (ver pp. 42-43), que defiende las libertades personales sin restricciones.

### Restricciones para proteger
Si las acciones de alguien perjudican a otros, su libertad debe limitarse. Por ejemplo, las autoridades locales pueden imponer regulaciones sobre el ruido.

### Un equilibrio de libertades
Las restricciones permiten que ambas personas vivan en armonía: si solo se puede tocar música en ciertos momentos o a cierto volumen, la otra persona no se ve afectada.

### EL UTILITARISMO DE BENTHAM Y MILL

El utilitarismo es una teoría de la moral que promueve acciones que buscan la felicidad y se opone a las acciones que provocan daño. Jeremy Bentham creía que la felicidad se podía medir con un «cálculo hedónico» (un algoritmo para calcular el placer). Sostenía que el curso de acción correcto es aquel que lleva a la felicidad del mayor número de personas: el concepto del «mayor bien». John Stuart Mill apoyó este principio, pero estaba preocupado por sus implicaciones políticas. Le preocupaba que pudiera permitir un gobierno mayoritario tiránico que descartara la felicidad de los grupos minoritarios. En cambio, abogó por leyes que dieran a todas las personas la libertad de buscar la felicidad.

«La libertad del individuo debe, por tanto, limitarse; este no debe constituir una molestia para los demás».

John Stuart Mill, *Sobre la libertad* (1859)

# Conservadurismo

Los conservadores dan importancia a las estructuras sociales y políticas tradicionales y se esfuerzan por preservarlas. Sus valores clave son la ley y el orden, el cambio gradual y la clase gobernante.

## Cambio gradual

El conservadurismo moderno surgió en el siglo XVIII, como reacción a la Revolución francesa, de 1789. Al año siguiente, el estadista irlandés Edmund Burke (1729-1797) publicó sus *Reflexiones sobre la Revolución en Francia*, en el que lamentaba la destrucción de las estructuras sociales en Francia y los intentos de los revolucionarios de reemplazar la sabiduría de las generaciones anteriores por ideas abstractas de «libertad, fraternidad e igualdad». Burke reconocía que quizá era necesario un cambio social, pero rechazaba la revolución y sostenía que el cambio debía ser gradual. Sus teorías siguen siendo claves en el conservadurismo moderno.

## Una sociedad estructurada

Para los conservadores, la sociedad es naturalmente jerárquica y el Estado de derecho es vital para garantizar el orden y la estabilidad. Sus gobiernos tienden a ser intervencionistas. Apoyan la idea de una élite gobernante, formada por los más experimentados y mejor equipados para liderar. Antes esta era una clase hereditaria privilegiada; hoy es más probable que esté compuesta por profesionales y financieros bien formados. El conservadurismo favorece el capitalismo y promueve la industria privada, la empresa, el libre comercio y la creación de riqueza, que cree que «goteará» hacia los menos favorecidos. Los gobiernos

### Religión

Los conservadores tienen en gran estim la religión y sus valores tradicionales, que refuerzan la estabilidad y el orden y proporcionan una brújula moral.

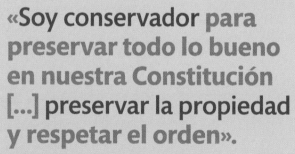

«Soy conservador para preservar todo lo bueno en nuestra Constitución [...] preservar la propiedad y respetar el orden».

Benjamin Disraeli, antiguo primer ministro británico, tomado de un discurso pronunciado en High Wycombe, Reino Unido (1832)

## Valores conservadores

La base del conservadurismo es la creencia en un orden social jerárquico y no en la igualdad. En esa sociedad, el Estado de derecho es vital para preservar el orden y prevenir la anarquía. Los conservadores creen en mantener los valores tradicionales que han evolucionado con el tiempo. Si el cambio es necesario, este debe implementarse de forma gradual.

### Estructura familiar tradiciona

Los conservadores valoran estructuras familiares tradicionales, que consideran estables y poseedoras de valores comunes que contribuyen al orden social.

conservadores desempeñan un papel limitado en el comercio, la industria y, cada vez menos, las prestaciones sociales.

EN VENTA

## Propiedad privada

Una creencia conservadora fundamental es el derecho a la propiedad. Se apoyan las leyes que protegen la riqueza y las propiedades heredadas.

## Sociedad jerárquica

Si bien la mayoría de los conservadores no apoyarían el poder hereditario, creen en una élite mejor calificada para gobernar.

## Gobierno paternalista

El conservadurismo paternalista enfatiza la intervención estatal para que todos los ciudadanos tengan una buena vida.

## Conservadurismo mundial

En la práctica, el conservadurismo puede ir desde formas liberales hasta formas más autoritarias. La mayoría de los modernos partidos conservadores de Europa occidental tienden a ser económicamente conservadores pero pueden ser socialmente liberales, reconociendo,

## Ética de trabajo

Los conservadores creen en el éxito por medio del trabajo duro y la responsabilidad personal en lugar de depender del Estado.

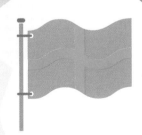

## Patriotismo

El conservadurismo no es necesariamente nacionalista, pero siempre fomenta el amor por el propio país y la idea de valores nacionales compartidos.

por ejemplo, las uniones civiles entre personas del mismo sexo. En Estados Unidos, sin embargo, el conservadurismo moderno está relacionado con el derechista Partido Republicano, que cree en un gobierno pequeño y en los valores tradicionales. En la India, el Partido Popular Indio representa la política conservadora, promueve el nacionalismo cultural y una política económica y social conservadora. En el siglo xxi, Rusia también ha seguido políticas conservadoras en materia social, cultural y política.

# Neoliberalismo

La ideología del neoliberalismo defiende la meritocracia, el gobierno mínimo, los impuestos bajos, la privatización, la desregulación y la economía de libre mercado.

## Mercados libres

El neoliberalismo parte de las ideas del filósofo del siglo XVIII Adam Smith, que sostenía que el mercado libre es el mejor medio de garantizar que la riqueza se distribuye de forma justa en la sociedad. Sin embargo, el neoliberalismo es una filosofía del siglo XX opuesto a las políticas de intervención estatal aplicadas en Europa y Estados Unidos durante la Gran Depresión y después de la Segunda Guerra Mundial. Uno de sus primeros defensores fue el economista austriaco Friedrich Hayek (1899-1992), quien sostenía que los mercados libres responden directamente a las necesidades individuales y, por tanto, brindan beneficios a la sociedad de manera más eficiente que el Estado. Otro

## Reducir el Estado

Los neoliberales argumentan que el Estado debería tener un papel mínimo en la gestión de los asuntos de un país. Esto contrasta marcadamente con la visión posterior a la Segunda Guerra Mundial de que el Estado debe pagar numerosos servicios públicos, como la educación, el transporte y la atención médica. También afirman que las economías se estancan cuando los gobiernos gastan demasiado dinero en servicios públicos, que deberían ser administrados como negocios por empresas privadas.

### Privatización de los servicios públicos

En la teoría neoliberal, los servicios sociales, como la atención médica y la educación, y los servicios públicos, como el transporte, las prisiones y el servicio de correos, deben privatizarse para ahorrar dinero público y aumentar su eficiencia.

## El Estado mínimo

En los sistemas neoliberales, los individuos deben tener la libertad de perseguir sus propios objetivos y, por ende, deben estar libres de la interferencia del Estado. Así, el papel de este debe limitarse a garantizar que el mercado opere libremente.

## ✓ DEBES SABER

> **La desregularización** es la reducción del control gubernamental, a menudo en industrias concretas.

> **La privatización** es el paso de una empresa o servicio de propiedad y control público a control privado.

> **Las meritocracias** son sistemas políticos en que se tiene éxito o poder según la propia capacidad.

> **Los mercados libres** son sistemas basados en la oferta y la demanda con mínima intervención del Gobierno.

pensador neoliberal, el economista estadounidense Milton Friedman (1912-2006), argumentó que un papel clave del Gobierno es controlar la oferta monetaria.

## El mundo neoliberal

Los neoliberales afirman que los individuos deben ser responsables por sí mismos y que el papel del Gobierno es supervisar el crecimiento económico y no gastar en servicios públicos. En la década de 1980, la primera ministra británica Margaret Thatcher y el presidente estadounidense Ronald Reagan pusieron en práctica esta filosofía, lo que creó un período de malestar social. Privatizaron los servicios públicos, desregularon empresas y bancos, redujeron los impuestos y recortaron el gasto público en servicios sociales esenciales.

Desde entonces, el neoliberalismo ha sido adoptado por muchos países e influye en las políticas de instituciones como el Fondo Monetario Internacional y el Banco Mundial (ver pp. 164-65). Sus críticos argumentan que, aunque ha hecho extremadamente ricos a banqueros, financieros y corporaciones globales, también ha provocado una desigualdad de ingresos generalizada.

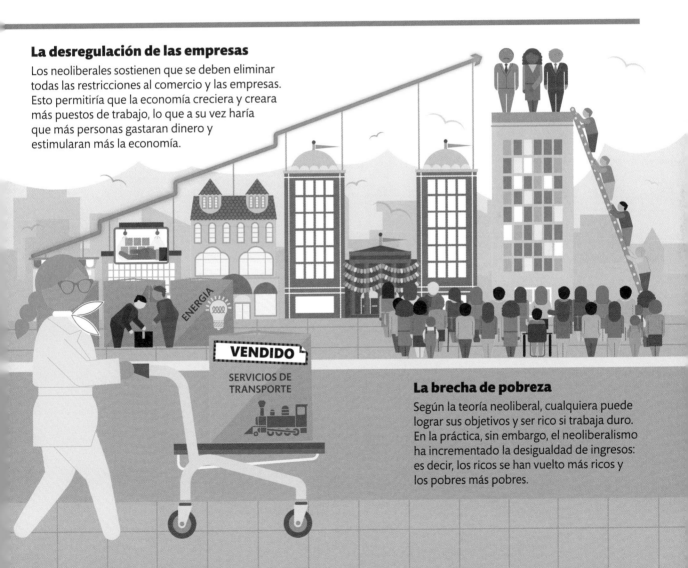

## La desregulación de las empresas

Los neoliberales sostienen que se deben eliminar todas las restricciones al comercio y las empresas. Esto permitiría que la economía creciera y creara más puestos de trabajo, lo que a su vez haría que más personas gastaran dinero y estimularan más la economía.

VENDIDO

SERVICIOS DE TRANSPORTE

ENERGÍA

## La brecha de pobreza

Según la teoría neoliberal, cualquiera puede lograr sus objetivos y ser rico si trabaja duro. En la práctica, sin embargo, el neoliberalismo ha incrementado la desigualdad de ingresos: es decir, los ricos se han vuelto más ricos y los pobres más pobres.

# Libertarismo

El individualismo y la libertad de elección se encuentran en el corazón del libertarismo, una filosofía política que une tanto a la extrema izquierda como a la extrema derecha contra la interferencia estatal.

### Libertad individual

El libertarismo tiene sus orígenes en las ideas de pensadores liberales clásicos como John Locke y John Stuart Mill (ver pp. 36-37). No obstante, también tiene tradiciones de derecha e izquierda que han aparecido más recientemente.

La tradición de izquierda tiene sus raíces en los escritos de los anarquistas del siglo XIX (ver pp. 44-45) y los socialistas libertarios. Uno de los primeros usos del término «libertario» fue en 1895, cuando el anarquista francés Sébastien Faure (1858-1942) comenzó a publicar su revista *Le Libertaire* (El libertario). Más recientemente, las ideas del ecologista estadounidense Murray Bookchin (1921-2006) dieron pie en octubre de 2011 al movimiento antiglobalización y a Occupy en EE. UU. y más tarde se extendieron por todo el mundo. Con el eslogan «Somos el 99 %», el movimiento Occupy atacó el corporativismo y a los financieros corruptos y destacó las flagrantes desigualdades entre los muy ricos (el 1 %) y el resto de la sociedad (el 99 %).

### Libertarismo de derechas

En los últimos años, una versión derechista del libertarismo también se ha vuelto influyente, sobre todo

## CASO PRÁCTICO

### El Free State Project

En 2001, Jason Sorens, estudiante en la Universidad de Yale, fundó un movimiento libertario conocido como Free State Project. Animó a los libertarios estadounidenses a mudarse al estado de New Hampshire, pues calculó que 20 000 «colonos» bastarían para comenzar el proceso de cambio en la cultura política del estado. El objetivo final del proyecto es que los libertarios tomen el mando del Gobierno de New Hampshire y comiencen a dirigirlo de acuerdo con los principios libertarios. Hasta la fecha, más de 5000 libertarios han emigrado a este estado.

## Individualismo y libertad

Los libertarios tienen en común la desconfianza hacia el Gobierno, pero muchos no están de acuerdo sobre cómo deben protegerse las libertades individuales. Los libertarios de izquierdas afirman que el capitalismo crea sociedades intrínsecamente desiguales, mientras que los libertarios de derechas argumentan que solo el capitalismo libera a las personas para que vivan como quieran.

### Capitalismo

Los libertarios de izquierda quieren librarse del capitalismo, que según ellos se entromete en la libertad personal al generar desigualdad.

en Estados Unidos. Los libertarios de derechas son antiigualitarios y apoyan el capitalismo, el libre mercado y la propiedad privada. Influenciados por el filósofo estadounidense Robert Nozick (1938-2002), muchos de ellos argumentan que los impuestos son un robo y que cualquier cosa que una persona produzca, posea o herede debe ser suya y solo suya. Un ejemplo de libertarismo de derechas fue el movimiento Tea Party, que apareció en Estados Unidos en 2009. Los votantes conservadores se congregaron en «reuniones de té» (*tea parties*, en inglés), en las que exigían que se retirara la ley de sanidad del presidente Obama y se redujera la deuda nacional recortando el gasto social.

«Un libertario es gobernador de sí mismo tanto en lo personal como en lo económico».

Advocates for Self-Government, organización libertaria (1995)

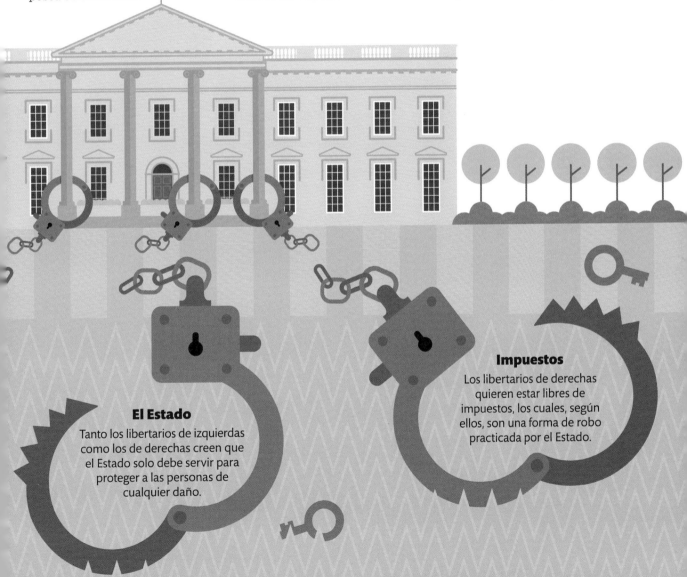

**El Estado**

Tanto los libertarios de izquierdas como los de derechas creen que el Estado solo debe servir para proteger a las personas de cualquier daño.

**Impuestos**

Los libertarios de derechas quieren estar libres de impuestos, los cuales, según ellos, son una forma de robo practicada por el Estado.

# Anarquismo

La palabra «anarquismo» viene del término griego *anarjía* («sin gobernantes»). En la práctica, significa el rechazo a la autoridad política. Los anarquistas creen que las propias personas deben crear las reglas.

## Gobernar de abajo arriba

Los anarquistas valoran la libertad personal por encima de todo y se oponen a toda forma de autoridad que amenace la libertad del individuo. Consideran que el Estado es opresivo y creen que gobierna mediante la coerción. Para ellos, incluso los gobernantes elegidos democráticamente son ilegítimos. Los anarquistas favorecen la abolición del Estado, lo que permitiría a las personas organizarse al margen de toda jerarquía política, social o económica. El anarquismo se asocia con la extrema izquierda, pero también puede atraer a la derecha. El anarcocapitalismo combina elementos libertarios (ver pp. 42-43) del anarquismo con el apoyo al capitalismo de libre mercado.

## Formas de anarquismo

Las ideas anarquistas pueden estar centradas en el individuo o en grupos cooperativos y pueden ser de izquierdas y de derechas. En la izquierda, el mutualismo y el anarcosindicalismo reemplazarían el Estado con medidas cada vez más de izquierda. En la derecha, se oponen al Estado pero no al libre mercado, la propiedad o al Estado de derecho.

### Terminar con el Estado

En el corazón del anarquismo está la abolición del Estado. Los anarquistas creen que el Estado es inherentemente corrupto porque beneficia siempre a la élite gobernante.

### Anarquismo individual

Una persona cree en retirarse de la sociedad civil y vivir de acuerdo con su propia conciencia, sin las restricciones de la autoridad de los demás.

### Mutualismo

El mutualismo supone un vínculo entre el anarquismo individual y social, y enfatiza la igualdad social, los sindicatos y los bancos mutualistas (propiedad de los miembros) con préstamos sin interés.

## Teoría y práctica

El anarquismo se basa en las ideas de filósofos de la Ilustración como Jean-Jacques Rousseau (ver pp. 12-13), que creía que las personas son buenas y que el Estado las priva de sus libertades naturales. Pierre-Joseph Proudhon (1809-1865), filósofo francés y el primer anarquista autoproclamado, dijo que «la propiedad es un robo». El revolucionario ruso Piotr Kropotkin (1842-1921) unió comunismo y anarquismo y originó el anarcocomunismo. Abogaba por la abolición de la propiedad privada en favor de la propiedad común y por la sustitución del Estado por la democracia directa.

Hay ejemplos a pequeña escala donde se ha puesto en práctica el anarquismo. En España, antes de la Guerra Civil (1936-1939), los anarquistas establecieron comunidades autogobernadas, pero quedaron truncadas con la llegada del fascismo. El movimiento israelí de los kibutz, que practica la vida comunal, se inspiró en las ideas anarquistas de autogestión, y Christiania, una comuna de un millar de personas en Copenhague, ha operado fuera de la autoridad danesa desde 1971.

Los principios anarquistas también se ven en los movimientos ambientales y antiglobalización, como el grupo de acción directa Extinction Rebellion.

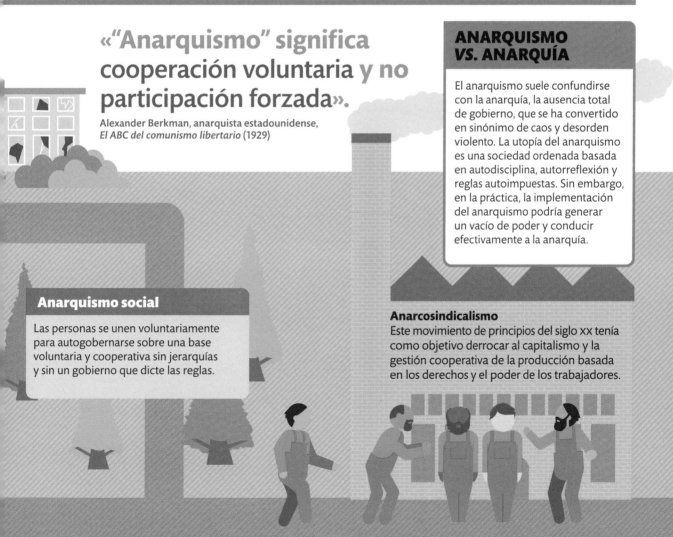

«"Anarquismo" significa cooperación voluntaria y no participación forzada».

Alexander Berkman, anarquista estadounidense,
*El ABC del comunismo libertario* (1929)

### ANARQUISMO VS. ANARQUÍA

El anarquismo suele confundirse con la anarquía, la ausencia total de gobierno, que se ha convertido en sinónimo de caos y desorden violento. La utopía del anarquismo es una sociedad ordenada basada en autodisciplina, autorreflexión y reglas autoimpuestas. Sin embargo, en la práctica, la implementación del anarquismo podría generar un vacío de poder y conducir efectivamente a la anarquía.

### Anarquismo social

Las personas se unen voluntariamente para autogobernarse sobre una base voluntaria y cooperativa sin jerarquías y sin un gobierno que dicte las reglas.

### Anarcosindicalismo

Este movimiento de principios del siglo xx tenía como objetivo derrocar al capitalismo y la gestión cooperativa de la producción basada en los derechos y el poder de los trabajadores.

#  Fascismo

El fascismo, situado en el extremo derecho del espectro político, es una ideología radical, autoritaria y nacionalista, que prioriza el poder y la unidad del Estado sobre las libertades de las personas.

## Restaurar la patria

El fascismo se remonta al surgimiento del nacionalismo a fines del siglo XIX. La ideología cobró impulso tras la Primera Guerra Mundial (1914-1918), con el caos político posterior. Italia fue el primer país en convertirse en un estado fascista. En 1919, Benito Mussolini (1883-1945) formó el Partido Fascista Italiano. Prometiendo revivir la gloria del Imperio romano, tomó el poder en 1922 y gobernó como dictador. En estrecha colaboración con las empresas italianas, se propuso reestructurar la economía de Italia y expandir su influencia.

El fascismo se extendió por toda Europa en los años siguientes. En 1939, tras una guerra civil, el general Francisco Franco (1892-1975) tomó el poder en España y la gobernó como un Estado fascista, aplastando toda oposición. En el vecino Portugal, António de Oliveira Salazar (1889-1970) gobernó como dictador de 1932 a 1968, e incorporó muchos principios fascistas.

El fascismo tomó una forma diferente en Alemania. Conocido como nacionalsocialismo, o nazismo, fue defendido por Adolf Hitler, quien obtuvo apoyo explotando la humillación que sintió Alemania después de la Primera Guerra Mundial. El nazismo era profundamente racista y antisemita. Promoviendo el concepto de una raza aria «pura», los nazis cometieron un genocidio contra los judíos y masacraron a muchos otros grupos minoritarios.

## «Todo en el Estado, nada fuera del Estado, nada contra el Estado».

Benito Mussolini, dictador italiano
(años veinte del siglo XX)

## Control estatal

El fascismo es nacionalista: la fuerza de la nación-Estado tiene prioridad sobre los derechos y libertades del individuo. En Italia, el Estado restringió la prensa y solo permitió medios que expresaran «fidelidad a la Patria».

**Sociedad regimentada**
La fuerza a través de la unidad es un principio fascista fundamental. Un Estado fascist está rígidamente estructurado jerarquizado. El Estado control toda la actividad, por ejemplo la economía.

## NEOFASCISMO

Hoy en día, ningún régimen se refiere a sí mismo como fascista, pero el término «neofascista» se usa para describir partidos o movimientos políticos, como la Agrupación Nacional en Francia o Amanecer Dorado en Grecia, cuyas ideologías se asemejan a las de los fascistas del siglo XX. En EE. UU., los grupos de supremacistas blancos tienen su respuesta en el movimiento «antifa» o antifascista.

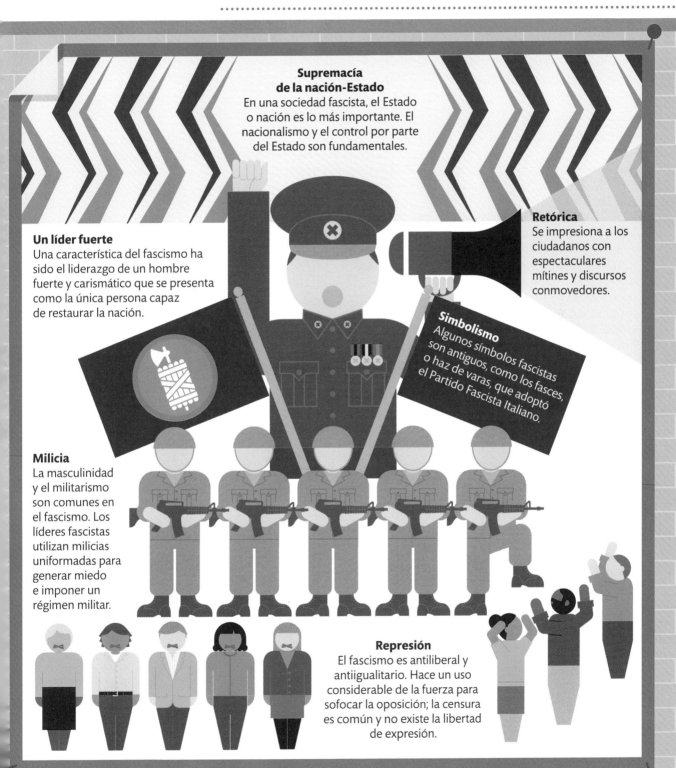

**Supremacía de la nación-Estado**
En una sociedad fascista, el Estado o nación es lo más importante. El nacionalismo y el control por parte del Estado son fundamentales.

**Retórica**
Se impresiona a los ciudadanos con espectaculares mítines y discursos conmovedores.

**Un líder fuerte**
Una característica del fascismo ha sido el liderazgo de un hombre fuerte y carismático que se presenta como la única persona capaz de restaurar la nación.

**Simbolismo**
Algunos símbolos fascistas son antiguos, como los fasces, o haz de varas, que adoptó el Partido Fascista Italiano.

**Milicia**
La masculinidad y el militarismo son comunes en el fascismo. Los líderes fascistas utilizan milicias uniformadas para generar miedo e imponer un régimen militar.

**Represión**
El fascismo es antiliberal y antiigualitario. Hace un uso considerable de la fuerza para sofocar la oposición; la censura es común y no existe la libertad de expresión.

# Nacionalismo

**El objetivo del nacionalismo es unir a la gente de un país bajo una sola identidad nacional para alentar el respaldo al país y promover sus intereses.**

## Identidad compartida

El nacionalismo es una ideología basada en la idea de que la nación y el Estado son uno y que una nación no solo debe ser autónoma sino también libre de la influencia de otras. Se diferencia del patriotismo, que es el amor por el país con independencia del idioma, la cultura o la identidad étnica de su gente.

Para los nacionalistas, la gente de un país debe celebrar su identidad común como miembros de él y estar unidos contra sus enemigos. Sin embargo, al hacerlo, también pueden alentar a los ciudadanos a tener un sentido de superioridad sobre otras naciones y pueblos.

Desde finales del siglo XVIII, el nacionalismo ha sido una poderosa fuerza impulsora de cambio. Barrió la monarquía de Francia durante la Revolución francesa, que comenzó en 1789, se convirtió en el lema del Risorgimento, que unificó los Estados italianos en un solo Estado en 1861, y apoyó la unificación de Alemania en 1871, cuando varios principados alemanes formaron un Estado-nación.

El nacionalismo también ha inspirado numerosos movimientos de liberación que han luchado para emancipar a algunos países del control imperial. En la India, por ejemplo, impulsó un

## ¿Qué es una nación?

Una nación es un grupo de personas que viven en un área geográfica definida. Por lo general, la comunidad comparte un idioma, una cultura y una herencia étnica comunes, pero también puede ser el hogar de personas de otras culturas que comparten los valores de la nación. En países liberales, la identidad nacional trasciende las diferencias étnicas, pero en países menos liberales, el origen étnico puede ser definitorio de la nación.

**Fronteras blandas**
Se fomenta la interacción entre naciones y las fronteras entre ellas se abren o se regulan.

### NACIONALISMO LIBERAL
Los nacionalistas liberales celebran el sentido de identidad compartida que sienten las personas al pertenecer a una misma nación, independientemente de su origen étnico.

**Deportación**
Según el Gobierno, las personas que se cree que no comparten los valores de una nación pueden ser deportadas o se les puede negar la entrada.

movimiento de independencia que puso fin al dominio colonial británico sobre el país en 1947. En África, movimientos similares inspiraron a muchos Estados a reclamar su independencia de otras potencias coloniales, como Francia y Alemania (ver pp. 60-61).

Sin embargo, hay una forma más oscura de nacionalismo que fomenta el racismo contra los grupos étnicos minoritarios dentro de una nación y la xenofobia contra personas de otros países, como refugiados y solicitantes de asilo.

## Auge del extremismo

El nacionalismo extremista parece estar en aumento en el siglo XXI, con el surgimiento de movimientos de supremacía blanca de extrema derecha en EE. UU. y el nacionalismo hindú en la India. Estos movimientos amenazan con socavar los ideales liberales del nacionalismo (ver más abajo).

# «El nacionalismo es hambre de poder temperada por el autoengaño».

George Orwell, escritor británico,
*Notas sobre el nacionalismo* (1945)

**Fronteras duras**
La interacción entre naciones se minimiza y muchas veces las fronteras se militarizan.

**ETNONACIONALISMO**
Los etnonacionalistas definen el nacionalismo en términos de la etnia «dominante». A menudo ven a las otras etnias como inferiores.

**Refuerzo**
La identidad de los ciudadanos se ve constantemente reforzada por la cultura de la nación.

## CASO PRÁCTICO

### Nacionalismo kurdo

Muchos Estados contienen regiones pobladas por pueblos con sus propias identidades étnicas y culturales y, por tanto, desean construir sus propios Estados. Uno de esos pueblos son los kurdos, unos 25 o 35 millones de personas que viven en las montañas que bordean Turquía, Siria, Irak, Irán y Armenia. Los kurdos han estado luchando para independizarse de estos países desde 1920 y siguen siendo el grupo étnico apátrida más grande del mundo.

**Marginalización**
Las personas que no abrazan la cultura de la nación pueden ser vistas como simpatizantes de otras culturas y, por lo tanto, con frecuencia son marginadas o tratadas como enemigas.

# Populismo

En la práctica, el populismo enfrenta a la gente con los políticos, gobiernos o instituciones existentes, que se presentan como elitistas y corruptos. Un líder carismático típicamente se presenta como el defensor del pueblo.

### Ideología divisiva

Algunos politólogos describen el populismo como una «ideología tenue», porque rara vez tiene un programa económico o social. Solo consiste en ser provocativo y divisivo. El populismo se basa en la idea de que la sociedad se divide en dos campos, con frecuencia antagónicos: «pueblo» y «élite».

El populismo se ha manifestado tanto en la izquierda como en la derecha. Ejemplos de populismo de izquierdas incluyen el movimiento Occupy, que destacó las dificultades económicas y sociales, acuñando el eslogan «Somos el 99 %»; el partido Podemos en España, que desafió las medidas de austeridad del país; y el expresidente venezolano Hugo Chávez. Ejemplos de la derecha son el expresidente de EE. UU. Donald Trump, el primer ministro húngaro Viktor Orbán y Nigel Farage, exlíder del Partido de la Independencia del Reino Unido (UKIP), que afirmaba que la Unión Europea (UE) no era democrática y representaba una amenaza para la soberanía británica.

### Temas populistas

La falta de democracia es un tema común en el discurso populista y se utiliza con frecuencia para atacar a las supuestas élites. Los políticos populistas son elegidos a través de un proceso democrático, pero luego pueden mostrar poco respeto por la democracia, como se vio cuando Trump no aceptó el resultado de las elecciones presidenciales estadounidenses de 2020.

Los populistas aprovechan los sentimientos de exclusión de las personas. Un líder populista, que puede no ser un político convencional, obtiene apoyo alentando prejuicios y culpando a otros por la injusticia social. Esta culpa puede dirigirse al Gobierno en activo, a los intelectuales o a los medios de comunicación, de los cuales se dice que hacen caso omiso de los derechos y libertades de los ciudadanos. El populismo, particularmente el de derechas, puede alinearse con el nacionalismo, lo que permite culpar a los inmigrantes o grupos étnicos minoritarios dentro de un país.

## El pueblo contra la élite

Según el populismo, la sociedad se divide en dos grupos opuestos: el «pueblo» y la «élite». Se considera que el pueblo está compuesto de ciudadanos puros y ejemplares, mientras que la élite es antidemocrática, corrupta e indiferente ante las necesidades del pueblo.

### El pueblo

El pueblo se presenta como moralmente superior. Sin embargo, en lugar de reflejar a toda la sociedad, a menudo es solo una clase social o grupo religioso en particular.

## POPULISMO EN EL SIGLO XXI

En los últimos años, los políticos populistas han ganado apoyo en muchos países. Lo han logrado debido a diversas crisis que han sacudido el mundo, como la crisis financiera de 2007-2008 y el desplazamiento de millones de personas por las guerras en Oriente Medio. En momentos así, la gente tiende a buscar respuestas fáciles a problemas complicados y se deja influir más fácilmente por los políticos que se aprovechan de sus ansiedades sobre la inmigración y el desempleo. Estas crisis también aumentan la desilusión de la gente con los políticos tradicionales y con los procesos políticos.

### El líder carismático

Los líderes populistas, que afirman representar la voluntad del pueblo, son hábiles para instigar a la multitud. No están necesariamente alineados con un partido político y, a veces, se los describe como «demagogos».

### La élite

Los miembros de la élite son presentados como corruptos y egoístas. Pueden ser banqueros, científicos, los medios de comunicación, intelectuales o un gobierno en funciones.

# Socialismo

**El socialismo es un conjunto de teorías políticas y económicas que busca acabar con la explotación de los trabajadores al garantizar que cada persona disfruta de la riqueza creada por su trabajo, pero que solo recibe una parte equivalente a su contribución.**

## Justicia social

El socialismo surgió en el siglo XIX en respuesta al crecimiento del capitalismo durante la Revolución Industrial. El filósofo alemán Karl Marx (1818-1883), que definió sus principios, afirmó que era el primer paso hacia el comunismo (ver pp. 54-55). Los socialistas creen que los medios de producción deben regularse para proteger a los trabajadores de la explotación. Algunos socialistas piensan que esto solo es posible si los medios de producción pasan de manos privadas a públicas o estatales. En un país socialista, cada individuo recibe ganancias proporcionales a su contribución. A diferencia de las empresas privadas, el Estado suele ser responsable de financiar las

## Desafío al capitalismo

El socialismo está a la izquierda del espectro político. En esencia, desafía al sistema capitalista, abogando por la propiedad pública y la cooperación sobre la competencia y la propiedad y las ganancias privadas. Los socialistas luchan por la responsabilidad colectiva en lugar del énfasis liberal en los derechos y libertades individuales.

### Propiedad colectiva

En muchas sociedades socialistas, los medios de producción (herramientas, maquinaria o fábricas) son de propiedad colectiva, ya sea a través del Estado o en cooperativas de trabajadores.

### La sociedad es cooperativa

Los individuos trabajan juntos y toman decisiones de forma democrática. A principios y mediados del siglo XIX, los socialistas «utópicos» experimentaron con comunidades autosuficientes.

necesidades sociales (sanidad, educación, vivienda o energía) a través de un sistema tributario.

El socialismo ha sido muy influyente, pero sus principios han estado abiertos a interpretación. Los socialistas revolucionarios abogan por la toma del poder por la clase obrera. Otros creen que las políticas socialistas se pueden lograr a través de los gobiernos elegidos.

«"Socialismo" es el nombre que se da a todo lo que ayuda a toda la gente».

Harry S. Truman, presidente de EE. UU., discurso en Nueva York (1952)

✓ **DEBES SABER**

❯ **Los medios de producción** son las materias primas, herramientas, fábricas e infraestructuras necesarias para producir bienes.

❯ **El capitalismo** es un sistema político en el que el comercio y la industria de un país están controlados por propietarios privados y no por el Estado.

**Sus capacidades**
Cada trabajador contribuye a la producción y a la riqueza del Estado según sus capacidades y habilidades.

**Distribución**
El Estado compensa a los individuos en función de su contribución. Los socialistas han apoyado históricamente la propiedad colectiva de los recursos y la planificación central para lograr una distribución equitativa.

# Comunismo

El comunismo es una ideología política, social y económica que promueve la idea de una sociedad sin clases, en la que no existe la propiedad privada y el Estado se ha extinguido.

## El manifiesto comunista

El comunismo, descrito por primera vez por los filósofos alemanes Karl Marx (1818-1883) y Friedrich Engels (1820-1895) en el *Manifiesto comunista* (1848), comparte raíces anticapitalistas con el socialismo (ver pp. 52-53). Sin embargo, Marx consideraba que el socialismo era solo una etapa intermedia en el camino al comunismo.

A diferencia de los socialistas, los comunistas conciben una sociedad sin clases sociales, en la que cada persona trabaja por el bien de los demás y toda propiedad privada ha sido abolida. En un sistema comunista perfecto, las instituciones políticas y sociales del Estado se vuelven obsoletas a medida que la sociedad es capaz de gobernarse a sí misma, sin la aplicación coercitiva de la ley. Engels describía el proceso como el Estado «marchitándose». Marx creía que la única forma de lograr el comunismo era con la revolución y que los trabajadores de todos los países debían unirse y liberarse de la opresión capitalista para crear un mundo dirigido por y para la clase trabajadora.

## Comunismo y revolución

Marx escribía durante la época revolucionaria (en 1848 hubo una ola de levantamientos políticos en toda Europa), pero sus ideas políticas solo comenzaron a ser influyentes en el siglo xx.

En 1917, el marxista ruso Vladímir Ilich Uliánov (1870-1924), más conocido como Lenin, llevó a los trabajadores industriales rusos a una revolución para derrocar al zar (monarca supremo de Rusia) y estableció el primer Estado socialista. A diferencia de Marx, Lenin creía en la importancia de una «vanguardia de revolucionarios», un partido de socialistas de clase trabajadora llamados «bolcheviques» (del ruso *bolshinstvo*, que significa «mayoría»), que movilizarían al proletariado para derrocar a las clases dominantes.

Tras la Revolución, en lugar de introducir la propiedad común y crear una nación verdaderamente comunista, los bolcheviques se apropiaron de la maquinaria estatal.

**1**

### Nobles

Antiguamente, los miembros de la clase dominante eran de noble cuna. Eran dueños de la tierra y de sus trabajadores, y controlaban las leyes.

### Esclavos

Los trabajadores en el mundo antiguo eran a menudo esclavos. Sus vidas, sus cuerpos, su trabajo y los bienes que producían eran propiedad de la nobleza.

**2**

### Señores

Bajo el sistema feudal de la Europa medieval, la tierra agrícola era la principal fuente de riqueza. Era propiedad de los señores, que heredaban la tierra o la recibían del monarca.

### Siervos

Una clase compuesta de trabajadores, o siervos, cultivaba la tierra. No eran esclavos, sino que trabajaban para los señores a cambio de una pequeña cantidad de lo que producían.

Desde 1924, bajo el sucesor de Lenin, Iósif Stalin (1878-1953), la Unión Soviética se convirtió en una dictadura de partido único hasta su colapso en 1991.

En 1949, Mao Zedong (1893-1976) lideró una revolución comunista en China. Otros países también adoptaron sistemas comunistas y, en 1980, unos 1500 millones de personas de una población mundial de 4400 millones vivían en países gobernados por partidos comunistas.

## Lucha de clases

Para Marx, toda la historia era la historia de la lucha y el conflicto entre las clases sociales. Adaptó las ideas del filósofo alemán Georg Hegel (1770-1831), quien afirmaba que la única forma de entender las cosas es verlas como parte de una marcha de progreso histórico que finalmente conducirá a la libertad humana. Para Marx, este estado de «libertad humana» era el comunismo.

**5**

### Comunismo

Finalmente, el socialismo tendría tanto éxito que las clases desaparecerían por completo, el Estado desaparecería también y se lograría el comunismo.

**4**

### Socialismo

Marx creía que las tensiones entre burguesía y proletariado harían que el proletariado se alzara, se apoderara de los medios de producción y creara una sociedad socialista.

**3**

### Burguesía

El capitalismo creó una nueva clase propietaria que Marx llamó «burguesía». Eran dueños de los medios de producción y se quedaban con todos los beneficios.

### Proletariado

La nueva clase obrera, o proletariado, trabajaba en telares y fábricas propiedad de la burguesía en malas condiciones y por salarios mínimos.

## «Lo que la burguesía [...] produce [...] son sus propios enterradores».

Karl Marx, *Manifiesto comunista* (1848)

# Socialdemocracia

La socialdemocracia es una ideología socialista basada en la creencia de que el capitalismo puede reformarse o humanizarse para garantizar una provisión integral de bienestar para todos.

### Entre el socialismo y el capitalismo

La socialdemocracia parte de las ideas del teórico alemán Eduard Bernstein (1850-1932), socio de Karl Marx y Friedrich Engels. Sugirió un nuevo sistema político basado en su interpretación del marxismo (ver pp. 52-55). Su idea de la socialdemocracia incorpora valores similares al socialismo en el sentido de que pretende brindar bienestar a los desfavorecidos, acabar con la desigualdad y, en última instancia, erradicar la pobreza. Sin embargo, a diferencia del socialismo, la socialdemocracia no busca derrocar el capitalismo, sino reformarlo y eliminar sus peores injusticias.

La socialdemocracia favorece una economía mixta con empresas de propiedad estatal, particularmente las que brindan bienes y servicios públicos, como sanidad, educación y vivienda, y otras de propiedad privada o parcialmente estatal. Los accionistas y los trabajadores administran estos negocios privados, que están regulados por el Gobierno. Los impuestos son un medio de distribución de la riqueza, y se utilizan para financiar prestaciones sociales y servicios públicos.

### El modelo nórdico

El modelo nórdico es el enfoque socialdemócrata particular de los países nórdicos –Dinamarca, Finlandia, Islandia, Noruega y Suecia– acerca de las medidas económicas, sociales y culturales. Este modelo combina el capitalismo de libre mercado con una amplia provisión de prestaciones sociales financiada por altos impuestos.

### Innovación

En el modelo nórdico se fomenta la innovación como un gran motor del crecimiento económico. Hay una gran inversión en investigación y desarrollo, particularmente en tecnología verde.

### Sindicatos

Sindicatos, empresarios y Gobierno trabajan en colaboración para establecer las condiciones de trabajo. La afiliación sindical es alta: más del 90 por ciento en Islandia, por ejemplo.

### Participación laboral

Los trabajadores participan en la planificación y toma de decisiones con los empresarios. Los dos grupos también se reúnen en consultas con la mediación del Gobierno.

En la mayoría de los países europeos hay partidos socialdemócratas. En la década de 1990, sus ideas sustentaron un movimiento político conocido como «tercera vía», cuyo objetivo era fusionar la economía liberal con las políticas socialdemócratas de bienestar. Fue la política favorecida por el presidente de Estados Unidos Bill Clinton, en el cargo de 1993 a 2001.

Hoy, la socialdemocracia se asocia más a menudo con los países nórdicos, donde la implementación del «modelo nórdico» ha resultado en altos estándares de vida para la mayoría de los ciudadanos.

## SOCIALISMO DEMOCRÁTICO

Mientras que la socialdemocracia incluye elementos del capitalismo y los combina con un estado del bienestar generalizado, el objetivo del socialismo democrático es transformar la economía desde un modelo capitalista a un socialismo pleno, en el que los medios de producción son de propiedad pública. Ejemplos de partidos socialistas democráticos son el partido populista de izquierda español Podemos y el partido de izquierda griego Syriza. En Estados Unidos, el excandidato presidencial Bernie Sanders se describe a sí mismo como socialista democrático.

# 3 de los países más felices del mundo entre 2017 y 2019 eran países nórdicos.

worldhappiness.report, «El excepcionalismo nórdico» (2020)

### Impuestos altos

Las tasas de impuestos están entre las más altas del mundo. Esos impuestos se utilizan para financiar los servicios sociales, con educación y sanidad gratuitas, y pensiones garantizadas.

### Confianza en el Gobierno

En comparación con otros países, las poblaciones de los países nórdicos tienen mayor confianza en sus líderes. Una razón podría ser la naturaleza colectiva del modelo nórdico.

### Estado del bienestar

El estado del bienestar integral es un aspecto fundamental del modelo nórdico. Se invierte mucho en el capital humano, como la educación, la sanidad y el cuidado de los niños.

# Multiculturalismo

La historia de la humanidad está llena de migraciones. El multiculturalismo, como medida política, busca la integración de culturas nativas y no nativas dentro de las fronteras soberanas de un Estado.

## El «crisol»

La idea del multiculturalismo no es nueva. Desde la Antigüedad ha habido ejemplos de ciudades y países que han sido el hogar de diferentes grupos étnicos, culturales o religiosos. Sin embargo, en las últimas décadas han emigrado de sus países de origen tantos millones de personas (por razones económicas o para huir de la guerra, la represión o el hambre) que la forma en que los países aceptan a los inmigrantes ha sido objeto de un nuevo escrutinio.

Hasta mediados del siglo xx, se esperaba que los recién llegados a países como EE.UU. y el Reino Unido se integraran en la cultura del país. Este enfoque se ha descrito como un «crisol» porque cree que las diferentes culturas con el tiempo se asimilarán y se mezclarán en la sociedad, creando una cultura uniforme y homogénea. No obstante, este enfoque ha sido criticado por valorar la cultura de acogida por encima de las culturas inmigrantes y por no hacer lo suficiente para ayudar a los inmigrantes a integrarse. Los críticos incluso afirman que el

## Distintos enfoques

En general, las naciones han seguido dos enfoques con respecto a sus minorías étnicas. El primero es el enfoque del crisol, que fomenta la asimilación. El segundo es el enfoque multicultural, o de la «ensaladera», que aboga por la diversidad cultural.

## POLÍTICA IDENTITARIA

El multiculturalismo surgió de la preocupación por los derechos de las personas desplazadas de sus países durante la Segunda Guerra Mundial. Desde entonces, se ha asociado con la idea de política identitaria, que considera que ciertos grupos sociales, como mujeres, personas discapacitadas y minorías étnicas, están en desventaja por identidad (ver pp. 146-47). Este enfoque pretende que las personas de estos grupos tengan influencia en la agenda política y que se reconozcan sus derechos. Los críticos argumentan que las políticas identitarias se centran demasiado en la experiencia individual y que los derechos son universales, al margen de la identidad de un individuo.

### El crisol

Este enfoque se centra en asimilar a los inmigrantes a la cultura «dominante» del país de acogida para crear una sociedad homogénea. Asume que los inmigrantes siempre están dispuestos a abandonar sus culturas tradicionales.

enfoque del crisol es racista, que es intrínsecamente hostil a personas de diferentes orígenes étnicos.

## La «ensaladera»

Una alternativa es el enfoque multicultural o de la «ensaladera», que valora la diversidad y busca apoyar a las diferentes culturas dentro de una población. Una sociedad multicultural es la que permite a las personas conservar su identidad étnica y cultural dentro de la cultura nacional más amplia.

En 1971, Canadá se convirtió en el primer país en adoptar el multiculturalismo como política oficial. Esto se codificó en la Ley

# «El multiculturalismo trata sobre los términos adecuados de relación entre diferentes comunidades».

Bhikhu Parekh, teórico político británico, *Repensar el multiculturalismo* (2002)

de Multiculturalismo de 1988, que establece que todos los ciudadanos tienen derecho a preservar, mejorar y compartir su patrimonio cultural. Al mismo tiempo, sin embargo, se ha criticado a Canadá por marginar a sus pueblos indígenas (ver pp. 196-97). El multiculturalismo se convirtió en la política oficial de Australia en 1973 y fue adoptado por la mayoría de los Estados de la Unión Europea.

### «Ensaladera»

Este enfoque reconoce la diversidad de las poblaciones inmigrantes. El Gobierno anfitrión aprueba leyes para evitar la discriminación de los grupos minoritarios, que de este modo pueden preservar sus tradiciones culturales.

### Población

El término «población» se refiere a los habitantes de un país. Debido a la inmigración a lo largo de los siglos, la mayoría de los países del mundo incluyen diferentes etnias en sus poblaciones.

# Panafricanismo

El panafricanismo es una ideología y un movimiento global que busca crear un sentido de solidaridad y colaboración entre todas las personas de ascendencia africana, tanto en el continente africano como en la diáspora africana mundial.

## Primeros despertares

El panafricanismo, o nacionalismo negro, aboga por la autodeterminación de los descendientes de africanos negros. Sus raíces se encuentran en las luchas de los pueblos africanos contra el colonialismo europeo y el comercio de esclavos (ver pp. 138-39).

Martin Delany (1812-1885), hijo de un esclavo, inició en Estados Unidos el movimiento «Regreso a África». Sostenía que los negros no prosperarían junto con los blancos e instó a los afroamericanos a formar su propia nación en África occidental. El activista jamaicano Marcus Garvey (1887-1940) apoyó la idea y pidió la unidad entre los africanos de África y de la diáspora.

## Movimiento político

En el siglo xx, el panafricanismo surgió como un movimiento político independiente. En 1900, el abogado trinitense Henry Sylvester Williams (1867-1911) convocó el primer Congreso Panafricano. Condenó el racismo y el expolio de tierras africanas y apoyó la independencia respecto del dominio colonial. A finales de los años cincuenta, el líder de la recién independizada Ghana, Kwame Nkrumah, se convirtió en cabeza visible de la liberación africana. En 1961,

el psiquiatra de las Antillas francesas Frantz Fanon (1925-1961) publicó *Los condenados de la tierra*, que examinaba los efectos traumáticos del colonialismo y abogaba por crear una «tercera vía» de gobierno en lugar de copiar la democracia occidental.

En 1963, el emperador de Etiopía, Haile Selassie, pronunció ante las Naciones Unidas un discurso en el que dijo que hasta que no se abandonase la idea de una raza superior y otras inferiores, la paz sería una ilusión. Ese mismo año, 32 naciones se unieron en la Organización para la Unidad Africana (OUA), a fin de fomentar la integración política y económica y erradicar el colonialismo del continente africano. Por esa época, se formaron en la diáspora africana movimientos de liberación negra, como los Panteras Negras de EE. UU.

El panafricanismo sigue siendo una poderosa fuerza política cuyo objetivo es la unidad y la superación del legado de la colonización europea. En una época de globalización, el panafricanismo aboga por buscar soluciones africanas a los problemas africanos.

> «Hasta que los africanos se levanten como seres libres [...] el continente africano no verá la paz».
>
> Emperador Haile Selassie, discurso a las Naciones Unidas (1963)

### LA GHANA DE NKRUMAH

Ghana tuvo un papel importante en el panafricanismo. Kwame Nkrumah (1909-1972) la llevó a la independencia del Reino Unido en 1957 y fue su primer primer ministro y presidente. En 1958, fue anfitrión de la Conferencia de los Pueblos Africanos en la capital de Ghana, Acra. En la conferencia, representantes de 28 naciones africanas pidieron unidad en la lucha por la liberación y acordaron que la violencia sería necesaria en algunos casos. Nkrumah financió las luchas por la liberación africana y apoyó el movimiento estadounidense por los derechos civiles. Dentro de Ghana, también amplió la educación como un medio de empoderamiento y para promover la ideología panafricana.

## Los pilares del panafricanismo

El panafricanismo es un movimiento global político, cultural e incluso religioso: la religión del rastafarianismo centra su atención en la diáspora africana y exige su reasentamiento en la tierra prometida de «Sion» o África. El panafricanismo también ha promovido el orgullo, la historia y los logros culturales de los negros, a fin de contrarrestar la visión eurocéntrica predominante de la historia y la política.

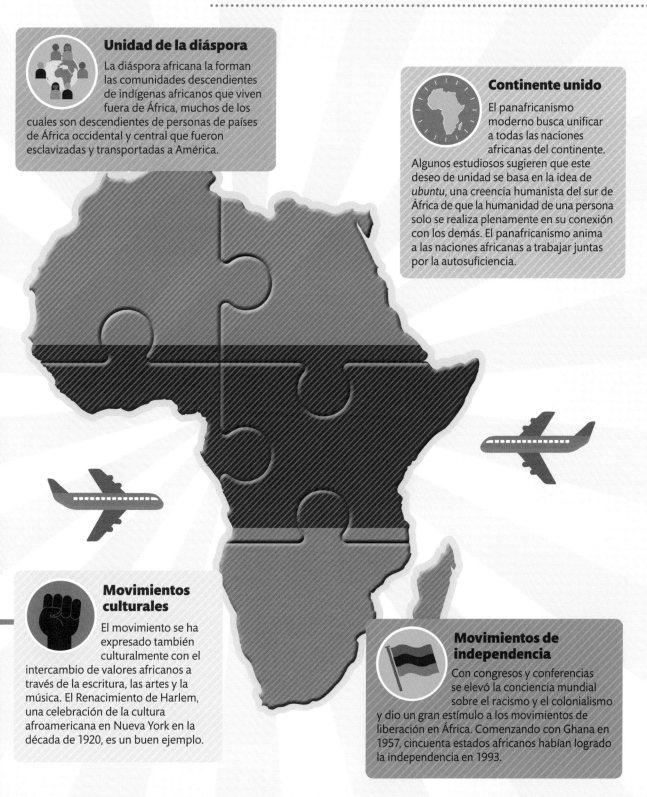

### Unidad de la diáspora

La diáspora africana la forman las comunidades descendientes de indígenas africanos que viven fuera de África, muchos de los cuales son descendientes de personas de países de África occidental y central que fueron esclavizadas y transportadas a América.

### Continente unido

El panafricanismo moderno busca unificar a todas las naciones africanas del continente. Algunos estudiosos sugieren que este deseo de unidad se basa en la idea de *ubuntu*, una creencia humanista del sur de África de que la humanidad de una persona solo se realiza plenamente en su conexión con los demás. El panafricanismo anima a las naciones africanas a trabajar juntas por la autosuficiencia.

### Movimientos culturales

El movimiento se ha expresado también culturalmente con el intercambio de valores africanos a través de la escritura, las artes y la música. El Renacimiento de Harlem, una celebración de la cultura afroamericana en Nueva York en la década de 1920, es un buen ejemplo.

### Movimientos de independencia

Con congresos y conferencias se elevó la conciencia mundial sobre el racismo y el colonialismo y dio un gran estímulo a los movimientos de liberación en África. Comenzando con Ghana en 1957, cincuenta estados africanos habían logrado la independencia en 1993.

# Feminismo

El feminismo es tanto una ideología como un movimiento. Entre sus objetivos están la igualdad social, política y económica de los sexos y el fin del sexismo y la opresión de la mujer.

## Una ideología de amplio calado

El feminismo cuestiona los puntos de vista sobre el sexo y los roles de género. Abarca muchas vertientes que reflejan distintas perspectivas sobre las causas de la opresión femenina y sobre cómo superarla. Así, hay feministas de igualdad de derechos, feministas socialistas, feministas negras, feministas radicales, feministas interseccionales o feministas LGBTQ+.

Las demandas de igualdad de las mujeres cobraron impulso a finales del siglo XVIII y principios del XIX. La activista francesa Olympe de Gouges (1748-1793) y la escritora inglesa Mary Wollstonecraft (1759-1797) argumentaron que las mujeres merecían ser tratadas como ciudadanas iguales y debían liberarse de la tiranía doméstica (ver pp. 130-31).

A mediados del siglo XX, la escritora francesa Simone de Beauvoir (1908-1986) separó el sexo biológico del género, que, según ella, es una idea patriarcal que enmarca al hombre como norma y a la mujer como lo «otro». Rechazó la «feminidad» como una construcción social. Betty Friedan (1921-2006) decía que la sociedad condiciona a las mujeres para que se ajusten a la imagen de ama de casa. En *La mística de la feminidad* (1963) inspiró a muchas mujeres blancas de clase media a buscar la realización fuera del ámbito doméstico.

## Redefinir el feminismo

A finales del siglo XX, algunas feministas reexaminaron las formas en que raza, género, clase y sexualidad se relacionan con el movimiento. La estadounidense bell hooks (1952-2021) acusó al feminismo de marginar a las mujeres negras y pidió un movimiento inclusivo, y activistas trans como Julia Serano (n. 1967) exigieron el reconocimiento de las mujeres transgénero.

Las primeras feministas se centraron en la igualdad de derechos, en particular los legales. Desde entonces, se han analizado y cuestionado todos los aspectos de la vida de las mujeres, como los roles tradicionales y la violencia contra las mujeres, los derechos reproductivos, la sexualidad y el racismo.

## DESIGUALDAD AÚN VIGENTE

El feminismo ha logrado mucho para mujeres y niñas de muchos países: el derecho al voto y a la propiedad, la igualdad salarial, la entrada en todas las áreas de empleo y, quizá lo más importante, el reconocimiento del sexo y el género como cuestiones políticas. Sin embargo, aún hay flagrantes desigualdades entre mujeres y hombres. Algunas feministas culpan al patriarcado –las estructuras y prácticas sociales que facilitan el dominio masculino– de este desequilibrio (ver pp. 142-43). A nivel mundial, los hombres ganan un 23 por ciento más que las mujeres, según la ONU. Las mujeres se ven afectadas por los prejuicios de género en el hogar: hacen más trabajo no remunerado que los hombres, como el cuidado de los niños. La violencia contra las mujeres sigue siendo endémica: en todo el mundo, en promedio, 82 mujeres mueren cada día a manos de parejas masculinas, según un informe de 2018 de las Naciones Unidas.

## Las cuatro olas del feminismo

El movimiento feminista se ha dividido en cuatro «olas». El feminismo es un movimiento global, y los críticos del enfoque de la «ola» argumentan que se centra demasiado en la experiencia de las mujeres blancas. También sugiere una progresión lineal, mientras que las ideas, los valores y las campañas del feminismo son complejos y están entrelazados y, a menudo, se superponen.

## PRIMERA OLA

### Derechos
La primera ola de feminismo surgió en el Reino Unido y Estados Unidos a fines del siglo xix y principios del xx. Su objetivo era obtener el derecho legal al voto, a poseer propiedades y a tener igualdad de acceso a la educación.

«Soy feminista. Sería estúpido no estar de mi propia parte».
Maya Angelou, escritora estadounidense

## SEGUNDA OLA

## TERCERA OLA

### Liberación respecto del patriarcado
El feminismo de la segunda ola ganó prominencia a finales de los años sesenta y se convirtió en sinónimo del movimiento de liberación de las mujeres. Desafiaba al patriarcado y los roles sociales de las mujeres y exploraba las diferentes sexualidades y las razones de la opresión.

## CUARTA OLA

### Rebelión y raza
En los años noventa del siglo xx, el feminismo de la tercera ola enfatizó el individualismo y la rebelión, personificados por el punk rock de las «riot grrrls». Una mayor conciencia de la raza condujo a la adopción de la teoría de la interseccionalidad (ver pp. 146-47).

### Internet e inclusividad
La cuarta ola comenzó en 2010 en las redes sociales y se centró en el empoderamiento de las mujeres y las personas LGBTQ+. El movimiento #MeToo alcanzó su apogeo en 2017, destacando la agresión sexual masculina hacia mujeres.

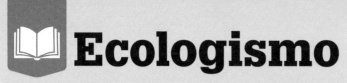

# Ecologismo

**El ecologismo es tanto una ideología como un movimiento político enfocado en proteger y restaurar el mundo natural y reducir el impacto de las actividades humanas dañinas.**

## Amenaza a la vida

El ecologismo abarca una amplia gama de temas, como el cambio climático, la contaminación y la eliminación de residuos, el impacto de la quema de combustibles fósiles, la deforestación, la escasez de agua y la conservación de la vida salvaje. Busca alternativas sostenibles a los procesos industriales pues afirma que han causado daños graves y, si no se controlan, amenazan el futuro del planeta.

La preocupación por el medio ambiente se aceleró en la década de 1960. *Primavera silenciosa* (1962) de la bióloga Rachel Carson (1907-1964) destacó el impacto devastador de los insecticidas DDT en la agricultura. La Conferencia de las Naciones Unidas sobre el Medio Ambiente Humano de 1972 fue la primera en hacer del medio ambiente una preocupación clave. Comenzaron a surgir partidos políticos «verdes» en Nueva Zelanda, Australia, Tasmania, el Reino Unido y Alemania. La contaminación, los residuos tóxicos, los alimentos genéticamente modificados y la deforestación impulsaron movimientos y protestas ambientales en todo el mundo, incluidas América Latina, África, Asia y Oceanía.

Ante el calentamiento global, se empezaron a pedir recortes en las emisiones de carbono. El Acuerdo de París de la ONU de 2015 se comprometió a mantener la temperatura global por debajo de los 2 °C sobre los niveles preindustriales, y en 2021, la Conferencia de Cambio Climático de la ONU se reunió en Escocia con el objetivo de reducir las emisiones de carbono a cero neto para 2030.

## ECOLOGÍA PROFUNDA

La ecología profunda, inspirada por el filósofo noruego Arne Naess (1912-2009), es una filosofía ambiental que adopta una visión ecocéntrica y establece que todos los seres vivos tienen el mismo valor. Según Naess, los ecologistas «no solo deben proteger el planeta por el bien de los humanos, sino también por el bien del planeta, para mantener los ecosistemas saludables por el propio bien de estos». Los ecologistas profundos abogan por la no interferencia en el mundo natural y se oponen al capitalismo, abogando por un sistema social alternativo basado en la armonía con el planeta y en prácticas ambientales sostenibles.

**La sobrepoblación** ejerce presión sobre los recursos, como el territorio, el agua limpia y el combustible. Algunos afirman que el consumo excesivo de recursos, particularmente en naciones occidentales, es un problema mayor.

**Los residuos** pueden terminar en vertederos, donde liberan a la atmósfera metano y dióxido de carbono, ambos gases de efecto invernadero, o bien en los océanos.

**La contaminación** libera sustancias químicas en el aire, el agua o el suelo que pueden dañar los ecosistemas.

**La deforestación** –eliminación de grandes áreas de bosque– perjudica los ecosistemas. Entre 1990 y 2016, se destruyeron más de 1,3 millones de kilómetros cuadrados de bosque.

**Quemar combustibles fósiles**, como carbón, petróleo y gas, libera una gran cantidad de dióxido de carbono, lo que provoca el calentamiento global. A partir de 2021, un aumento de 1,5 °C conlleva el riesgo de daños ambientales graves.

**El reciclaje** —producir nuevos artículos a partir de desechos de plástico, vidrio, metal, papel o madera— reduce la necesidad de nuevas materias primas y disminuye la cantidad de vertederos y la contaminación.

**La pérdida de biodiversidad** amenaza con la extinción de más de un millón de especies animales y vegetales.

**La energía sostenible** es una gama de fuentes renovables de energía, como la energía eólica, la solar y la mareomotriz. Podrían reemplazar los combustibles fósiles.

# Amenazas ambientales y soluciones

Mucha gente cree hoy que la humanidad se enfrenta a una crisis ambiental, en particular a una emergencia climática (ver pp. 192-93). La mayoría acepta que las amenazas al medio ambiente han sido causadas por la actividad humana, particularmente durante los últimos doscientos años, con el surgimiento de la industrialización de combustibles fósiles. Entre estas amenazas se encuentran la contaminación, la deforestación, la falta de agua limpia y una pérdida significativa de biodiversidad. Las soluciones a estos problemas no son sencillas, pero las personas pueden marcar la diferencia, por ejemplo reduciendo el uso de automóviles y aviones, comiendo menos carne y lácteos, y reciclando productos de desecho. Los ecologistas argumentan que los gobiernos y las corporaciones globales deben asumir unas mayores responsabilidades para cambiar sus políticas.

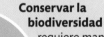

**Conservar la biodiversidad** requiere manejar y preservar mejor los hábitats naturales, cuidar las especies locales y prohibir los pesticidas.

**El ascenso del nivel del mar** causa inundaciones en zonas bajas y costeras, destruyendo hábitats naturales y viviendas.

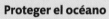

**Proteger el océano** requiere crear santuarios marinos, conservar los arrecifes de coral, gestionar la pesca y evitar la contaminación del agua.

**Fenómenos extremos**, como los incendios forestales y las olas de calor, se relacionan directamente con el calentamiento global.

**La captura de carbono** es un proceso por el que las emisiones de dióxido de carbono de las centrales eléctricas se atrapan, se aíslan y son almacenadas, en general bajo tierra.

**La reforestación** conlleva plantar árboles y bosques a gran escala. Esto previene la erosión del suelo, restaura los hábitats de la vida silvestre, mejora la pureza del agua y ayuda a estabilizar el clima.

**AMENAZAS**        **SOLUCIONES**

# ORGANIZACIÓN DEL GOBIERNO

# Sistemas políticos

Desde autocracias con un líder único hasta gobiernos democráticos, los sistemas políticos han evolucionado a lo largo de la historia. La forma en que han cambiado ha dependido en gran parte de la identidad de quien está en el poder y de la medida en que la población se involucra en el proceso político.

EN INTERÉS DEL ESTADO

## Las formas aristotélicas de gobierno

En la Grecia clásica se probaron varios sistemas políticos diferentes, desde el gobierno autocrático de los tiranos hasta una forma temprana de democracia. Tras ver cómo funcionaban en la práctica, filósofos como Platón y Aristóteles pudieron comparar los pros y los contras de los distintos sistemas. Aristóteles señaló que el poder siempre está en manos de un solo gobernante, una élite o el pueblo, y que los sistemas políticos correctos sirven a los intereses del Estado, mientras que los que solo sirven al gobernante son corruptos.

### Monarquía
Un solo gobernante, como un rey o una reina, vela por la prosperidad del Estado y por el bienestar de sus súbditos.

### Aristocracia
Los miembros de las familias nobles y los propietarios actúan como custodios de la tierra y se ocupan de las necesidades del pueblo.

### Politeia
La gente común toma decisiones sobre cómo se debe gobernar el Estado. Lo hacen a través de los representantes que entienden las necesidades de la sociedad.

EN INTERÉS DE LOS GOBERNANTES

## EL GOBIERNO DEL PUEBLO

En su clasificación de los sistemas políticos, Aristóteles hizo una sutil distinción entre democracia y *politeia*. De acuerdo con su definición, la democracia es el gobierno del pueblo, por el pueblo, para el pueblo y en su propio interés, que puede no ser necesariamente el interés del Estado en su conjunto. En opinión de Aristóteles, una *politeia*, una forma de democracia representativa regulada por una constitución, es mejor porque protege los intereses tanto del Estado como de los ciudadanos. Sostenía que, en ambos casos, el Gobierno de muchos suele ser más sabio que el gobierno de unos pocos.

### Tiranía
Un solo gobernante, que suele hacerse con el poder de manera inconstitucional, antepone sus propios intereses a los del Estado y su pueblo.

«La democracia es la peor forma de gobierno, a excepción de todas las otras formas que se han probado».

Winston Churchill, primer ministro británico, en un discurso en la Cámara de los Comunes (1947)

### Oligarquía
Una élite corrupta explota su posición de control sobre el pueblo para aumentar su propia riqueza y poder.

### Democracia
La gente común gobierna el Estado. Sin embargo, es posible que la mayoría de las personas no sepan cuáles son las mejores medidas para la sociedad en su conjunto (ver recuadro).

# Monarquía

La monarquía, que originalmente significaba «gobierno de un individuo», se entiende hoy en día como el gobierno de un miembro de una familia real. «Monarca» es un título hereditario y, generalmente, vitalicio.

## Gobierno familiar

Históricamente, la monarquía ha sido el tipo de gobierno más común y duradero. Se desarrolló a partir de las familias gobernantes de las primeras civilizaciones. A menudo se consideraba que estas familias reales tenían el derecho divino de gobernar, una idea reforzada por símbolos de poder como coronas o tronos, otorgados al monarca en las coronaciones rituales. Su poder absoluto no podía ser desafiado salvo por la fuerza, con el ataque de un enemigo o un levantamiento o revolución, como el establecimiento de la democracia ateniense o el derrocamiento de la monarquía en la Revolución francesa. En tales casos, la monarquía solía abolirse y en su lugar se establecía una república. También hubo cambios más graduales al evolucionar las actitudes sociales, y los monarcas cedieron algunos de sus poderes, primero a la nobleza en la época medieval y luego a los parlamentos.

## Monarcas modernos

Aún hoy, un número significativo de países han conservado alguna forma de monarquía hereditaria. Sin embargo, como la mayoría de los Estados han adoptado modelos democráticos de gobierno, la importancia y el poder de estos

## Tipos de monarca

Hay varios tipos de monarca, con diversos grados de poder que obtienen de diferentes maneras. Los que gobiernan como soberanos o monarcas absolutos suelen ser miembros de una familia real cuyo derecho a gobernar se hereda. Más raros son los monarcas que son elegidos en lugar de heredar el trono.

### Monarquía absoluta

El sistema de un monarca como jefe de Gobierno y jefe de Estado ha sido reemplazado casi por completo por las democracias, excepto en un pequeño número de países conservadores, como Arabia Saudí.

### Monarquía constitucional

Allí donde hay monarquías en la actualidad, es posible que aún tengan un papel en el gobierno de la nación, pero están subordinadas al Parlamento o la Asamblea Nacional. Esta forma de monarquía existe en el Reino Unido y Japón.

monarcas han disminuido. Muchas naciones ahora son repúblicas y han reemplazado a los monarcas por un presidente elegido como jefe de Estado; otras han reducido el papel del monarca a uno puramente ceremonial, con poca influencia real.

Aún hay algunas monarquías absolutas en las que el gobernante es el poder soberano o jefe de Gobierno, pero el poder de la mayoría de los monarcas que quedan está regulado por la Constitución de la nación. La idea de un derecho divino para gobernar sobrevive solo en unas pocas teocracias (ver pp. 72-73).

## FEUDALISMO

En la Europa medieval, los deberes y la propiedad de la tierra se organizaban en un sistema feudal. En lo más alto de la jerarquía, el monarca era el dueño de todas las tierras pero entregaba algunas a la nobleza a cambio de favores e impuestos. Ellos a su vez ponían las tierras a disposición de los caballeros que lucharan por ellos, y las tierras luego se ponían a disposición de los campesinos, quienes pagaban por ellas con una porción de lo que producían.

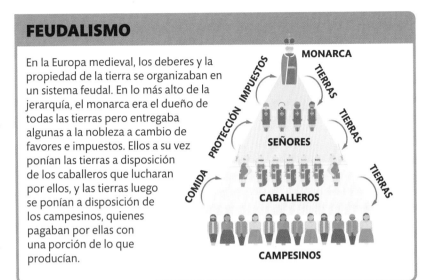

«El Estado soy yo».
Atribuido a Luis XIV, rey de Francia (1655)

### Monarquía semiconstitucional

Mientras los monarcas constitucionales tienen poco que decir en los asuntos de Estado, los monarcas semiconstitucionales son jefes de Estado más activos, con responsabilidades similares a las de un presidente. Por ejemplo, el rey de Jordania tiene gran poder ejecutivo.

### Monarquía electiva

En algunos países, el monarca es elegido por una élite formada por un pequeño grupo de candidatos. El Papa, elegido por el Colegio Cardenalicio como gobernante de la Santa Sede de la Iglesia católica, es un ejemplo moderno de monarca electivo.

# Teocracia

La religión es una parte importante de casi todas las culturas y, como tal, inevitablemente influye en la política de una nación, a veces hasta el punto de dictar la forma en que se gobierna un país.

## Orígenes de la teocracia

Aunque «teocracia» significa «gobierno de Dios» o «de un dios», en la práctica se usa para describir el gobierno de un Estado civil por parte del líder (o líderes) de una religión de acuerdo con las leyes prescritas por esta.

La participación de funcionarios religiosos en el Gobierno se remonta al mundo antiguo, especialmente a Egipto y Siria, el Tíbet y algunos períodos de dominio budista en Japón y China. La idea de la teocracia persistió hasta la Edad Media, e incluso más allá. La Iglesia católica ejercía un gran poder político, pues el Papa era el líder del Sacro Imperio Romano Germánico, y varios imperios islámicos estaban gobernados por un califa, que era el líder político y espiritual de los musulmanes de todo el mundo.

## Teocracias actuales

Hay pocas teocracias reales en el mundo actual. La mayoría están en países islámicos, como Irán, que tiene muchos funcionarios religiosos en puestos gubernamentales de poder, dirigidos por un líder supremo que debe ser un estudioso de la ley islámica. Arabia Saudí es una semiteocracia: aunque el monarca no es un funcionario religioso, la Constitución de Arabia Saudí es el Corán y la Sunna (tradiciones del profeta Mahoma). La Santa Sede de la Iglesia católica es un ejemplo no islámico de teocracia moderna.

Muchos países tienen una religión estatal oficial. En algunos casos, el jefe de Estado también es el jefe religioso, como es el caso del Reino Unido, donde el monarca es el jefe de la Iglesia de Inglaterra. Esto no se considera una teocracia porque el Gobierno no deriva sus poderes de una autoridad divina.

En términos generales, en la era moderna, la tendencia hacia las democracias liberales también ha significado un alejamiento de la participación de las instituciones religiosas en el gobierno y hacia Estados más seculares.

## EL DERECHO DIVINO DE LOS MONARCAS

No solo las teocracias reclaman la autoridad de Dios para gobernar; hasta el advenimiento de las democracias seculares, se suponía que muchas familias reales tenían el «derecho divino como reyes». Esto, además de dar legitimidad a la monarquía hereditaria, también significaba que el monarca tenía poder absoluto y solo respondía ante Dios. Existía una idea similar en las dinastías de la antigua China, donde se creía que sus reyes y emperadores habían recibido el «mandato del cielo» para gobernar. Este mandato podría serles retirado en caso de incumplir sus responsabilidades.

## Autoridad divina

En una teocracia, se cree que las leyes e incluso la Constitución del Estado son dictadas por Dios o sus agentes. Por tanto, el Gobierno debe estar en manos de los más capacitados para interpretar y administrar esas leyes divinas: los sacerdotes y estudiosos que siguen la llamada de Dios.

## Seguidores

En una teocracia, los seguidores de la religión dominante aceptan la autoridad otorgada por Dios a sus gobernantes, respetando su juicio al interpretar y administrar la ley y su guía en asuntos de moral.

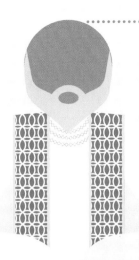

### Líder religioso

El líder o líderes suelen ser ministros de la religión dominante o estudiosos de los textos sagrados. Se los considera representantes de Dios divinamente guiados en sus acciones.

### Texto religioso

La mayoría de las religiones cuentan con un texto sagrado que contiene sus creencias fundamentales, a menudo reveladas a un profeta. El texto se considera la palabra de Dios y, como tal, es una guía infalible para los líderes teocráticos.

«Una idea religiosa, supuestamente un asunto privado entre el hombre y Dios, en la práctica siempre es una idea política».

Christopher Hitchens, escritor británico-estadounidense, *La monarquía* (1990)

**TEXTO RELIGIOSO INTERPRETADO**

### Ley religiosa

Algunas leyes están en las sagradas escrituras; otras provienen de interpretaciones de los textos por parte de teólogos.

### Asamblea secular

En algunos casos, un gobierno laico que es subsidiario del religioso, se ocupa de gestionar el día a día del país.

# Unipartidismo

En tiempos de crisis política o económica, un gobierno puede prohibir los partidos de la oposición y establecer un Estado autoritario de partido único.

## Una sola ideología

Al contrario que las democracias multipartidistas (ver pp. 78-79), los Estados unipartidistas se suelen considerar formas represivas de gobierno, pues generalmente están dirigidos por un dictador e implican la ilegalización de los partidos de oposición. Dichos regímenes suelen ser autoritarios, basados en general en ideologías en los extremos del espectro político, como el fascismo (ver pp. 46-47) o el comunismo (ver pp. 54-55), o en la interpretación fundamentalista de textos religiosos.

El establecimiento de un Estado de partido único a menudo se sustenta en la necesidad de unidad nacional, especialmente en tiempos de crisis económica o si el país se enfrenta a una amenaza externa. A veces se crea erosionando a la oposición gradualmente, como fue el caso del surgimiento del Partido

## Peligros del unipartidismo

El unipartidismo puede degenerar en regímenes totalitarios. Para mantener el control, el Gobierno se vuelve cada vez más autoritario, eliminando toda oposición y controlando cada vez más aspectos de la vida de los ciudadanos.

### SEGURIDAD ESTATAL
Con la protección de los ciudadanos como pretexto, el Estado aumenta el poder de las fuerzas policiales y de seguridad para hacer cumplir las medidas restrictivas.

### LEALTAD AL PARTIDO
Se espera que los ciudadanos muestren lealtad al Estado y a su líder, así como lealtad patriótica al país.

Nazi en Alemania, pero a veces la oposición es silenciada, por ejemplo tras una revolución o golpe de Estado.

### Suprimir la disidencia

Para mantener el poder, el partido gobernante debe suprimir la disidencia. Además de prohibir los partidos de oposición, puede introducir leyes para evitar que se critique al Estado. También puede utilizar instituciones estatales, como la policía, las fuerzas armadas, los medios de comunicación y las escuelas, para ejercer un control mayor sobre sus ciudadanos.

Si la ideología del Estado se impone de manera cada vez más autoritaria, afectando a todos los aspectos de la vida pública y privada de los ciudadanos, se la considera totalitaria. El totalitarismo, que es la forma más extrema de sistema de partido único, ganó fuerza durante el siglo xx con el surgimiento del nazismo, el fascismo, el comunismo y el fundamentalismo religioso.

## CASO PRÁCTICO

### Cuba

En 1959, durante la Revolución cubana, el régimen corrupto de Fulgencio Batista fue derrocado y reemplazado por un gobierno comunista dirigido por Fidel Castro. Desde la década de 1960, Cuba ha sido un Estado de partido único y no se ha permitido la oposición al gobernante Partido Comunista de Cuba. Aunque se considera ampliamente que el régimen cubano es represivo, el país es famoso por haber desarrollado uno de los sistemas de atención médica más eficientes del mundo.

> «La esencia del totalitarismo [...] es convertir hombres en funcionarios».

Hannah Arendt, filósofa política germano-judía, *Eichmann en Jerusalén* (1963)

### SUPRESIÓN DE LA OPOSICIÓN

Los partidos de la oposición y la disidencia pública están prohibidos. Las personas que desafían o critican al Estado son castigadas.

### SUPRESIÓN DE LAS LIBERTADES

Las libertades de asociación, movimiento y culto religioso están todas restringidas, ya que pueden tener el potencial de ser más poderosas que el líder del Estado.

# Dictadura

Una dictadura es un régimen autoritario en el que un solo individuo ejerce el poder absoluto sobre el Estado sin el consentimiento de los ciudadanos.

## Hacerse con el poder

En la historia ha habido muchos líderes autocráticos que asumieron el control de un Estado, pero solo en tiempos modernos el término «dictador» se ha vuelto inequívocamente negativo. En el siglo XX se asoció a los líderes de regímenes totalitarios brutales (ver pp. 46-47), como la Alemania nazi, la España franquista, la Unión Soviética y la China maoísta. Las dictaduras se distinguen por estar dirigidas por un solo líder o un pequeño grupo, mientras que el totalitarismo se define por el control represivo del Estado sobre todos los aspectos de la vida de los ciudadanos.

Aunque muchos dictadores toman el poder en tiempos de crisis, algunos, como Adolf Hitler, son elegidos legítimamente para ocupar el cargo y luego extienden su poder para lograr el control total del Estado. Sea cual sea la forma en que llegan al poder, siempre necesitan el apoyo del ejército y de los servicios de inteligencia.

## Mantener el poder

Tras un golpe militar, suele asumir el poder un oficial militar de alto rango. En los casos en los que asume el poder un civil, normalmente adopta el grado de general para hacerse con el control de las fuerzas armadas. Algunos dictadores dejan el poder una vez que termina un período de crisis, pero muchos permanecen de por vida. Dado que el líder no puede ser destituido por medios políticos, solo puede ser expulsado mediante protestas públicas o mediante un golpe militar.

## Control absoluto

Para mantener un poder absoluto, los dictadores tienen que controlar tanto al pueblo como al Estado. Como jefes de Estado, se convierten en la única autoridad en las decisiones legales y políticas. Aunque las dictaduras pueden comenzar declarándose como una medida provisional, algunos líderes nunca dejan el poder. Toman el control de la policía, el ejército y los servicios de inteligencia, lo que les permite silenciar a la disidencia, reprimir los medios de comunicación y difundir propaganda estatal.

**Silenciar a la disidencia**
Con el apoyo de la policía y de los servicios de seguridad, los dictadores silencian a la oposición para mantener el poder.

**Control de las instituciones públicas**
Además de asegurarse el apoyo de la policía y el ejército, los dictadores toman el control de las instituciones públicas, como las universidades y las oficinas del Gobierno local.

### Anular derechos

En un estado de emergencia, un gobernante puede anular el proceso democrático, pero solo como medida provisional; un dictador puede extender este período indefinidamente.

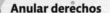

### Control de los medios

Los dictadores suelen sofocar la disidencia, cerrar periódicos y canales independientes y difundir su propia propaganda.

 **CASO PRÁCTICO**

#### Josip Broz «Tito»

Tras liderar a los partisanos en la Segunda Guerra Mundial, el mariscal Tito (1892-1980) ayudó a fundar la República Federativa Socialista de Yugoslavia en 1945. Se convirtió en primer ministro y luego en presidente, desde 1945 hasta su muerte en 1980. Aunque su gobierno era autocrático, era considerado un dictador benigno que incluso se enfrentó a Stalin, de la URSS. Unificó las naciones que componían la República Federal y se ganó un considerable respeto.

### Convertirse en el poder ejecutivo

Un dictador, como gobernante absoluto, es tanto jefe del Gobierno como jefe del Estado. Así, se convierte efectivamente en el poder ejecutivo del Gobierno. Por esta razón suelen adoptar el título de «presidente».

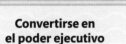

### Supervisión de las leyes

Los dictadores, en su papel de jefes de Gobierno, supervisan el Parlamento y mantienen un estricto control del poder judicial (los tribunales que administran la ley).

# Democracia multipartidista

La democracia depende de que los ciudadanos puedan emitir su voto en las elecciones. Sin embargo, no todos los sistemas de votación son iguales y algunos están considerados más democráticos que otros.

## La elección del electorado

A diferencia de los Estados unipartidistas (ver pp. 74-75), en otros Estados democráticos los ciudadanos tienen dos o más partidos políticos a los que puede votar en las elecciones. En estados bipartidistas, como EE. UU., dos partidos políticos dominan el panorama político y casi todos los representantes elegidos son miembros de uno de ellos. Eso no significa que estén prohibidos otros partidos. En EE. UU., por ejemplo, aunque dominan los partidos Demócrata y Republicano, el Partido Libertario (ver pp. 42-43), desde su fundación en 1971, ha ganado influencia y algunos de sus miembros han sido elegidos para cargos en el gobierno local.

Los sistemas políticos de dos partidos suelen ser de escrutinio mayoritario uninominal (EMU) y solo permiten que gane un partido, dejando que el otro

## Partidos gobernantes

Los defensores del escrutinio mayoritario uninominal sostienen que da como resultado gobiernos fuertes que suelen mantenerse unidos y pueden legislar con rapidez. También afirman que el EMU crea un fuerte partido de oposición unido en sus críticas al Gobierno. Los defensores de la representación proporcional argumentan que el EMU puede privar a muchos votantes de sus derechos o de representación en el Gobierno. También afirman que dichos votantes pueden estar en desacuerdo con las políticas del partido de la oposición, lo que significa que están efectivamente alienados del sistema político.

**Partidos del Gobierno y de la oposición**
A menudo, un solo partido político forma todo el Gobierno con solo una pequeña mayoría. Su única oposición es el segundo partido, que permanecerá en la oposición a menos que derrote al Gobierno en unas elecciones generales.

**Partidos rivales**
En las elecciones generales, los dos partidos principales presentan sus propuestas al público. El partido que recibe la mayor cantidad de votos permanece en el poder o reemplaza al Gobierno existente.

**Atraer al mayor número**
Los votantes tienen diferentes puntos de vista políticos, muchos de los cuales pueden no estar representados por los dos partidos principales. Durante las elecciones votan al partido que mejor representa sus intereses.

SISTEMA BIPARTIDISTA

PARTIDOS POLÍTICOS

VOTANTES Y SUS CREENCIAS POLÍTICAS

forme la oposición. Este término también se usa para sistemas multipartidistas en los que cualquiera puede formar un partido y presentarse a las elecciones, pero si no consigue un escaño en el Parlamento, su partido no estará representado. Un partido puede incluso tener varios candidatos y recibir colectivamente millones de votos, pero aun así no lograr un escaño parlamentario. Para evitar esto, muchos países tienen un sistema conocido como representación proporcional (RP).

## Un sistema más justo

La representación proporcional (ver pp. 110-11) se basa en la idea de que un parlamento elegido no solo debe representar a los dos partidos políticos dominantes, sino a todos los principales partidos, y de que el número de representantes debería ser proporcional a la cantidad de votos que recibe cada partido. Así, si un partido recibe una cuarta parte de los votos, sus representantes también deberían recibir una cuarta parte de los escaños en el Parlamento.

> ## «Por tanto, dos hurras por la democracia: uno porque admite la diversidad y dos porque permite las críticas».
>
> E. M. Forster, escritor británico, *En lo que creo* (1938)

**SISTEMA MULTIPARTIDISTA**

**PARTIDOS POLÍTICOS**

**VOTANTES Y SUS CREENCIAS POLÍTICAS**

**Partidos de coalición**
El Gobierno es una coalición de políticos que representan a varios partidos políticos. Es esencialmente un grupo de partidos que trabajan juntos para encontrar soluciones a problemas políticos.

**Distintos partidos**
Distintos partidos se disputan las elecciones. Los partidos más populares forman el siguiente Gobierno. Cada uno ocupa una parte de los escaños proporcional a los votos que obtuvo el partido.

**Distintos intereses**
Los votantes tienen distintos puntos de vista, muchos de los cuales están representados por partidos políticos. El electorado vota a estos partidos con el conocimiento de que sus preocupaciones serán atendidas por el Gobierno.

## VOTO POR ORDEN DE PREFERENCIA

Otra forma de definir quién gana en los sistemas multipartidistas es utilizar el voto por orden de preferencia (VOP). Se pide a los votantes que clasifiquen en orden de preferencia a todos los candidatos en el formulario de votación, o un número específico (por ejemplo, los tres primeros). Por lo general, un candidato gana si recibe más de la mitad de los votos de primera elección. Si no hay un ganador mayoritario, se elimina al candidato con la menor cantidad de votos y se recuentan las segundas asignaciones de quienes votaron a ese candidato. Los partidarios del VOP argumentan que garantiza que el ganador tenga la aprobación de la mayoría de los votantes. También evita la necesidad de un segundo sufragio. El VOP se utiliza en elecciones nacionales y estatales en Australia, Malta y Eslovenia.

# Federalismo

**Muchos países cuentan con dos niveles principales de gobierno: el Gobierno central o federal y el Gobierno regional o estatal. Esta forma dual de gobierno se conoce como federalismo.**

## Dos niveles de gobierno

El federalismo es una forma de gobierno en la que conviven un gobierno central fuerte que legisla sobre asuntos de interés nacional y autoridades regionales que legislan sobre asuntos regionales. En EE.UU., por ejemplo, según la ley federal es ilegal falsificar dinero, y hacerlo es un delito en los cincuenta estados del país; sin embargo, aunque todos los ciudadanos tienen derecho a portar armas de fuego, que puedan hacerlo abiertamente varía de un estado a otro. Asimismo, cuando Suiza se convirtió en estado federal en 1848, sus 26 cantones tuvieron que disolver sus ejércitos, pero conservaron una autonomía considerable, lo que sirvió para fortalecer al país en su conjunto.

En general, además de legislar sobre asuntos internos, los gobiernos federales tienen el poder de regular el comercio nacional e internacional, administrar los asuntos exteriores y mantener las fuerzas armadas de sus países. Por otro lado, los gobiernos regionales son libres de regular las industrias que operan dentro de sus fronteras, establecer autoridades gubernamentales locales y aprobar leyes que aborden preocupaciones regionales específicas.

## División de poderes

De acuerdo con la definición de «federalismo» de las Naciones Unidas, un gobierno federal debe ser responsable de la seguridad nacional y la política exterior para ser considerado un Estado soberano. Los poderes exactos de las regiones federadas están determinados por la Constitución del país.

### Servicios públicos

Los ciudadanos de las federaciones suelen pagar un impuesto federal además de un impuesto regional, que contribuye a mantener servicios públicos vitales, como policía, escuelas y hospitales.

**GOBIERNO REGIONAL**

**GOBIERNO REGIONAL**

## DESCENTRALIZACIÓN

La descentralización es una forma de federalismo, pero difiere en aspectos importantes. Por ejemplo, en el Reino Unido, Escocia, Gales e Irlanda del Norte tienen gobiernos semiindependientes; en Dinamarca, las Islas Feroe y Groenlandia son regiones descentralizadas.

A diferencia de los Estados federales, el Gobierno central, que es donde en última instancia reside el poder, puede retirar sus poderes a estos gobiernos delegados.

### Infraestructuras

Los gobiernos regionales son responsables de construir carreteras públicas y puentes. Sin embargo, las carreteras entre estados y los aeropuertos pueden estar subvencionados por el Gobierno federal.

## RESPONSABILIDADES DEL GOBIERNO FEDERAL

### POLÍTICA EXTERIOR

El Gobierno federal tiene tres grandes responsabilidades. En primer lugar, controla la política exterior del Estado, que determina la naturaleza de sus relaciones con otros países.

### DEFENSA

En segundo lugar, mantiene las fuerzas armadas del Estado y decide cuándo el país entra en guerra. En tercer lugar, controla las medidas económicas nacionales e internacionales del Estado.

### ECONOMÍA

Esto incluye la potestad de recaudar y legislar sobre los impuestos, que contribuyen a pagar los servicios públicos nacionales del país, y de realizar el comercio internacional.

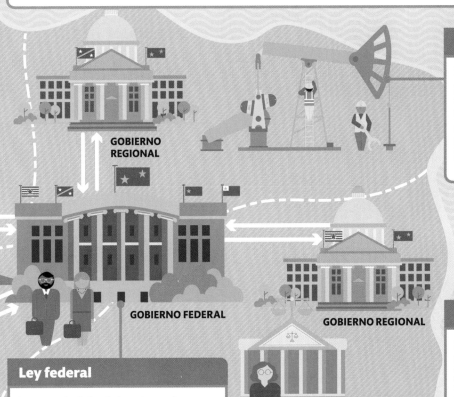

GOBIERNO REGIONAL

GOBIERNO FEDERAL

GOBIERNO REGIONAL

### Recursos naturales

El Gobierno federal suele ser el propietario de todos los recursos naturales de un país. No obstante, la región que explota estos recursos suele recibir la mayor parte de los ingresos de estos.

### Sistemas legales

Las regiones son responsables de sus propios sistemas judiciales, que dictaminan sobre cuestiones de derecho propio. También hay tribunales federales, que se ocupan de casos de ámbito federal.

### Ley federal

La mayoría de las federaciones tienen una versión de lo que se llama la doctrina de preferencia. Esta establece que si hay un conflicto entre una ley federal y una ley regional, la ley federal tiene prioridad.

# Instituciones políticas

Las instituciones políticas son las organizaciones que gobiernan la conducta política en un país o Estado. Son particularmente importantes porque imponen límites al poder de los gobiernos y los políticos. Por ejemplo, entre ellas hay reglas electorales que establecen cómo se eligen y cómo se reemplazan los gobiernos. También hay normas constitucionales que determinan las facultades y responsabilidades de las diferentes partes del Gobierno en relación con el establecimiento de la ley.

## Separación de poderes

Una cuestión clave para las democracias es asegurar que los elegidos para un cargo no abusan de su poder. Una de las formas en que esto se logra es mediante el establecimiento de instituciones políticas que distribuyan el poder entre las diferentes partes del Gobierno. El filósofo francés Montesquieu (1689-1755) promovió la idea de los sistemas «tripartitos», con tres poderes gubernamentales (ejecutivo, legislativo y judicial) que se controlan entre sí.

### Poder legislativo

El poder legislativo se ocupa de hacer las leyes de un país. En las democracias, suele adoptar la forma de una asamblea legislativa, como el Congreso de EE. UU. o el Parlamento del Reino Unido, en la que los representantes elegidos se reúnen para debatir y decidir sobre la legislación.

### Poder ejecutivo

El poder ejecutivo es responsable de implementar y administrar las leyes hechas por la legislatura. En los sistemas presidenciales, el poder ejecutivo es independiente del poder legislativo; en los sistemas parlamentarios, existe cierta superposición entre las dos ramas.

FUNCIONARIOS

PRESTACIONES SOCIALES

EJÉRCITO

## CONSTITUCIONES

Las Constituciones son la base legal de los gobiernos de casi todos los países del mundo. Organizan y regulan el poder estatal, y se refieren a un conjunto de principios fundamentales y de disposiciones más específicas a las que deben ajustarse los gobiernos y las leyes. Estos principios establecen cómo se debe gobernar un país y cómo se hacen las leyes. También pueden incluir los derechos fundamentales de los ciudadanos. La mayoría de los países tienen una Constitución escrita. Excepciones notables son Nueva Zelanda y el Reino Unido, que tienen una serie de leyes fundamentales, decisiones judiciales y tratados que denominan colectivamente su Constitución.

«Cuando los poderes legislativo y ejecutivo están unidos en la misma persona, o en el mismo cuerpo de magistrados, no puede haber libertad».

Montesquieu, *El espíritu de las leyes* (1748)

### Poder judicial

El poder judicial interpreta y aplica las leyes dictadas por el poder legislativo y ratificadas por el poder ejecutivo. Incluye los sistemas de tribunales y jueces en un país que dictaminan sobre disputas legales entre el Estado y los individuos. El poder judicial se asegura de que las acciones del Gobierno estén de acuerdo con la ley y que las leyes sean consistentes con la Constitución.

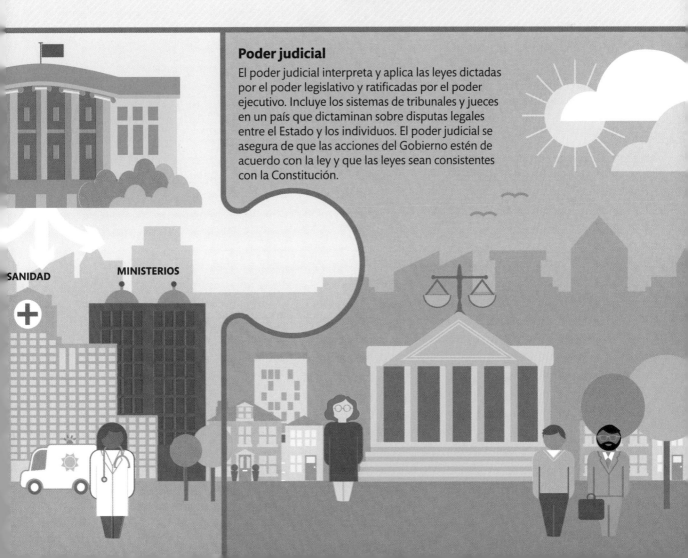

SANIDAD

MINISTERIOS

# Poder ejecutivo

El ejecutivo es la rama del Gobierno responsable de garantizar que se cumplan las leyes y las medidas. A él pertenecen los máximos líderes políticos de un país, como el presidente o el primer ministro.

## Gobernar el país

Cuando hablamos del Gobierno de un país, generalmente nos referimos al poder ejecutivo. El poder ejecutivo es responsable de hacer cumplir la ley y de la administración diaria del país. Esto incluye la planificación e implementación de políticas gubernamentales en diferentes áreas, como la economía, la sanidad y la educación, así como la prestación de servicios públicos. Todo esto lo hace a través de varias agencias y departamentos.

El jefe del ejecutivo (o jefe de Gobierno) es el primer ministro en los sistemas parlamentarios y el presidente en los sistemas presidenciales. Generalmente se lo considera el líder del país.

Existe una separación de poderes para garantizar que los que están en el cargo no abusan de su poder. Aunque el poder legislativo es responsable de hacer leyes, el poder ejecutivo tiene el poder de

## Sistemas ejecutivos

La forma en que funciona el poder ejecutivo, particularmente en términos de sus capacidades y su relación con el poder legislativo, depende del sistema de gobierno. La mayoría de las democracias son sistemas parlamentarios o presidenciales; algunas tienen un sistema híbrido.

**El primer ministro** es el jefe del poder ejecutivo en los sistemas parlamentarios y también es miembro del poder legislativo.

**El gabinete** se compone de miembros de la legislatura seleccionados por el primer ministro para dirigir ministerios clave.

**El poder ejecutivo** debe rendir cuentas al **poder legislativo**.

### SISTEMAS PARLAMENTARIOS

PRIMER MINISTRO

GABINETE

LEGISLADORES

**El jefe de Estado** en los sistemas parlamentarios no suele ser el jefe del Gobierno, sino un monarca constitucional o un presidente ceremonial.

URNA

**Al votar**, los ciudadanos eligen a los legisladores pero no eligen directamente al primer ministro. El partido con más escaños parlamentarios elige al primer ministro de la legislatura.

introducir algunos tipos de leyes por decreto ejecutivo o por orden ejecutiva.

## Miembros del ejecutivo

Además del jefe del ejecutivo, entre los otros miembros están los líderes de los departamentos o ministerios gubernamentales. El rango más alto de estos son los miembros del gabinete, que ofrecen asesoramiento y ayudan a decidir sobre políticas clave. También está el jefe de Estado, el máximo representante del país.

## DEBERES DEL PODER EJECUTIVO

Para garantizar el buen funcionamiento diario del país, el poder ejecutivo del Gobierno tiene distintas responsabilidades.

❱ **Hacer cumplir la ley** por medios administrativos o policiales

❱ **Implementar medidas** en diferentes áreas, como sanidad, educación y economía

❱ **Supervisar la seguridad nacional**, valiéndose del ejército y de los servicios de inteligencia

❱ **Establecer una política exterior**, lo que incluye la firma de tratados o acuerdos internacionales con otros países

❱ **Nominar candidatos** para puestos importantes, como miembros del poder judicial y del cuerpo de funcionarios

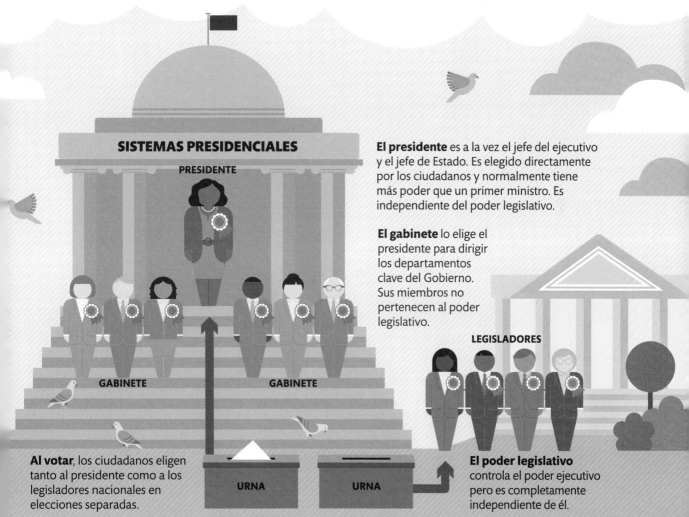

### SISTEMAS PRESIDENCIALES

PRESIDENTE

GABINETE

GABINETE

**El presidente** es a la vez el jefe del ejecutivo y el jefe de Estado. Es elegido directamente por los ciudadanos y normalmente tiene más poder que un primer ministro. Es independiente del poder legislativo.

**El gabinete** lo elige el presidente para dirigir los departamentos clave del Gobierno. Sus miembros no pertenecen al poder legislativo.

LEGISLADORES

**Al votar**, los ciudadanos eligen tanto al presidente como a los legisladores nacionales en elecciones separadas.

URNA

URNA

**El poder legislativo** controla el poder ejecutivo pero es completamente independiente de él.

# Poder legislativo

**El poder legislativo es responsable de hacer leyes. En los parlamentos de los sistemas democráticos representantes electos se reúnen para deliberar y decidir sobre las leyes.**

## Origen de los parlamentos

Las asambleas legislativas han sido elementos clave en las sociedades que cuentan con un cierto grado de autogobierno (a diferencia de las monarquías absolutas). Eran fundamentales en la democracia ateniense y existieron también en países como la India entre los siglos VI y IV a. C. y en Persia (actual Irán) en el siglo IV a. C. En el año 900 d. C., los vikingos ya tenían asambleas locales. Estas asambleas y otras surgidas en Europa evolucionaron hasta convertirse en los actuales parlamentos.

## Cómo funcionan

En las democracias modernas, el poder legislativo suele consistir en representantes elegidos por ciudadanos de un área geográfica concreta o distrito electoral. Estos legisladores representan los intereses de sus electores. Los ciudadanos a menudo deciden por qué candidato legislativo votar en función del partido político al que pertenece ese candidato. Eso significa que los partidos, que representan ideologías políticas o clases específicas, tienen una fuerte influencia en las leyes que elaboran las asambleas legislativas.

Una función básica de la asamblea legislativa es la deliberación, con la que los legisladores discuten y debaten las leyes propuestas. Este proceso puede ocupar a toda la asamblea o tener lugar a través de comités específicos. Después de esta deliberación y de cualquier enmienda que se realice, la asamblea generalmente vota sobre la ley propuesta.

La asamblea tiene el poder de recaudar impuestos, declarar la guerra y autorizar tratados y gastos. Los legisladores también pueden hacer que el ejecutivo rinda cuentas a través de un sistema de controles y equilibrios.

**2. Deliberación y debate**
Los legisladores discuten el proyecto de ley, considerando sus méritos y limitaciones. Esto puede tener lugar en toda la asamblea o en comités específicos.

## UNICAMERAL O BICAMERAL

Las legislaturas pueden ser unicamerales o bicamerales. En los sistemas unicamerales, la legislatura debate y vota las leyes como una sola unidad. En los sistemas bicamerales, las legislaturas consisten en Cámara Alta y Cámara Baja, y la legislación debe pasar por ambas estructuras políticas.

**UNICAMERAL**

Althing, Islandia
63 escaños

**BICAMERAL**

Cámara de Representantes, EE UU
435 escaños

Senado, EE UU
100 escaños

**1. Se introduce un proyecto de ley**
La primera etapa es cuando el Gobierno o un miembro de la asamblea redacta un proyecto de ley y lo presenta a la asamblea.

**5. Promulgación**
El ejecutivo (en un sistema presidencial) o el jefe de Estado da la aprobación final al proyecto de ley, lo que permite que se convierta en ley.

**4. Votación**
Tras otro debate, la asamblea vota para aprobar o rechazar el proyecto de ley. En los sistemas bicamerales, ambas cámaras votan el proyecto de ley.

**3. Enmiendas**
Después, un grupo de legisladores, considera más en detalle cómo funcionará la ley en la práctica y puede hacer cambios para mejorarla.

«La igualdad [...] significa el derecho a participar en la elaboración de las leyes con que se es gobernado».
Nelson Mandela, presidente de Sudáfrica, declaración judicial (1962)

## Cómo se hacen las leyes

El proceso exacto mediante el cual el poder legislativo crea leyes varía según los países y los sistemas políticos. El proceso no siempre es lineal, sobre todo en los sistemas bicamerales, en los que la legislación propuesta pasa de una cámara a otra. Sin embargo, el proceso generalmente consta de varias etapas: la presentación de un proyecto de ley, la deliberación y el debate, las enmiendas, la votación y la promulgación de la ley.

# Poder judicial

**El poder judicial es responsable de interpretar, defender y aplicar la ley. Sus sistemas de tribunales y jueces toman decisiones sobre desacuerdos legales entre el Estado y los individuos.**

### El sistema judicial

El sistema judicial interpreta y aplica la ley y ayuda en la resolución de disputas. Las responsabilidades del poder judicial se establecen en la Constitución de la nación.

Un poder judicial independiente asegura que el Gobierno opera de acuerdo con el Estado de derecho. Además, resuelve controversias jurídicas entre el Estado y los particulares, desempeñando un papel fundamental en la protección de los derechos de las personas.

El poder judicial funciona a través del sistema judicial, en el que los casos legales se presentan ante los tribunales, presididos por jueces. El sistema judicial tiene estructura jerárquica que va desde tribunales de nivel local (como magistrados o audiencias provinciales) hasta el tribunal más alto del país, llamado Tribunal Supremo, Tribunal Superior o Tribunal de Última Instancia. Estos tribunales suelen funcionar como tribunales de apelación y juzgan los recursos contra las decisiones de tribunales inferiores. En muchos países, los altos tribunales también determinan la validez de las leyes en función de si respetan la Constitución.

## Derecho continental o derecho anglosajón

Los sistemas legales siguen el derecho continental o el anglosajón, o una combinación de ambos. El continental enfatiza la codificación de la ley (que se estructura en un sistema); el anglosajón, en precedentes judiciales (sentencias anteriores).

### Los jueces mandan

Los abogados asesoran y representan a sus clientes, pero son los jueces quienes toman la iniciativa al presentar cargos e interrogar testigos.

### Derecho continental

Los jueces tienen menos influencia en cómo se interpreta la ley. Su tarea es establecer los hechos de un caso y aplicar las resoluciones que se encuentran en los estatutos y códigos legales escritos. Entre los países que tienen un sistema de derecho continental están Alemania, China y España.

## Interpretar la ley

El poder judicial no es responsable de hacer leyes, pero la forma en que las interpreta puede tener efectos significativos en cómo se aplican. Esto depende en parte del tipo de sistema legal de ese país.

A diferencia de los poderes legislativo y ejecutivo del Gobierno, los miembros del poder judicial normalmente no son elegidos por los ciudadanos, sino que son personas con formación y calificaciones jurídicas. Dada su independencia de los poderes ejecutivo y legislativo, los miembros del poder judicial están obligados a interpretar la ley teniendo en cuenta la justicia y haciendo caso omiso de cualquier sesgo político o electoral.

En algunos países, como en EE. UU., los miembros del poder judicial son designados por el ejecutivo y confirmados por el poder legislativo. Por el contrario, en el Reino Unido se introdujeron en 2005 reformas para que los jueces ya no fueran seleccionados por el lord canciller, un miembro del ejecutivo, sino por una comisión independiente.

### CASO PRÁCTICO

#### Brown vs. Consejo de Educación

El caso del Tribunal Supremo de EE. UU. de 1954 *Brown vs Consejo de Educación de Topeka* muestra que un fallo judicial puede generar un cambio fundamental en los sistemas de un país.

Antes de que se presentara este caso en Kansas, la educación y otros servicios estaban segregados en Estados Unidos. Los niños negros no podían ir a las mismas escuelas que los blancos. Esto se impugnó en los tribunales y llegó al Tribunal Supremo, que dictaminó que la segregación era inconstitucional porque privaba a los niños negros de igualdad de oportunidades. Se puso así fin a la segregación en las escuelas públicas y fue un impulso para el movimiento en favor de los derechos civiles y la igualdad racial.

PRECEDENTES

**Derecho anglosajón**
Los jueces desempeñan un papel activo en la elaboración de la ley, ya que las decisiones que toman se utilizan como precedentes, ejemplos o analogías que son seguidas por los futuros jueces. Entre los países que tienen un sistema de derecho anglosajón están el Reino Unido, Estados Unidos y Australia.

**Los jueces arbitran**
Los abogados hacen presentaciones e interrogan a los testigos para persuadir al tribunal de las cuestiones de hecho y de derecho. Todo procedimiento es arbitrado por un juez imparcial.

# Función pública

**El funcionariado ayuda al funcionamiento diario del Estado brindando servicios públicos y apoyando al Gobierno en el diseño, desarrollo e implementación de medidas.**

### De las medidas a la práctica

La función pública se compone de los funcionarios que dan servicio al público y ayudan a diseñar e implementar las medidas gubernamentales. A diferencia de los políticos en un sistema democrático, los funcionarios no son elegidos, sino que son reclutados según el mérito y, durante su tiempo en el cargo pueden ver varios cambios de Gobierno.

Los orígenes del funcionariado meritocrático se remontan al sistema administrativo de la China imperial de en torno al año 207 a. C. Entonces, cualquiera podía ser un funcionario público siempre que aprobara los exámenes que ponían a prueba sus conocimientos sobre filosofía confuciana y otras materias, como matemáticas. El funcionariado moderno se desarrolló en Gran Bretaña en el siglo XIX. Inspirándose en los exámenes chinos, se creó un funcionariado que pudiera administrar el creciente Imperio británico.

### La burocracia ideal

Históricamente, la función pública o burocracia no se ha basado en el mérito, sino que los partidos políticos que llegaban al poder recompensaban a seguidores y familiares con trabajos públicos. Así, los funcionarios

## Elaboración de medidas en el cuerpo de funcionarios

Los funcionarios públicos desempeñan un papel esencial en el proceso de elaboración de medidas. Responden ante el Gobierno y ayudan a los ministros del Gobierno, como el ministro de Educación, en el diseño e implementación de políticas, por ejemplo, tratando de aumentar el número de mujeres que se gradúan en ciencias.

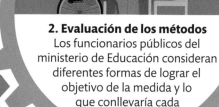

**2. Evaluación de los métodos**
Los funcionarios públicos del ministerio de Educación consideran diferentes formas de lograr el objetivo de la medida y lo que conllevaría cada método.

**1. Decidir el objetivo de una medida**
El ministro de Educación, por ejemplo, decide el objetivo de una medida, como aumentar el número de mujeres que se gradúan de la universidad con un título en ciencias.

«Un método para aplicar reglas generales a casos específicos».

Max Weber sobre la burocracia, *Economía y sociedad* (1922)

públicos a menudo carecían de la competencia o la experiencia necesarias. Esto alimentaba la corrupción, pues los ciudadanos se veían obligados a pagar sobornos a los funcionarios para acceder a los servicios.

Según el sociólogo alemán Max Weber (1864-1920), además del reclutamiento por méritos, una burocracia ideal debería tener otras características clave, como basarse en reglas y ser jerárquica. En muchos países, como EE.UU., Alemania o Irak, los altos funcionarios se designan bajo criterios políticos.

**5. Implementar la medida**
Los funcionarios de los distintos niveles de la Administración se aseguran de que la medida se pone en práctica y luego evalúan su eficacia.

**4. Seleccionar la medida**
El ministro de Educación decide cuál es la mejor medida. En algunos países, el poder ejecutivo también debe aprobar la medida.

**3. Explorar opciones de medidas**
Los servidores públicos proponen diferentes medidas al ministro de Educación, junto con los costos y beneficios de cada una.

## LAS 6 CARACTERÍSTICAS DE WEBER

Según Weber, la función pública debe tener seis características:

❯ **Una estructura de gestión jerárquica** que garantiza la rendición de cuentas en todos los niveles

❯ **Una clara división del trabajo** según la cual los trabajos se descomponen en tareas simples y bien definidas

❯ **Un proceso de contratación formal y basado en el mérito** que asegure que los servidores públicos son seleccionados de acuerdo con sus habilidades y competencias técnicas

❯ **Posibilidad de ascensos** basados en logros, experiencia y calificaciones técnicas (no en favores o relaciones personales)

❯ **Normas y reglamentos formales** con que los funcionarios saben exactamente lo que se espera de ellos

❯ **Un entorno impersonal** en el que todos los empleados son tratados igual (para evitar el nepotismo o el favoritismo)

# Departamentos del Gobierno

Un Gobierno se divide en departamentos o ministerios. Cada departamento supervisa un aspecto específico del Gobierno y es responsable de poner en práctica las medidas.

## Aplicar las medidas

El poder ejecutivo se ocupa del funcionamiento diario del Estado. Está organizado en departamentos responsables de diferentes sectores y áreas políticas. Tienen distintos nombres, según el sistema político que tenga el país. En los sistemas parlamentarios suelen llamarse «ministerios», pero en los sistemas presidenciales pueden denominarse «departamentos ejecutivos», «oficinas» o «secretarías». Cada ministerio está compuesto por funcionarios y es dirigido por un político (el ministro o secretario) que forma parte del ejecutivo. Los departamentos clave los dirigen políticos de alto nivel que forman el gabinete de Gobierno. El ministro de un departamento establece las

## Departamentos principales

Los departamentos o ministerios específicos más importantes en un país pueden variar, según los tipos de problemas políticos a los que se enfrenta. Sin embargo, en la mayoría de los países, estos departamentos centrales tienen propósitos similares y se centran en los principales deberes del Gobierno en los distintos ámbitos políticos.

### Gabinete de Gobierno

La oficina del primer ministro o del presidente establece y pone en práctica la estrategia general del Gobierno y las medidas prioritarias y comunica esas medidas a los ciudadanos.

### Ministerio de Economía

Supervisa la política económica y financiera. Su trabajo incluye tomar decisiones de gasto público, establecer políticas económicas y lograr el crecimiento económico del país.

### Ministerio de Sanidad

Suele ocuparse de la sanidad y la atención social, pero también de garantizar el acceso a la atención médica básica o la respuesta a una pandemia. Uno de sus objetivos es mejorar la sanidad nacional.

### Ministerio de Defensa

Se ocupa de las medidas de defensa del país y también es responsable de asuntos relacionados con la paz y con la seguridad. Supervisa el funcionamiento diario de las fuerzas armadas.

### Ministerio de Asuntos Exteriores

Es responsable de la política exterior del país. Promueve los intereses nacionales en el mundo, la seguridad nacional, el comercio y los acuerdos globales, y la ayuda a los ciudadanos que están en el extranjero.

prioridades en colaboración con la oficina del presidente o del primer ministro. Los funcionarios se encargan de proponer medidas, asegurarse el apoyo de su ministro y llevarlas a la práctica.

## Dinámica departamental

Si bien cada ministerio suele ser responsable de un área específica, como educación o economía, los problemas que surgen pueden abarcar diferentes áreas. Que el país no tenga bastantes ingenieros cualificados, por ejemplo, afecta a la economía y la educación. Por ello, los ministerios a menudo necesitan trabajar juntos para diseñar e implementar políticas efectivas. La oficina del primer ministro o del presidente suele supervisar la coordinación entre ministerios.

Los gobiernos tienen presupuestos fijos anuales, por lo que hay competencia entre departamentos por los recursos. El Ministerio de Economía asigna los recursos del Gobierno y cada departamento debe justificar por qué necesita más dinero que los demás.

### OTROS TIPOS DE DEPARTAMENTOS

Hay muchos sectores diferentes dentro del Gobierno, como los departamentos no ministeriales, que están encabezados por altos funcionarios y tienen una función reguladora o de inspección. También hay agencias ejecutivas, que brindan servicios en lugar de establecer políticas, y organismos públicos, que dan asesoramiento experto en áreas específicas.

### Gabinete de Gobierno

Lo forman los jefes de los departamentos clave. El gabinete apoya y asesora a la oficina del primer ministro o del presidente para garantizar el funcionamiento efectivo del Gobierno.

« El cuidado de la vida y la felicidad [...] son la única [...] función de un buen gobierno ».

Thomas Jefferson, antiguo presidente de EE. UU., ante los ciudadanos de Maryland, EE. UU. (1809)

### Ministerio del Interior

Supervisa la seguridad interna, el cumplimiento de la ley y el orden. Es responsable de áreas como la policía, el control de las fronteras y la expedición de pasaportes y documentos nacionales de identidad.

### Ministerio de Industria

Supervisa la industria y el comercio de un país. Entre sus funciones está establecer acuerdos comerciales con otros países, así como promover la inversión y el comercio extranjeros.

### Ministerio de Agricultura

Establece las leyes y medidas vinculadas a la agricultura. Se ocupa de la silvicultura, la alimentación, el desarrollo rural y la pesca. También es responsable de proteger los recursos naturales.

### Ministerio de Educación

Está al frente de la política educativa y se ocupa de la educación preescolar temprana y los colegios, así como de la educación superior. También puede asumir la responsabilidad de la protección de los niños.

# Hacienda y políticas económicas

El Ministerio de Hacienda o de Economía es uno de los departamentos más importantes. Supervisa la política económica y es responsable de las finanzas públicas, el gasto público y la regulación financiera.

## Controlar la economía

Hacienda es responsable de las medidas financieras y económicas. Esto incluye ocuparse de las finanzas públicas: de cómo recauda fondos el Gobierno y de cómo los gasta. Hacienda también es responsable del adecuado funcionamiento de la economía. Esto puede incluir promover el crecimiento económico y un alto nivel de empleo, así como mantener baja la inflación, reducir la pobreza y reducir los niveles de desigualdad.

En muchos países, Hacienda puede aumentar los impuestos para que el Gobierno tenga más dinero. También puede cambiar la política fiscal del Gobierno para influir en otras condiciones económicas. Por ejemplo, puede bajar los impuestos para animar a la gente a gastar más dinero, con el objetivo de aumentar el crecimiento económico. Este uso del gasto público y los impuestos para influir en las condiciones económicas se conoce como política fiscal. En EEUU, el Departamento del Tesoro no puede subir o bajar los impuestos y solo puede asesorar al Gobierno sobre política fiscal.

Otra forma en que un gobierno puede intentar influir en las condiciones económicas es por medio de las tasas de interés o controlando cuánto dinero hay en circulación. Estas medidas reciben el nombre de «política monetaria» y a menudo son responsabilidad del banco central y no de Hacienda. El Ministerio de Hacienda suele estar dirigido por un político de alto nivel.

## Ingresos y gastos del Gobierno

El Gobierno genera ingresos y gasta su dinero de varias maneras. La forma en que lo hace está influenciada por su ideología política y por las promesas electorales. Un gobierno de izquierdas tiende a aumentar el gasto público y favorece impuestos altos y progresistas; uno de derechas tiende a mantener bajos tanto el gasto público como los impuestos.

 **DEBES SABER**

> **La inflación** es el aumento de los precios a lo largo del tiempo.

> **La tasa de interés** es el porcentaje que se cobra sobre el dinero prestado o que se paga sobre el dinero ahorrado.

> **Un banco central** administra la moneda y la política monetaria de un país y supervisa su sistema bancario comercial.

> **La fiscalidad progresiva** es un sistema en el que la tasa de impuestos aumenta a medida que aumenta la cantidad de ingresos.

**Otros gastos**
Los gobiernos gastan dinero en muchas otras cosas, como las prioridades de política interna, el pago de la deuda y la ayuda exterior.

**Seguridad**
Los gastos de orden público y seguridad van desde la formación de agentes de policía hasta la financiación del sistema judicial.

**Defensa**
Entre los gastos en defensa están el sueldo y la formación de los soldados y la compra de armas de alta tecnología.

## Impuestos

Son el principal medio para recaudar fondos de los ciudadanos. Hay varios tipos de impuestos, como el impuesto sobre la renta, el impuesto sobre la propiedad y el impuesto sobre las ventas.

## Imprimir más dinero

Los gobiernos a veces generan ingresos imprimiendo más dinero. Para ello, el banco central transfiere dinero al Gobierno mediante la compra de bonos.

## Préstamos

Los gobiernos pueden pedir prestado dinero mediante la emisión de bonos a los bancos e inversores, con la promesa de reembolso con intereses. Los gobiernos también obtienen préstamos de instituciones financieras internacionales.

**Ingresos del Gobierno**

## Otras fuentes de ingresos

Los países pueden generar ingresos a través de los derechos de aduana (ver pp. 170-71) o invirtiendo en activos financieros. Otros países de bajos ingresos pueden recibir fondos en forma de ayuda exterior (ver pp. 190-91).

## Empresas estatales

Algunos gobiernos son dueños de corporaciones, conocidas como empresas de propiedad estatal, y ganan dinero con las ganancias que generan. Los gobiernos también pueden recaudar fondos con la venta de empresas estatales.

**Gastos**

### Industria y agricultura

Los gobiernos fomentan sus economías mediante la inversión en industria y dando apoyo a los agricultores.

### Vivienda

Los gobiernos suelen proporcionar fondos para construir viviendas públicas y para que las personas tengan acceso a alojamiento.

### Educación

El gasto en educación incluye la contratación de los profesores, la construcción de escuelas y becas para los estudiantes.

### Transportes

El Gobierno suele encargarse de que los sistemas de trenes, autobuses y metros funcionen de manera eficiente.

### Sanidad

El gasto en sanidad incluye la provisión de servicios de emergencia, la capacitación de enfermeras y médicos y los hospitales.

### Protección social

Muchos países tienen la protección de un sistema de seguridad social que satisface las necesidades básicas de los ciudadanos.

# Prestaciones sociales

Las prestaciones sociales ayudan a los ciudadanos a satisfacer sus necesidades básicas. Toman diferentes formas y cubren una variedad de aspectos, que incluyen atención médica, vivienda y pensiones.

## ¿En qué consisten?

A veces las personas no pueden satisfacer sus necesidades básicas por carecer de ingresos, vivir en zonas desfavorecidas o no poder trabajar. Muchos países les brindan apoyo para garantizar a todos un nivel de vida mínimo. A esto se le llama «prestaciones sociales», y a su aplicación, «estado del bienestar».

Hay ejemplos de sociedades a lo largo de la historia que ofrecían algún tipo de prestación social, pero la mayor parte surgieron a fines del siglo xix en Europa y se expandieron rápidamente después de la Segunda Guerra Mundial.

## Prestaciones ¿sí o no?

La medida en que los gobiernos deben proporcionar prestaciones sociales se debate en la mayoría de las sociedades, a menudo siguiendo líneas ideológicas. Los argumentos a favor están asociados con la izquierda política y se centran en el deber moral del Estado de garantizar que los ciudadanos tengan un nivel de vida mínimo y en la igualdad de oportunidades para todos. Algunos también destacan los beneficios para la sociedad en general. Por ejemplo, es probable que a los niños que reciben alimentos y ropa adecuados les vaya mejor en la escuela y contribuyan más a la sociedad cuando sean adultos.

Los argumentos en contra generalmente se asocian con la derecha política. Se enfocan en el alto costo del estado del bienestar para el Estado, que luego se transfiere en gran medida a los contribuyentes. Los críticos de las prestaciones también afirman que puede desincentivar en la búsqueda de trabajo y, en general, conducir a ineficiencias en la economía.

**Subsidios**
Fondos otorgados a personas con bajos ingresos para que puedan satisfacer sus necesidades básicas.

**Prestaciones para padres**
Apoyo financiero para padres o tutores que tienen a su cargo un niño.

## ESTADO DEL BIENESTAR

El estado del bienestar es una forma de gobierno en la que el Estado protege y promueve el bienestar económico y social de sus ciudadanos. Se basa en la creencia de que es responsabilidad pública garantizar que todos puedan satisfacer sus necesidades básicas. El canciller Otto von Bismark (1815-1898) creó el primer estado del bienestar en Alemania en la década de 1880. La idea se extendió por Europa occidental y EE. UU. a principios del siglo xx.

## Tipos de prestaciones

Adoptan gran variedad de formas, como ofrecer apoyo financiero o vivienda barata. Se dirigen a diferentes grupos, como padres o ancianos, y cubren aspectos como el empleo y el cuidado de niños y las personas con discapacidad.

## «El cometido del Gobierno es el bienestar del pueblo».

Theodore Roosevelt, presidente de Estados Unidos, *El nuevo nacionalismo* (1910)

## Prestación por desempleo
Dinero para personas sin empleo que buscan trabajo, para ayudarlas a cumplir con los estándares mínimos.

## Ayudas a cuidadores
Apoyo económico para quienes cuidan a una persona con discapacidad o enfermedad.

## Prestación de subsistencia por discapacidad
Dinero para personas con discapacidad para ayudarlas a satisfacer sus necesidades básicas.

## Prestación por asistencia de terceros
Ayuda económica para personas con discapacidad o enfermedad que necesitan un cuidador.

## Créditos fiscales
Apoyo económico a personas trabajadoras en circunstancias específicas que requieran ayuda adicional.

## Ayudas a la vivienda
Ayuda financiera para pagar el alquiler destinada a personas desempleadas, con bajos ingresos o que reclaman otros beneficios.

## Créditos fiscales
Dinero extra proporcionado a los jubilados para ayudar a satisfacer sus necesidades básicas.

## Pensiones
Fondo en el que las personas ingresan dinero durante su vida laboral y que les da ingresos después de jubilarse.

## Ayudas de calefacción
Se da apoyo a personas mayores para ayudar a cubrir el costo de calefacción de sus hogares.

## Transferencia condicionada
Ayuda a personas en situación de pobreza a cambio de cumplir con un requisito, como inscribir a un niño en la escuela.

## Baja de maternidad
Fondos pagados a mujeres que están embarazadas o han tenido hijos y no están trabajando.

# Ejército

Los cuerpos del ejército de un país, o fuerzas armadas, se ocupan de su defensa contra amenazas externas o conflictos internos. En la mayoría de los países, las fuerzas armadas son supervisadas por el ejecutivo.

## El papel del ejército

Según el sociólogo alemán Max Weber, la característica principal del Estado es el monopolio del uso legítimo de la violencia. El ejército es la institución que normalmente tiene ese derecho exclusivo. Históricamente, al organizarse las personas en distintas entidades políticas, algunas obtuvieron el rol de proteger a otras de las amenazas externas con el uso de la fuerza.

En la mayoría de los países, las fuerzas armadas constan de varios cuerpos, como el ejército de tierra, la marina y las fuerzas aéreas. Suelen recibir grandes sumas de dinero para que estén entrenadas y equipadas. Su tamaño suele ser un indicador del poder de un país. En algunos países, los adultos son reclutados para el servicio militar.

A lo largo de la historia, el ejército se ha utilizado no solo para invadir y conquistar otras tierras, sino también para defender y asegurar el país. Sin embargo, cuando las naciones fortalecen sus ejércitos por motivos de seguridad, los países vecinos pueden sentirse amenazados y la situación puede desencadenar un conflicto. Esto se conoce como el «dilema de la seguridad». Como resultado, ha habido mucho énfasis en la política mundial sobre el desarme, en concreto el desarme nuclear.

## Otras funciones

El ejército tiene otras funciones y responsabilidades. El entrenamiento especial que reciben los soldados y su experiencia en situaciones de crisis significa que a menudo son desplegados en caso de emergencia. Por ejemplo, en países como el Reino Unido, el ejército desempeñó un papel vital en la respuesta a la pandemia de COVID-19 al ayudar a las autoridades locales a realizar

### ✓ DEBES SABER

❯ **El desarme** es la reducción, retirada o eliminación de tropas o armas dentro de un país.

❯ **Un dilema de seguridad** puede surgir cuando las acciones de un Estado para mejorar su propia seguridad desencadenan una reacción de los Estados vecinos, lo que lleva a un conflicto.

❯ **Un golpe militar** es cuando hay un derrocamiento repentino y violento del Gobierno por parte de los militares. Por lo general, es inconstitucional, ilegal y da como resultado un Gobierno militar.

pruebas para detectar el virus o establecer lugares de vacunación masiva. Los gobiernos también pueden enviar sus fuerzas para ayudar en las crisis humanitarias en el país y en el extranjero.

## PAÍSES CON MAYOR GASTO MILITAR

En 2020, EE. UU. ocupó el puesto más alto del mundo en gasto militar, el cual asciende a más del 3 por ciento de su PIB (producto interior bruto).

| País | Gasto |
|------|-------|
| EE. UU. | 721 000 |
| CHINA | 178 000 |
| INDIA | 73 000 |
| RUSIA | 61 000 |
| REINO UNIDO | 59 000 |

**GASTO APROXIMADO EN MILLONES DE DÓLARES**

## Control del ejército

Un tema central para casi todos los países es la relación entre el Gobierno civil (específicamente, el ejecutivo) y el ejército. La naturaleza exacta de esta relación generalmente se establece en la Constitución de un país. En la mayoría de los casos, el ejecutivo tiene control sobre las fuerzas armadas, y estas rinden cuentas al ejecutivo. En algunos contextos, sin embargo, la relación entre los dos puede ser diferente.

## Control estatal del ejército

En la mayoría de las democracias, el Gobierno controla el ejército. En EE. UU., por ejemplo, al presidente se le llama comandante en jefe, ya que tiene autoridad sobre el ejército.

## El ejército como un poder rival

En algunas naciones, como Bolivia, las fuerzas armadas suponen una fuente de poder rival para el Gobierno civil. Los deberes principales pueden dividirse entre el ejecutivo y el ejército, lo que puede causar tensiones políticas.

## Gobierno militar

Algunos países, como Sudán y Myanmar, están gobernados por militares y no poseen Gobierno civil. Los ciudadanos tienen poco que decir en la política de dictaduras militares como esas.

## Sin ejército

Algunos países no tienen ejército. En los casos de Costa Rica y Granada, por ejemplo, el ejército permanente fue abolido por la amenaza de golpes de Estado, y el gasto militar se desvió a áreas como la educación.

# 1981 billones

de dólares se gastaron en el mundo en defensa en 2020.

Stockholm International Peace Research Institute (2021)

# Gobierno local

**La función del Gobierno local es proporcionar servicios clave a los residentes y las empresas locales como atención social, escuelas, vivienda, recolección de residuos y apoyo comercial.**

### Política local cotidiana

Las discusiones políticas a menudo se centran en temas nacionales, pero el Gobierno local es el que tiene más relación con el día a día de las personas. Esto se debe a que las autoridades locales brindan servicios clave a los residentes y a las empresas. «Gobierno local» se refiere a los niveles más bajos de la Administración pública, que operan en localidades geográficas específicas, en contraste con «Gobierno central», que generalmente se refiere al Gobierno nacional o estatal.

La forma específica de Gobierno local con la que las personas interactúan depende del lugar donde viven. Por ejemplo, las personas que viven en una ciudad pueden tener un tipo diferente de autoridad local, con distintas responsabilidades, que las personas que viven en un pequeño pueblo del mismo país. Los gobiernos locales de todo el mundo incluyen consejos locales, consejos de condado, municipios, parroquias y comunas, entre muchas otras jurisdicciones. Además, según dónde se viva, puede haber un solo nivel de Gobierno local responsable de dar servicios clave o dos niveles, con responsabilidades repartidas.

En los sistemas democráticos, los ciudadanos suelen elegir a las personas que forman parte de los consejos locales en las elecciones locales. Sus candidatos pueden ser miembros de partidos políticos nacionales o independientes. Entre las autoridades locales también hay personal no elegido que se contrata para centrarse en las prioridades locales.

## Responsabilidades del Gobierno local

Los gobiernos locales son responsables de administrar los recursos de que disponen las comunidades locales. Trabajan con residentes, empresas y otras organizaciones para brindar los servicios acordados. Para financiar estos servicios, generan ingresos de diversas fuentes, como financiamiento del gobierno nacional, impuestos, tarifas y cargos recaudados de personas y empresas locales.

**Los museos locales** en general están a cargo de las autoridades locales o reciben apoyo del Gobierno local.

**Los aseos públicos** son administrados y mantenidos por las autoridades locales.

**Las líneas de bus** garantizan el acceso a tiendas y servicios locales.

**El entierro** de personas sin familiares es organizado por las autoridades locales.

Los registros de **matrimoni**... garantizan que una boda ent... dos personas sea reconocid... legalmente por el Estado.

**La educación** suele estar subvencionada y mantenida por los gobiernos locales.

**La seguridad comunitaria**, como la prevención de delitos, es gestionada por grupos locales.

**Los huertos comunitarios** pueden estar a disposición de los ciudadanos, en alquiler.

## GOBIERNO LOCAL Y GOBIERNO NACIONAL

Gobernar un país es equilibrar los poderes de los gobiernos nacionales y locales. En sistemas descentralizados, los gobiernos locales son los más indicados para dar servicio a sus comunidades. Generalmente se les dan mayores recursos y autonomía para tomar decisiones y priorizar diferentes políticas. En los sistemas centralizados, sin embargo, los gobiernos locales tienen menos autonomía y en gran medida llevan a cabo las decisiones tomadas por el Gobierno nacional.

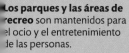

**Los parques y las áreas de recreo** son mantenidos para el ocio y el entretenimiento de las personas.

**La atención social** ayuda a personas que necesitan una ayuda extra.

**Los polideportivos y las piscinas** a menudo son administrados o apoyados por las autoridades locales para mejorar la salud y el bienestar de las personas.

**El ayuntamiento** es el edificio administrativo principal de la autoridad local.

**Se conceden licencias** a las empresas para permitirles realizar actividades comerciales específicas en la comunidad.

**Las bibliotecas** suelen estar a cargo de los gobiernos locales y brindan acceso a libros, música y otros servicios.

**Paneles solares** y dispositivos de energía verde pueden ser subvencionados por los gobiernos locales.

**Mercados y ferias** se organizan a fin de incentivar la economía local.

Hay **casas** que las autoridades locales alquilan para dar vivienda a los ciudadanos que las necesitan.

**Las tasas empresariales** se pagan sobre la mayoría de las propiedades no residenciales, como tiendas y oficinas.

**Los servicios de reciclaje** están normalmente organizados por el Gobierno para reducir residuos y proteger el medio ambiente.

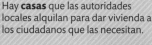

Los servicios de **eliminación de residuos** suelen estar gestionados por los gobiernos locales.

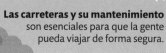

**Las carreteras y su mantenimiento** son esenciales para que la gente pueda viajar de forma segura.

**Las normas de urbanismo** garantizan que las obras se realizan con arreglo a las políticas locales.

# Organizaciones no gubernamentales

**Las ONG son organizaciones sin finalidad de lucro creadas por ciudadanos que operan independientemente del Gobierno y la política para servir al interés público y promover el bienestar social.**

## Intereses humanitarios

No hay una definición única de las organizaciones no gubernamentales (ONG), pero varias características se asocian con ellas. El término suele referirse a organizaciones establecidas por ciudadanos que trabajan por intereses humanitarios y no comerciales (no tienen ánimo de lucro). Son independientes del Gobierno e influencias estatales, aunque pueden recibir fondos del Estado o colaborar con este. Pueden operar en beneficio de los miembros (una organización de base) o en beneficio de otros (una agencia). Las áreas de las que se ocupan incluyen los derechos humanos, la pobreza, el desarrollo, el cambio climático y el medio ambiente, además de la sanidad, las personas discapacitadas y la educación.

Algunos países usan la expresión «organización benéfica» para referirse a las organizaciones no gubernamentales, pero no todas las ONG tienen estatus legal de organizaciones benéficas.

## Qué hacen las ONG

Hay dos grandes tipos de ONG: operativas y de campaña. Las ONG operativas diseñan e implementan intervenciones específicas, a menudo ocupando un vacío donde las autoridades locales no brindan ciertos servicios públicos, por ejemplo la prestación de servicios en educación o salud, así como la provisión de infraestructura, como escuelas, pozos y baños públicos, y la construcción de viviendas.

Las ONG de campaña, en cambio, buscan promover una determinada causa. Lo hacen creando conciencia sobre un problema para lograr un cambio. Pueden buscar modificar la política o la ley del Gobierno (sobre derechos humanos, por ejemplo) o cambiar las actitudes de las personas sobre un tema determinado, como la mutilación genital femenina. Para lograrlo, utilizan varios enfoques, desde campañas y grupos de presión, hasta informar a los medios de comunicación y realizar activismo. Algunas ONG pueden tener funciones operativas y de campaña.

# 10
## millones de ONG operan hoy en día en el mundo.

https://worldngoday.org,
«¿Qué es una ONG?» (2021)

## BREVE HISTORIA DE LAS ONG

El término «organización no gubernamental» se popularizó por primera vez en la carta fundacional de las Naciones Unidas de 1945. Las ONG existían mucho antes, y tienen raíces en las organizaciones religiosas y los movimientos sociales que surgieron en EE. UU. y Europa tras la Revolución Industrial. La Sociedad Antiesclavista, formada en 1839, está considerada la primera ONG internacional. El final de la Guerra Fría a finales de los años ochenta y la ola de democratización que vino después llevaron a un auge de las ONG.

## La diversidad de ONG

Existe una gran variedad de tipos de ONG. Algunas son pequeñas, no tienen ingresos y constan de unos pocos voluntarios que se ocupan de un problema que afecta a una comunidad local. Otras tienen presupuestos de millones de euros, con cientos de empleados altamente cualificados que trabajan en oficinas de todo el mundo en temas globales. Las ONG también varían según las fuentes de financiación y su colaboración con los gobiernos de los países en los que operan.

**TAMAÑO DE LA ONG**

Muchas son organizaciones a pequeña escala dirigidas por voluntarios que trabajan en una comunidad, haciendo campaña sobre problemas locales o dando servicios básicos pero esenciales.

Las ONG más grandes suelen operar en todo el país con una combinación de personal profesional y voluntario, dando servicios esenciales o trabajando en campañas a nivel nacional.

Las ONG más conocidas operan a nivel internacional, por lo general trabajando en temas globales. Un ejemplo destacado es la organización de derechos humanos Amnistía Internacional.

**TIPOS DE OBJETIVOS**

**Objetivos locales**
Pueden incluir la prevención del cierre de una biblioteca, la protección de espacios verdes o el apoyo lingüístico a los refugiados.

**Objetivos nacionales**
Las ONG nacionales pueden formar grupos de presión para cambiar la política sobre temas específicos, como la alfabetización de adultos o la salud sexual.

**Objetivos internacionales**
Las ONG globales suelen abordar preocupaciones globales, como el cambio climático, o dar respuesta a guerras, hambrunas o desastres naturales.

**FUENTES DE FINANCIACIÓN**

**Financiación propia**
Muchas ONG, grandes y pequeñas, obtienen fondos a través de donaciones privadas, ventas de bienes y servicios o cuotas de miembros.

**Financiación gubernamental**
La financiación gubernamental puede ser en forma de subvención, ayuda exterior para trabajar en países de bajos ingresos o pago por servicios específicos.

**Financiación internacional**
Las ONG globales pueden recibir financiación de organismos internacionales, como la UE o la ONU, o de organizaciones filantrópicas.

**PROXIMIDAD AL GOBIERNO**

**Independientes del Gobierno**
Las ONG operativas pequeñas pueden tener poca interacción con funcionarios de alto nivel porque trabajan en áreas con poca presencia del Gobierno.

**Cooperación con el Gobierno**
Pueden trabajar con el Gobierno de varias maneras, brindando asesoramiento, dando servicios básicos o colaborando para generar cambios.

**En oposición al Gobierno**
Algunas ONG ejercen presión para resaltar las injusticias. Esto puede conllevar informar o protestar públicamente contra políticas gubernamentales.

# CAMBIO
POLÍTICO

# Elecciones y voto

En las elecciones, los ciudadanos eligen quién quieren que los gobierne. Para ello votan a personas o a un partido político que representará sus intereses durante la legislatura. Las elecciones no se limitan a los parlamentos y también tienen lugar en ayuntamientos, sindicatos, grupos comunitarios, corporaciones comerciales y otras organizaciones. Los regímenes autoritarios a veces celebran elecciones, pero estas no suelen ser justas ni libres y se limitan a ser una simple apariencia.

## Por qué hay elecciones

Kofi Annan (1938-2018), exsecretario general de las Naciones Unidas, dijo que las elecciones son la «raíz indispensable de la democracia». Dicho de otro modo, son la herramienta que permite el funcionamiento de la democracia. Los votantes no solo pueden elegir a sus líderes, sino que también pueden hacer que esos líderes rindan cuentas votando para que dejen el cargo al final de su mandato si han actuado mal. En la mayoría de los casos, las elecciones también permiten que tenga lugar una transferencia pacífica del poder.

### Credibilidad

Para ser creíbles, las elecciones deben ser abiertas, transparentes y justas. Sin embargo, muchas elecciones no cumplen con estos criterios (ver pp. 114-15).

«Las elecciones, si el electorado cree que han sido libres y justas, pueden ser un gran catalizador para una mejor gobernanza».

Kofi Annan, prefacio a
*Profundizando la democracia* (2012)

## ALTERNATIVAS A LAS ELECCIONES

Los críticos del proceso electoral señalan que tras votar, los ciudadanos no tienen más participación en el proceso democrático hasta que son convocados nuevamente unos años después, y que, mientras tanto, los políticos toman decisiones sin preguntar al electorado. Esto puede generar desconfianza pública en los políticos y gobiernos electos y una falta de voluntad para participar en el proceso electoral, lo que resulta en una baja participación electoral. Las alternativas a las elecciones pueden incluir asambleas populares, en las que los ciudadanos interesados debaten temas importantes y realizan un sorteo: la selección aleatoria de políticos entre un gran grupo de candidatos.

### Voto

Solo los ciudadanos aptos pueden votar, y suele haber restricciones de edad o de otro tipo. El voto es voluntario en la mayoría de los países, aunque también puede ser obligatorio en algunos.

### Plazo fijo

El período entre elecciones varía, pero los gobiernos electos deben consultar a los votantes a intervalos fijos para extender su permanencia en el cargo o para ser reemplazados.

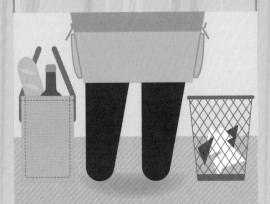

# Campañas electorales

**Las campañas son los medios a través de los cuales los partidos políticos y sus candidatos presentan sus ideas y posiciones sobre temas clave a los votantes antes del día de las elecciones.**

## Informar a los votantes

La campaña política está en el centro del proceso electoral democrático. Es el momento en que los votantes tienen la oportunidad de conocer el carácter, las creencias y los valores de quienes aspiran a gobernarlos. También brindan a los candidatos y partidos políticos la oportunidad de promocionarse a sí mismos y sus ideologías ante el electorado.

Los candidatos utilizan distintos métodos, como material impreso, entrevistas y apariciones públicas y, más recientemente, las redes sociales. Mediante el uso de encuestas pueden identificar a los votantes indecisos e intentar convencerlos. Las fechas de un período de campaña electoral oficial suelen definirse legalmente y pueden ser desde dos semanas hasta varios meses: en las elecciones presidenciales de EE. UU. de 2016, por ejemplo, Ted Cruz, el primero en participar en la carrera, anunció su candidatura 596 días antes de las elecciones.

Las campañas están estrictamente reguladas, particularmente con respecto al gasto, para mantener la equidad. La intención es que los ciudadanos estén lo bastante informados para poder elegir al candidato que mejor representa sus intereses.

## Calendario electoral

El proceso electoral comienza mucho antes de que los candidatos inicien sus campañas. Hay que decidir cuestiones como quién puede votar y dónde, y también las listas de candidatos. Una vez se lleva a cabo la votación, los resultados suelen anunciarse con rapidez. Existe el riesgo de que se cuestione el resultado, como ocurrió en las elecciones presidenciales de EE. UU. de 2000, que enfrentaron a George W. Bush y a Al Gore, que requirieron un proceso de un mes para determinar el ganador.

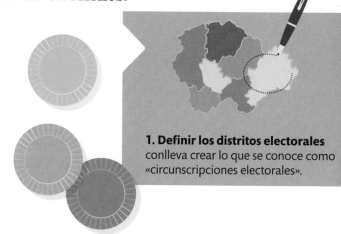

**1. Definir los distritos electorales** conlleva crear lo que se conoce como «circunscripciones electorales».

**7. La jornada de reflexión** en algunos países impide actos de campaña horas antes de la votación.

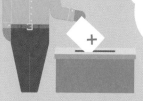

**8. El día de las elecciones** los ciudadanos votan en un colegio electoral, aunque algunos pueden hacerlo antes por correo o a veces por internet.

**9. El recuento de los votos** tiene lugar al cierre de los colegios electorales. Puede ser manual o también, más recientemente, de forma electrónica.

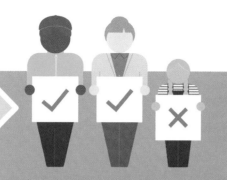

**2. Las nominaciones de los partidos políticos** tienen lugar pronto para identificar los candidatos que se presentarán.

**3. El censo electoral** establece quién es apto para votar y almacena sus detalles en un registro electoral. Quien no esté inscrito no puede votar.

**4. Las finanzas electorales** están sujetas a reglas que fijan cuánto se puede gastar; esto asegura que todos los partidos tengan las mismas oportunidades.

**6. Hacer campaña** permite a los candidatos comunicarse directamente con el electorado de varias maneras, desde las redes sociales hasta con su aparición personal en mítines.

**5. Los programas electorales** describen las políticas y los compromisos de los partidos.

**10. Los resultados** se anuncian a medida que llegan hasta que se pueda determinar un candidato o partido ganador.

**11. Unos resultados disputados** pueden impedir la formación de un gobierno, o socavar su legitimidad si el problema no se resuelve.

«Una campaña electoral es mejor que el mejor circo que has visto nunca».

H. L. Mencken, periodista estadounidense, *A Prairie Home Companion* (2015)

# Sistemas electorales

Un sistema electoral es el proceso que determina cómo se vota y cómo se interpretan los resultados. Hay varios tipos de sistemas electorales, cada uno de los cuales tiene ventajas y desventajas.

## Reglas electorales

El derecho a elegir a alguien para un cargo público mediante el voto es fundamental para la democracia. La práctica existe desde el siglo VI a. C., cuando se introdujo en la ciudad-Estado griega de Atenas.

El conjunto de reglas que rigen cómo celebrar unas elecciones se denomina «sistema electoral». Hoy en día, hay una serie de sistemas electorales que se utilizan en los distintos países del mundo.

Los sistemas electorales dictan todos los aspectos del proceso de votación, desde quién es apto para votar o presentarse como candidato hasta dónde se colocan las urnas, el uso de votos por poder (cuando alguien vota en nombre de otra persona) y de los votos por correo, y el momento de la elección. También determinan cómo se marcan las papeletas de votación, cómo se cuentan y la forma en que los votos establecerán el resultado final.

## Diferentes sistemas

Los tipos de sistemas electorales utilizados varían de un país a otro. Incluyen sistemas de pluralidad, que eligen a los candidatos con más votos (no necesariamente con

## Tipos de votación

Dos de las formas más comunes de votación son la representación proporcional (RP), en la que la elección de los candidatos políticos se basa en la proporción de votos que reciben, y el escrutinio mayoritario uninominal (EMU), en el que los candidatos ganadores logran una mayoría simple. Algunos países, como Alemania y Nueva Zelanda, utilizan la representación proporcional mixta, que combina la RP con la elección de candidatos locales.

> «Nada es menos fiable que el populacho [...] y nada más engañoso que el sistema electoral».
>
> Marco Tulio Cicerón, político de la antigua Roma

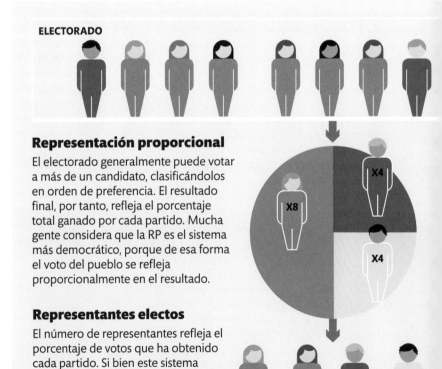

**ELECTORADO**

### Representación proporcional

El electorado generalmente puede votar a más de un candidato, clasificándolos en orden de preferencia. El resultado final, por tanto, refleja el porcentaje total ganado por cada partido. Mucha gente considera que la RP es el sistema más democrático, porque de esa forma el voto del pueblo se refleja proporcionalmente en el resultado.

X8   X4   X4

### Representantes electos

El número de representantes refleja el porcentaje de votos que ha obtenido cada partido. Si bien este sistema permite que los partidos minoritarios estén representados, los críticos argumentan que ningún partido recibe nunca una mayoría global.

mayoría); sistemas mayoritarios, que requieren una mayoría de votos; y sistemas proporcionales, cuyo objetivo es que los representantes elegidos reflejen un apoyo público más amplio.

Existen variaciones dentro de estas categorías. El método del escrutinio mayoritario uninominal (EMU) es un sistema ampliamente utilizado que tiende a favorecer a los principales partidos políticos. Otro método es la representación proporcional (RP) que, según los partidarios refleja las preferencias de los votantes con mayor precisión.

## SISTEMAS DE TODO EL MUNDO

Más de un tercio de los países utilizan un sistema mayoritario o plural, como EE. UU. y el Reino Unido.

La representación proporcional es el sistema que usa la gran mayoría de los países europeos.

**CLAVE**

- Sistema mayoritario/plural
- Sistema proporcional
- Sistema electoral mixto
- Sin sistema electoral
- Otros

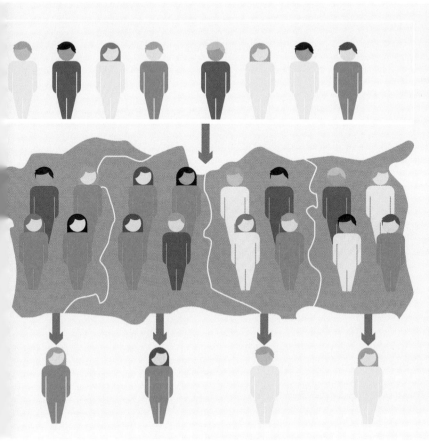

### Electorado

Al conjunto de las personas de un país aptas para votar se le llama «electorado». A menos que el voto sea obligatorio, es raro que vote la totalidad del electorado.

### Escrutinio mayoritario uninominal

Los electores solo pueden votar a un candidato. El resultado se basa en que un candidato o partido tenga la mayoría. Un candidato puede ganar con menos del 50 por ciento de la participación, y los partidos más pequeños, quedar al margen.

### Representantes electos

Con el EMU, un partido puede ganar más escaños electorales pese a tener menos votos en general. Favorece a los grandes partidos políticos; es poco probable que los partidos minoritarios obtengan escaños. Muchos consideran que el EMU invalida su voto.

# Referéndums

Los referéndums, un ejemplo de democracia directa en acción, invitan a los ciudadanos a decir sí o no a un tema político en particular en lugar de dejar la toma de decisiones a los representantes electos.

## Voto específico

En un referéndum se pide a los electores que decidan sobre un tema específico. Esa es la diferencia respecto a unas elecciones (ver pp. 106-07), en las que el electorado vota a un candidato parlamentario que lo representará. Un referéndum requiere generalmente votar sí o no.

Los referéndums pueden tener distintas razones. En algunos países, como Austria y muchos países de Latinoamérica, es una obligación legal celebrar un referéndum sobre cualquier propuesta de enmienda de la Constitución. Los referéndums se han utilizado con frecuencia como una herramienta para los movimientos de independencia o autodeterminación. En 1993, Eritrea, entonces parte de Etiopía, celebró uno sobre la independencia. La participación fue de más del 98 por ciento de los ciudadanos, de los que el 99,8 por ciento votó a favor de la separación; Eritrea declaró su independencia dos días después. En 2017, Cataluña celebró un referéndum sobre la independencia de España y el 92 por ciento de quienes votaron lo hizo a favor, pero el Gobierno español declaró inconstitucional el referéndum.

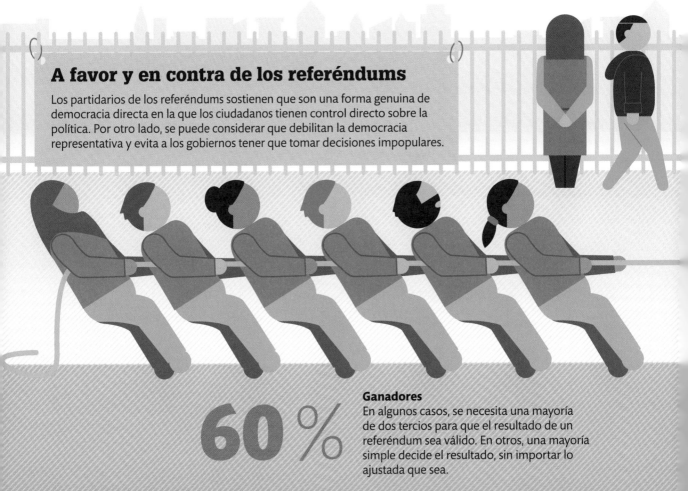

## A favor y en contra de los referéndums

Los partidarios de los referéndums sostienen que son una forma genuina de democracia directa en la que los ciudadanos tienen control directo sobre la política. Por otro lado, se puede considerar que debilitan la democracia representativa y evita a los gobiernos tener que tomar decisiones impopulares.

## 60 %

**Ganadores**

En algunos casos, se necesita una mayoría de dos tercios para que el resultado de un referéndum sea válido. En otros, una mayoría simple decide el resultado, sin importar lo ajustada que sea.

Muchos países rara vez celebran referéndums; otros lo hacen con frecuencia. Suiza hace uso de los referéndums más que cualquier otro país del mundo.

Los referéndums pueden hacer que la gente se interese por la política de una manera que la democracia representativa generalmente no logra. Pero pueden ser utilizados por políticos deseosos de evitar tomar decisiones difíciles e impopulares. Las victorias por un margen estrecho también pueden fomentar la división dentro de una nación.

# 600 referéndums celebrados en Suiza desde que en 1848 se convirtió en un Estado moderno.

www.swissinfo.ch, «How direct democracy has grown over the decades» (2018)

## CASO PRÁCTICO

### Brexit

El Reino Unido rara vez celebra referéndums, pero en 2016 tuvo lugar uno sobre si el país debía seguir siendo miembro de la UE o abandonarla. Fue muy polémico, sobre todo porque ofrecía una opción binaria. La participación fue alta y el resultado ajustado: el 51,89 % votó por salir, el 48,11 % por quedarse. En 2020, el Reino Unido salió de la UE, pero el país sigue dividido políticamente.

### Participación

En algunos casos, como en el referéndum de independencia de Montenegro en 2006, puede ser necesario un cierto porcentaje de electores para validar el resultado.

### Gobierno

El Gobierno determina cuándo se lleva a cabo un referéndum y qué forma toma: un simple voto sí o no u opciones múltiples.

SÍ   NO

### El resultado

El resultado se ve como una declaración de opinión pública que puede usarse para resolver lo que puede ser un tema controvertido. El gobierno puede actuar sobre el resultado.

### Perdedores

Si el resultado en un tema controvertido es muy ajustado, el asunto no puede considerarse terminado, lo que permite la posibilidad de nuevos referéndums.

# 40%

# Manipular las elecciones

Las elecciones democráticas deben ser transparentes y justas, pero esto no siempre es así. A veces se manipulan para asegurar el éxito de un candidato o partido político en particular.

## Confundir al electorado

Hay muchas formas de trastocar el proceso electoral. Algunas son relativamente sutiles, como volver a trazar los límites de los distritos electorales para influir en el resultado de una votación (práctica empleada incluso en algunos países de gran tradición democrática). Otras son más burdas, como el arresto de políticos de la oposición y la amenaza de violencia contra sus partidarios, lo que puede ocurrir en países más autoritarios.

Dar forma al flujo de información en internet se ha convertido en una estrategia clave para influir en el resultado de las elecciones (ver pp. 122-23). Las discusiones en la red se pueden manipular a favor de una parte en particular; se puede restringir el acceso a fuentes de noticias, herramientas de comunicación y, en algunos casos, todo internet; y se pueden presentar hechos alternativos en lo que se conoce como «noticias falsas».

Prevenir este tipo de fraude es difícil. Las posibles salvaguardas incluyen el endurecimiento de la ley electoral y el control de organismos independientes. Algunos países utilizan tarjetas de identificación de votantes que incorporan mecanismos de seguridad, pero hay el peligro de que algunas personas pierdan su derecho al voto si no portan su identificación.

### Inhabilitación

La aplicación de condiciones de residencia, alfabetización o etnicidad significa que grupos como las personas sin hogar no pueden votar.

### Gerrymandering

El *gerrymandering* implica volver a trazar los límites electorales en beneficio de un partido. También puede implicar la reubicación de grupos étnicos.

## Obstáculos al voto

Emitir un voto debería ser fácil, pero a veces existen barreras, que suelen afectar a los más desfavorecidos, que tienen menos probabilidades de votar para mantener el *statu quo*. Los ejemplos incluyen el requisito de llevar una identificación con fotos reconocidas oficialmente, no disponibles para todos, o una norma que impide que voten las personas de un origen étnico particular o las personas analfabetas.

### Compra de votos

Se trata de que a los votantes se les ofrece algo a cambio de su voto. En Venezuela, en 2018, a los pobres se les ofreció comida por votos.

**LUGAR DE VOTACIÓN**

## CASO PRÁCTICO

### *Cambridge Analytica*

En 2018, salió a la luz que una consultora británica, Cambridge Analytica, había estado recopilando datos personales de internet sin consentimiento. Los datos se obtuvieron a través de una aplicación que constaba de preguntas diseñadas para crear perfiles psicológicos. La información se usó para construir perfiles de votantes que podían venderse a campañas políticas. Los perfiles se utilizaron para ayudar en las campañas presidenciales de 2016 de Ted Cruz y Donald Trump en EE. UU. Se cree que los datos proporcionados por Cambridge Analytica influyeron en aproximadamente doscientas elecciones en todo el mundo.

### Desinformación

Difundir noticias falsas para desacreditar a los oponentes y manipular los datos de las encuestas son herramientas electorales comunes.

### Fraude electoral

El fraude electoral incluye falsificar, destruir o perder deliberadamente las papeletas.

### Intimidación

De todas las elecciones que tuvieron lugar en el mundo en 2020, más de la mitad se vieron empañadas por algún tipo de violencia.

### Exceso de papeletas

Se trata de personas que emiten múltiples votos. Según los informes, esto fue lo que hicieron los partidarios de Vladimir Putin en Rusia en 2021.

### Destrucción de papeletas

Destruir las papeletas de voto es difícil de hacer sin que se note, pero pueden desfigurarse en secreto para que se vuelvan inválidas.

### Rechazo de los resultados

En 2011, el candidato nigeriano Muhammadu Buhari se negó a reconocer su derrota, al igual que Donald Trump en EE. UU. en 2020.

# Medios y política

Los medios de comunicación juegan un papel clave en la política. Su trabajo es mantenernos informados sobre la actualidad y dar plataformas a los políticos para expresarse y ser examinados. En el pasado, se limitaban a los periódicos y algunos canales de radio y televisión, pero ahora también hay un gran número de medios digitales. Cada vez más, los medios tradicionales se enfrentan a la competencia de los propios ciudadanos, que actúan casi como periodistas.

### Periódicos

Aunque los periódicos continúan perdiendo lectores en favor de otros medios, siguen siendo influyentes en la política, ya que cada uno presta su apoyo a un partido político o ideología en particular.

### Televisión

La televisión sigue siendo una poderosa herramienta para moldear la opinión política. Algunos canales se enorgullecen de su objetividad, mientras que otros pueden ser estatales o tener una agenda política definida.

## AGITAR AL PUEBLO

Las redes sociales son una gran herramienta para la disidencia política. Así, tuvieron un papel clave en los levantamientos populares de la Primavera Árabe, que se extendieron por el norte de África y Oriente Medio entre 2010 y 2012. También se utilizaron en las protestas de Hong Kong de 2019 y 2020 contra el Gobierno chino. Los manifestantes pudieron difundir información y organizar acciones de protesta, ocultando su identidad para evitar ser detenidos. También se utilizaron las redes sociales como una herramienta en la batalla por la opinión pública, por ejemplo, haciendo circular imágenes y grabaciones de la brutalidad policial.

> «Somos los Estados Unidos de Amnesia [...] los medios no tienen el menor deseo de contarnos la verdad».
>
> Gore Vidal, escritor estadounidense, *América imperial* (2004)

### Blogs

Internet ofrece una plataforma no solo para expresar opiniones políticas, sino también para llevar información clave a la atención del público y dar forma al discurso popular.

### Páginas web

Además de las versiones en línea de los periódicos impresos, hay un número cada vez mayor de webs políticas solo digitales, algunas de las cuales ejercen una influencia considerable.

### Redes sociales

Las páginas digitales de actualidad política y los blogs pueden destapar noticias y darles forma, pero nada las difunde tan velozmente como las plataformas de redes sociales, que influyen con rapidez en la opinión pública.

### Fijar los objetivos

Tradicionalmente, los medios han tenido dos roles clave: establecer los objetivos ideológicos de las noticias eligiendo qué contar al público y dar forma a la opinión pública a través de la forma en que las presenta. Hoy, millones de personas tienen móviles con cámara y acceso a internet, lo que les permite informar sobre eventos que los medios pueden haber ignorado. La capacidad de estos periodistas informales para llamar la atención sobre eventos que de otro modo no saldrían a la luz plantea dudas sobre la relevancia futura de los medios tradicionales.

# Libertad de prensa

**Para tomar decisiones informadas en las elecciones, las personas deben tener libre acceso a la información sobre sus gobiernos, lo que a su vez requiere que la prensa esté libre del control del Gobierno.**

## Un derecho universal

Según la Declaración Universal de los Derechos Humanos de las Naciones Unidas (ver pp. 124-25), todo ser humano tiene derecho a la libertad de opinión y expresión. Esto incluye la libertad de buscar y recibir información por cualquier medio, al margen de las fronteras.

La declaración, que tuvo lugar tras la Segunda Guerra Mundial, reafirmó la idea liberal clásica de que para que las personas puedan tomar decisiones informadas deben tener libre acceso a la información. Ello garantiza que la información que circula en una sociedad no es solo propaganda del Gobierno, sino un conjunto plural que puede incluir críticas al Gobierno de periodistas profesionales y de ciudadanos.

## Llegar a la verdad

Una prensa libre garantiza que los ciudadanos no son simplemente bombardeados por la propaganda estatal. Sin embargo, eso no significa que los periódicos, los canales de televisión y otros medios de comunicación sean imparciales. Cada medio puede tener sus propios objetivos ideológicos e incluso anunciar qué punto de vista político representa. Esto permite a los ciudadanos participar en el debate y decidir por sí mismos qué punto de vista representa mejor sus intereses o los intereses de la sociedad.

Sin embargo, la libertad de prensa no significa que los ciudadanos puedan conocer cada detalle de las decisiones de un gobierno. Legalmente, el Gobierno puede clasificar ciertos documentos como «secretos» en aras del interés de la nación, aunque luego pueda liberarlos para el escrutinio público. La legislación sobre libertad de información, que tienen muchos países, determina qué tipo de información se puede ocultar al público de esta manera y bajo qué circunstancias.

Según Reporteros sin Fronteras, alrededor de un tercio de la población mundial vive en países donde los gobiernos tienen una fuerte influencia en lo que informa la prensa.

En el informe de 2021 de la organización, se reveló que los países con menor libertad de prensa son Eritrea, Corea del Norte, Turkmenistán y China. Por el contrario, los países donde la prensa tiene más libertad son Noruega, Finlandia, Suecia y Dinamarca.

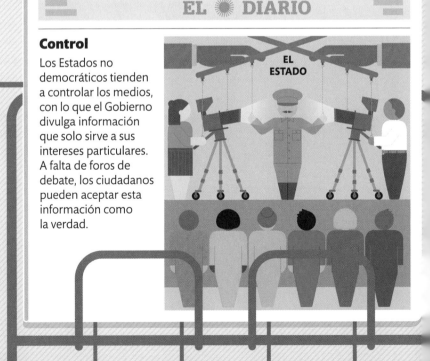

### EL ☀ DIARIO

**Control**

Los Estados no democráticos tienden a controlar los medios, con lo que el Gobierno divulga información que solo sirve a sus intereses particulares. A falta de foros de debate, los ciudadanos pueden aceptar esta información como la verdad.

EL ESTADO

## EL ☀ DIARIO

### LIBERTAD

En países realmente democráticos, los medios están libres del control estatal. Esto permite al público examinar a los políticos y decidir por sí mismos cuáles representan mejor sus intereses y por quién deberían votar en las elecciones.

«**Si la libertad significa algo, es el derecho a decirle a la gente lo que no quiere oír**».

George Orwell, escritor británico, de un prefacio inédito a *Rebelión en la granja* (1945)

## EL ☀ DIARIO

### Análisis

La libertad de prensa permite al ciudadano analizar los sesgos de los medios de comunicación. La prensa también puede publicar información sobre funcionarios públicos que incluya detalles sobre cómo se financian las campañas electorales.

 **CASO PRÁCTICO**

#### Charlie Hebdo

El 7 de enero de 2015, dos hombres franceses entraron en las oficinas de la revista satírica *Charlie Hebdo*, en París, y dispararon contra sus trabajadores, a raíz de lo cual doce personas murieron y otras once resultaron heridas. El motivo que declararon los terroristas era vengar la publicación de unas caricaturas del profeta Mahoma en la revista, algo que muchos musulmanes consideraron muy ofensivo. Los asesinatos pusieron de relieve la cuestión de si la libertad de expresión y, por tanto, la libertad de prensa, es un derecho absoluto o si debe atenuarse por las sensibilidades de grupos religiosos.

# Propaganda y censura

Incluso los gobiernos más democráticos tratan de influir en la opinión pública, ya sea exponiendo las mentiras detrás de información falsa, censurando opiniones no deseadas u ocultando deliberadamente hechos al público.

### Persuadir a los ciudadanos

Los gobiernos siempre han estado interesados en controlar la información. Eso les permite justificar decisiones que de otro modo podrían ser impopulares entre los ciudadanos, como aumentar los impuestos o entrar en guerra, y reducir la cantidad de afirmaciones falsas que un grupo de oposición podría hacer sobre sus políticas. También pueden hacerlo para garantizar que la información de seguridad nacional sigue siendo secreta.

Históricamente, los gobiernos han tenido dos medios principales para controlar la información. El primero es la propaganda, una forma de comunicación sesgada que promueve un cierto punto de vista apelando a las emociones y no a la racionalidad. El segundo método es la censura: suprimir la información que el Estado cree peligroso que conozcan los ciudadanos (ver pp. 118-19).

Últimamente, la tecnología ha hecho mucho más difícil para los gobiernos usar estas herramientas. Así, internet permite verificar las declaraciones del Gobierno y obtener otros puntos de vista. Por

### Controlar la opinión pública

Cuando los gobiernos se enfrentan con una crisis, a menudo hacen todo lo posible para explicar lo que está sucediendo, tanto a sus propios ciudadanos como al mundo en general. Incluso cuando un gobierno no tiene la culpa de una crisis, tenderá a enfatizar sus éxitos al responder a los acontecimientos y a restar importancia a sus fracasos, de forma que podría ser criticado por no ser totalmente sincero con el público. Sin embargo, los gobiernos también pueden mentir sobre los hechos, lo que puede llevarlos a suprimir los medios de comunicación que puedan contradecir su versión oficial. Por razones similares, los regímenes autoritarios pueden controlar permanentemente el acceso a la información de sus ciudadanos.

**Propaganda**

Todos los gobiernos tratan de enfatizar lo efectivos que son. Por ejemplo, durante las crisis de salud, tienden a publicitar solo sus éxitos al responder para proteger al público.

**Chivos expiatorios**

Cuando un régimen autoritario provoca una crisis, puede culpar a los gobiernos extranjeros por la situación y arrestar a cualquiera de sus ciudadanos que cuestione su versión de los hechos.

ello, internet está prohibido o muy restringido en países dominados por un solo partido político, como China, Corea del Norte e Irán (ver pp. 74-75). En estos países, los carteles y las filmaciones de los líderes juegan un papel dominante en la vida política, fomentando un culto a la personalidad que podría verse socavado si hubiera pleno acceso a internet.

## Controlar internet

Aunque la censura es clave en los Estados de partido único, aún juega un gran papel en las democracias. Debido a que, en principio, cualquiera puede publicar lo que quiera en internet, los gobiernos tienen interés en garantizar que las noticias falsas se reduzcan al mínimo. En particular, invierten mucho en tecnologías que pueden filtrar los proveedores de internet que utilizan organizaciones criminales o extremistas políticos (ver pp. 182-83).

La mayoría de los gobiernos controlan las plataformas de redes sociales y multan a los operadores que contravienen la legislación nacional. Algunos también pueden intentar suprimir puntos de vista considerados demasiado controvertidos. En este sentido, se puede decir que pocos países en el mundo ofrecen acceso a internet totalmente desregulado.

### CASO PRÁCTICO

*Corea del Norte*

En Corea del Norte, los únicos medios de comunicación que están disponibles para el público son las agencias de noticias estatales, y estas gastan una gran parte de sus recursos en promover a la dinastía Kim, que ha gobernado el país desde 1948. Entre 2004 y 2008, los teléfonos móviles estaban por completo prohibidos, y ahora solo una pequeña élite tiene acceso a la red 3G. Los funcionarios de alto rango tienen acceso limitado a internet, y el uso de intranet se controla cuidadosamente.

### Censura

La mayoría de los gobiernos censuran internet hasta cierto punto, aunque puede que no revelen lo que está bloqueado. China tiene un sistema de censura muy sofisticado que filtra los términos de búsqueda y bloquea la disidencia.

### Cierre de internet

Los regímenes autoritarios a menudo cierran internet para silenciar a los grupos de protesta. Irán, Cuba, Chad, Kazajistán, Jordania y Myanmar se encuentran entre los muchos países que lo han hecho recientemente.

El **67**% de los usuarios de internet viven en países en los que las críticas al Gobierno están censuradas.

Informe de Freedom House (2016)

# Redes sociales y desinformación

Al no estar muy reguladas, las redes sociales pueden ser un foco de información errónea y noticias falsas. En el peor de los casos, pueden crear comunidades aisladas que dependen de noticias sesgadas para obtener información.

## Desinformación

Según una encuesta de 2021 del Pew Research Center, más de la mitad (53 por ciento) de los adultos estadounidenses afirmaron acceder a las noticias a través de las redes sociales. La encuesta muestra que el uso de las redes sociales como fuente de noticias es más popular entre los más jóvenes, por lo que la tendencia aumentará. Al mismo tiempo, las redes sociales han demostrado ser un conducto para la información errónea, tanto intencional como no intencional.

La desinformación no intencional surge cuando las noticias en las redes sociales provienen de una única fuente, sin verificación. También hay individuos, agencias y organizaciones que distribuyen intencionalmente información inexacta en un intento de influir en las opiniones y los resultados. Ejemplos como el escándalo de Cambridge Analytica (ver pp. 114-15) muestran que se pueden rastrear los perfiles y comportamientos en internet de las personas para desarrollar estrategias psicológicas que influyen en sus decisiones.

## Polarización

La investigación ha demostrado que los artículos con desinformación se encuentran entre los más virales, es decir, que las noticias falsas se propagan más rápido que la verdad: cuanto más escandaloso es el contenido, más se comparte.

Los usuarios suelen interactuar con gente con puntos de vista similares: los conservadores tienden a interactuar con otros conservadores y los liberales con otros liberales. Esto se ve reforzado por los algoritmos de las plataformas, que vinculan a usuarios de creencias similares, creando «burbujas de filtro». Así, pueden polarizar al electorado y debilitar el debate.

Las redes sociales han tardado en afrontar el problema. Una de las razones es que hay tanto contenido que es casi imposible de controlar. Los críticos también destacan que estas plataformas dependen del uso continuo y que la desinformación recibe clics.

## TIPOS DE DESINFORMACIÓN

Existen numerosas formas de desinformación, la mayoría de las cuales están diseñadas para engañar al lector y que crea algo que puede no ser cierto.

> **Falsa conexión** es cuando los titulares o las imágenes no respaldan el contenido del texto.

> **Falso contexto** es cuando aparece contenido genuino junto con información contextual falsa.

> **Contenido manipulado** es cuando se manipula información o imágenes genuinas para engañar.

> **Sátira o parodia** es cuando la información es una broma pero aun así puede engañar a quienes no la reconocen como tal.

> **Contenido engañoso** es cuando la información se usa para confundir sobre un problema o un individuo.

> **Contenido suplantado** es cuando se suplantan fuentes genuinas. Por ejemplo, una web se hace pasar por la oficial de una agencia o por un individuo cuando no lo es.

> **Contenido inventado** es aquel contenido de nueva creación que es completamente falso y está diseñado a propósito para engañar y hacer daño.

## Burbujas de filtro

Los algoritmos de las redes sociales deciden las noticias y los resultados que se presentan a los usuarios. Al determinar con qué contenido es más probable que interactúe un usuario, la plataforma filtra cualquier noticia que pueda presentar un punto de vista opuesto o problemas en los que un usuario no haya mostrado ningún interés previo. Como resultado, la información a la que está expuesto el usuario está significativamente sesgada.

### Noticias

Una vez una noticia se publica en línea, se selecciona y filtra de acuerdo con varios algoritmos empleados por los motores de búsqueda y las redes sociales.

### Adaptación

El algoritmo aprende y se adapta al comportamiento en línea de un usuario individual y realiza los ajustes necesarios.

### Algoritmos

Reglas que evalúan los datos en función de las preferencias personales de un usuario y su participación previa en línea.

### Historia rechazada

Si una historia no se ajusta al perfil de un usuario según el algoritmo, es rechazada y no se muestra a esa persona.

### Historia aceptada

Si un algoritmo decide que una noticia se ajusta al perfil de un usuario, se la presentará a este.

### Usuario

Si el usuario le da al «me gusta» o comparte una historia, recibirá más de lo mismo en el futuro.

### Contenido parecido

Los algoritmos ofrecen noticias similares y observan con qué interactúa el usuario y cómo.

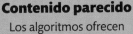

### Historias compartidas

Cada historia que un usuario comparte con sus amigos da forma a la «burbuja de filtro» de esa comunidad.

ADAPTACIÓN

### Amigos

Los algoritmos también son sensibles a las historias compartidas por los amigos de un usuario.

# Derechos

Los derechos son aquellas cosas que las personas tienen la facultad moral o legal de tener o hacer. Entre ellos están el derecho a la vida, al voto y al trabajo. Algunos cuestionan su existencia real, ya que no se aplican universalmente y con frecuencia se violan. Sin embargo, la idea de los derechos es fundamental y da forma a nuestras leyes, nuestros gobiernos y nuestras percepciones de la moralidad, al mismo tiempo que ayudan a proteger las libertades.

## La evolución de los derechos

La idea de que las personas tienen derechos básicos que no dependen de la ley, las costumbres o el Gobierno surgió durante la Ilustración (ver p. 17), la cual inspiró revoluciones en EE. UU. y en Francia. Con el tiempo, esta noción de derechos universales se ha extendido por todo el mundo, transformando la relación entre gobiernos e individuos.

### Los antiguos griegos

Los filósofos de la antigua Grecia ya tenían ideas rudimentarias sobre los derechos, en particular los relacionados con la idea de que todos los humanos están sujetos a una ley básica de la naturaleza.

### Pensadores ilustrados

Pensadores como Thomas Hobbes y John Locke (ver pp. 12-13) concibieron derechos naturales que no dependen de las leyes o costumbres de una cultura en particular, sino que se consideran universales e inalienables.

### La Constitución de Estados Unidos

La Constitución de EE. UU. (1787) influyó en los derechos humanos. Las primeras diez enmiendas detallan los derechos de los estadounidenses en relación con su Gobierno.

«La paz solo **puede** durar **donde** los derechos humanos **se** respetan [...] **y donde** los individuos **y** las naciones son libres».

Tenzin Gyatso, 14.º Dalái Lama, discurso de aceptación del Premio Nobel de la Paz (1989)

## DECLARACIÓN UNIVERSAL DE LOS DERECHOS HUMANOS

Tras la Segunda Guerra Mundial y los horrores del Holocausto, los gobiernos del mundo se reunieron en 1948 para adoptar la Declaración Universal de los Derechos Humanos (DUDH). La declaración consta de 30 artículos con los derechos y libertades básicos de las personas, al margen de su «nacionalidad, residencia, sexo, origen nacional o étnico, color, religión, idioma o cualquier otra condición». Aunque no es jurídicamente vinculante, el contenido de la declaración se ha incorporado a tratados internacionales, constituciones nacionales y códigos legales posteriores.

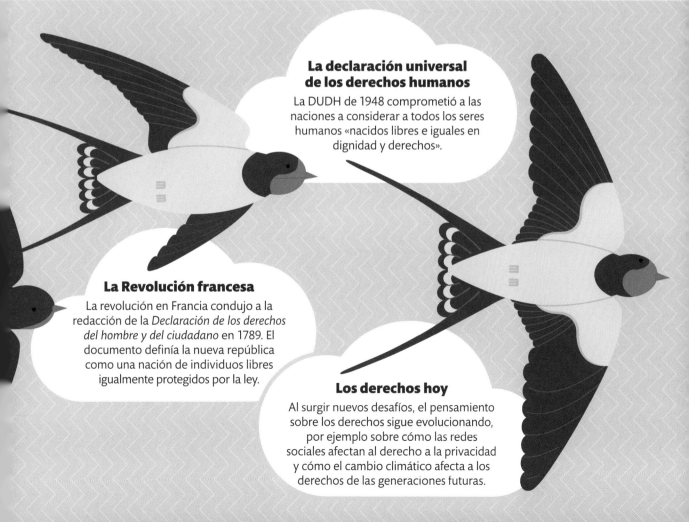

### La declaración universal de los derechos humanos

La DUDH de 1948 comprometió a las naciones a considerar a todos los seres humanos «nacidos libres e iguales en dignidad y derechos».

### La Revolución francesa

La revolución en Francia condujo a la redacción de la *Declaración de los derechos del hombre y del ciudadano* en 1789. El documento definía la nueva república como una nación de individuos libres igualmente protegidos por la ley.

### Los derechos hoy

Al surgir nuevos desafíos, el pensamiento sobre los derechos sigue evolucionando, por ejemplo sobre cómo las redes sociales afectan al derecho a la privacidad y cómo el cambio climático afecta a los derechos de las generaciones futuras.

# Derechos humanos, morales y legales

**Los derechos se pueden categorizar de diferentes maneras: hay que hacer distinciones significativas entre los derechos humanos, morales y legales, que difieren según sus objetivos y su impacto.**

## Tipos de derechos

Los derechos humanos se conciben como derechos universales inherentes a todos los seres humanos, independientemente de su raza, nacionalidad, sexo, religión o cualquier otra característica distintiva. Estos derechos son inalienables, lo que significa que los gobiernos no pueden quitárselos.

Los derechos legales son derechos otorgados por el Estado a sus ciudadanos. Son reconocidos y protegidos por la ley. Los derechos legales pueden ser derogados o eliminados por los gobiernos. No son universales, varían entre países y pueden cambiar con el tiempo. Existen sanciones por violaciones de los derechos legales.

Los derechos morales se otorgan de acuerdo con un código ético o moral. Se basan en lo que es correcto. Como los derechos humanos, los derechos morales se consideran universales y atemporales. Se cree que son moralmente correctos para el bien común de la humanidad y, por tanto, no están determinados por el Estado. Sin embargo, no hay sanción por su violación.

¿Por qué es necesario considerar estos diferentes tipos de derechos? Algunas personas argumentan que solo importan los derechos legales, ya que estos están consagrados en la ley y hay castigos por violarlos. Otros no están de acuerdo y argumentan que los derechos morales también son importantes. Por ejemplo, bajo el *apartheid*, en Sudáfrica, a los sudafricanos negros no se les permitía votar, por lo que no tenían derecho legal

**DERECHO LEGAL**
En la mayoría de los países, no existe el derecho legal a ser rescatado. Si una persona no logra rescatar a otra persona, no será procesada.

## ¿Legal o moral?

En muchos casos, los derechos legales y morales se solapan. Así, el derecho a la vida de una persona se considera tanto un derecho moral como legal, igual que el asesinato es moralmente incorrecto e ilegal. No obstante, hay casos en que los derechos morales y legales difieren. Si alguien cae en un lago y se está ahogando, la mayoría de la gente esperaría que un transeúnte tratara de rescatar a ese individuo, pero el derecho a ser salvado no siempre es un derecho exigible.

a una participación política plena. Sin embargo, hubo un reconocimiento internacional del derecho moral de los sudafricanos negros a la participación política, y las leyes del *apartheid* se consideraron moralmente incorrectas. La oposición al *apartheid* surgió porque violaba los derechos morales de los sudafricanos negros.

Este ejemplo muestra por qué los derechos humanos no pueden reducirse solo a derechos legales, pues ello impediría que se condenasen sistemas injustos desde una perspectiva de derechos. En cambio, los derechos humanos pueden considerarse tanto derechos morales como legales. La legitimidad de los derechos humanos proviene de ser derechos morales, pero su uso práctico depende de que se conviertan en derechos jurídicos.

## ✓ DEBES SABER

❯ **Universalidad** significa algo que es verdad para todos los individuos, independientemente de su cultura, sexo, raza, religión o cualquier otra característica distintiva.

❯ **Moralidad** hace referencia a un sistema de valores y principios de conducta. Estos principios establecen hasta qué punto una acción es correcta o incorrecta y distinguen entre el buen y el mal comportamiento.

❯ **Legalidad** se refiere a si una acción, acuerdo o contrato es compatible con la ley; en otras palabras, si es legal o ilegal.

**DERECHO MORAL**
La mayoría de las personas estarían de acuerdo en que hay un derecho moral a ser rescatado: un transeúnte debe tratar de salvar a una persona que se está ahogando.

**DE MORAL A LEGAL**
Algunos países tienen leyes de «auxilio obligatorio» que establecen que debe prestarse asistencia, dentro de límites razonables, a quien se encuentra en peligro.

# Derechos positivos y negativos

Algunos derechos imponen una obligación a otros. Los derechos negativos obligan a otros (o al Estado) a abstenerse de ciertas acciones, mientras que los derechos positivos obligan a otros (o al Estado) a realizar ciertas acciones.

## Acción e inacción

Un ejemplo de derecho negativo que podría infringir un gobierno es el de un individuo a no ser encarcelado sin un juicio justo. Del mismo modo, el derecho positivo de un individuo puede verse violado si un gobierno no le brinda atención médica, servicios sociales o educación. En estos casos, los derechos de la persona son violados por acción e inacción del Gobierno, respectivamente.

Las diferencias entre acción e inacción se han usado para categorizar diferentes tipos de derechos. Un derecho negativo es el derecho de una persona a no estar sujeta a ciertas acciones por parte de otros o del Estado. Un derecho positivo es el derecho de una persona a recibir algo a través de la acción de otros o del Estado. Los derechos negativos suelen ser los que están vinculados a los derechos políticos y civiles de las personas, como la libertad de expresión; los derechos positivos son generalmente derechos económicos o sociales, como el derecho a la sanidad. Las constituciones de las democracias liberales acostumbran a proteger los derechos negativos, pero no necesariamente los positivos, aunque estos suelen estar protegidos por leyes, en particular en países con estados del bienestar.

Los críticos argumentan que la distinción entre derechos negativos y positivos es artificial y arbitraria. Por ejemplo, el derecho a la propiedad privada suele definirse como un derecho negativo (las personas tienen derecho a que no se les impida poseer una propiedad), pero este derecho negativo debe ser protegido activamente por el Estado.

## Derechos y obligaciones

Un «derecho» se refiere a la prerrogativa de una persona a tener o hacer algo, mientras que la «obligación» es lo que se debe hacer para que ese derecho se realice. A veces, la obligación de cumplir con los derechos de una persona puede interferir con los derechos de otra.

### Derechos negativos y obligaciones

El derecho negativo de una persona es el derecho a no estar sujeta a ciertas acciones por parte del Gobierno. Por tanto, los derechos negativos de una persona obligan al Estado a no interferir en la vida de esa persona.

**DERECHOS NEGATIVOS**
Si una persona elige cultivar naranjas en su propiedad, sus derechos negativos significan que tiene derecho a producir y vender naranjas a quien elija, sin interferencia.

**OBLIGACIONES**
La obligación por parte del Gobierno sería dejar que esa persona produzca naranjas y que haga lo que quiera con la fruta.

«Un derecho **no es efectivo en sí mismo, sino solo** en relación con la obligación **que le corresponde**».

Simone Weil, filósofa francesa, *Echar raíces* (1949)

## LOS DOS CONCEPTOS DE LIBERTAD DE BERLIN

El concepto de derechos positivos y negativos a menudo se confunde con los de libertad positiva y negativa propuestos por el filósofo británico Isaiah Berlin (1909-1997). La libertad negativa es similar al concepto de derechos negativos en que ambos se refieren a la libertad de interferencia externa. Sin embargo, los derechos positivos y la libertad positiva son muy diferentes: un derecho positivo es el derecho a algo, mientras que la libertad positiva se refiere a la libertad de una persona para actuar según su libre albedrío.

### Derechos positivos y obligaciones

El derecho positivo de una persona es el derecho a que se le proporcionen determinados bienes o servicios. Obliga al Gobierno a actuar para proporcionar a sus ciudadanos estos bienes o servicios.

### Conflictos

Al proteger los derechos positivos de una persona, el Estado puede estar violando los derechos negativos de otra. De manera similar, al respetar los derechos negativos de una persona, el Estado puede violar los derechos negativos de otra. Por lo tanto, pueden surgir conflictos entre conjuntos de derechos.

**DERECHOS POSITIVOS**
Los derechos positivos de una persona incluirían el derecho a no pasar hambre, lo que significa que debe recibir o tener acceso a alimentos.

**OBLIGACIONES**
La obligación por parte del Gobierno de cumplir con este derecho sería proporcionar a la persona los alimentos necesarios o el acceso a estos.

**DERECHOS EN CONFLICTO**
Para que el Gobierno resguarde los derechos positivos de una persona hambrienta, puede tomar naranjas que otra persona haya cultivado, vulnerando así sus derechos negativos.

# El derecho al voto de los ciudadanos

Un rasgo de las democracias es que todos los ciudadanos adultos tienen derecho a votar a sus representantes políticos. Sin embargo, en la mayoría de los países, este derecho solo se obtuvo tras largas luchas para superar las restricciones al voto.

## Sufragio universal

El derecho de todos los ciudadanos adultos a votar, conocido como «sufragio universal», es un elemento fundamental de los sistemas democráticos. Las elecciones libres y justas con una buena participación de los votantes garantizan una competencia justa por el poder. Hoy, en la mayoría de los países, todos los adultos mayores de cierta edad pueden votar en las elecciones a sus representantes políticos, y, elegir cómo son gobernados.

Aunque el sufragio universal se considera hoy esencial para una democracia, no siempre fue así. Hasta hace poco, muchos países tenían restricciones sobre quién podía votar basándose en el género, la religión, el origen étnico, la propiedad o el lugar de residencia. Ello aseguraba que el poder siguiera en manos de los más privilegiados.

## CASO PRÁCTICO

### Los cartistas

El cartismo fue un movimiento de la clase obrera británica que surgió en 1838, en un momento en que el voto estaba restringido a las élites propietarias. Un objetivo clave del movimiento era extender el voto a todos los hombres. Los cartistas organizaron protestas masivas y elevaron peticiones al Parlamento. Estas fueron rechazadas y el movimiento no logró sus objetivos. Sin embargo, el temor a disturbios llevó al Gobierno a reformar las leyes electorales décadas después.

**Los primeros en votar**
El surgimiento de la democracia en EE. UU. y Europa occidental condujo inicialmente a que se otorgaran derechos de voto a los hombres de clase media y alta que poseyeran tierras u otras propiedades.

**Las mujeres obtienen el voto**
A principios del siglo XX, las campañas de mujeres, como las sufragistas en el Reino Unido y EE. UU., llevaron a muchos países a adoptar el sufragio universal.

## Luchar por el voto

El sufragio universal se obtuvo en varios frentes. En los siglos XVIII y XIX, los movimientos de la clase trabajadora, como el cartismo (ver recuadro), hicieron campaña para permitir que todos los hombres votaran, no solo los hombres de las clases altas. Durante el mismo período, los movimientos para permitir que las mujeres votaran también ganaron impulso (ver pp. 130-31). En el siglo XX, los movimientos de derechos civiles quisieron garantizar que todos los ciudadanos, independientemente de su origen étnico, pudieran votar en las elecciones. En muchas antiguas colonias europeas, la lucha por el derecho al voto estuvo ligada a los movimientos independentistas, por lo que países como la India adoptaron el sufragio universal al lograr la independencia.

Aunque muchas democracias ahora tienen sufragio universal, persisten los intentos de restringir la votación entre ciertos grupos. Por lo general, esto implica tratar de dificultar el voto de las personas de estos grupos, a veces exigiéndoles que lleven formas de identificación que tal vez no puedan pagar.

### Sufragio universal masculino

En el siglo XIX y principios del XX, el derecho al voto se extendió a todos los hombres adultos en la mayoría de los países, con independencia de su clase, ingresos o si poseían o no tierras o propiedades.

> «El Gobierno no descansa en la fuerza, sino en el consentimiento».
>
> Emmeline Pankhurst, activista británico (1913)

## Derecho a votar

El derecho al voto fue obtenido por diferentes grupos sociales en distintos momentos, a menudo después de largas campañas para que sus voces fueran escuchadas. Dichos movimientos han sido vitales para superar las restricciones electorales basadas en la riqueza y la clase, el género, la raza y el origen étnico. La eliminación de estas restricciones comenzó en EE. UU. y Europa occidental a finales del siglo XIX y continuó durante todo el siglo XX.

### Eliminar las restricciones raciales

Los indígenas australianos obtuvieron el derecho al voto en 1962, y la discriminación racial al votar fue prohibida en EE. UU. en 1965. En Sudáfrica, las personas negras tuvieron prohibido votar hasta 1994.

VOTO

VOTO

# Derechos de las mujeres

En los últimos dos siglos, personas de todo el mundo han pedido la igualdad de derechos para las mujeres en temas como el acceso a la educación, el voto, la propiedad y la salud reproductiva.

## Negar derechos

A finales del siglo XVIII, los derechos de la mujer comenzaban a recibir atención pública. Con la ley de la época, en el Reino Unido, una mujer casada no tenía derecho a votar, a la propiedad ni sobre sus hijos. En 1792, la autora inglesa Mary Wollstonecraft escribió *Vindicación de los derechos de la mujer,* una de las primeras obras feministas. Sostenía que las mujeres merecen los mismos derechos básicos que los hombres y que tratarlas como propiedades socava la base moral de la sociedad. Su argumento se centraba en la educación; decía que las mujeres solo eran vistas como inferiores a los hombres porque no tenían las mismas oportunidades educativas. Su libro tuvo un impacto significativo en los defensores de los derechos de las mujeres en el siglo XIX y en el movimiento sufragista mundial. Casi al mismo tiempo en Francia, la activista Olympe de Gouges (1748-1793) publicó el libro *Declaración de los derechos de l a mujer y de la ciudadana* (1791), en que afirmaba que las mujeres son iguales a los hombres y, por tanto, tienen los mismos derechos. Más tarde sería ejecutada por sus creencias.

## Derechos desiguales

Las desigualdades entre mujeres y hombres se pueden ver en muchos aspectos de la vida social y política, tanto en la esfera privada como en la pública. Esto incluye a las mujeres que sufren violencia doméstica, se les niega la misma educación y oportunidades laborales que a los hombres y carecen de suficiente representación política. Si bien los movimientos por los derechos de las mujeres han logrado avances, hay desigualdades que aún persisten.

### El derecho a votar
En la mayoría de los países se negó el voto a las mujeres hasta principios del siglo XX. Aún hay países en los que las mujeres tienen dificultades para votar.

### El derecho a la educación
A las mujeres se les negó el derecho a la educación en la mayoría de las sociedades hasta el siglo XIX. En algunos países las niñas tienen aún un acceso limitado al aprendizaje.

### El derecho a la propiedad
Hasta el siglo XIX, a la mayoría de las mujeres no se les permitía poseer propiedades. Hoy en día, las leyes de propiedad en algunos países aún discriminan a las mujeres.

## Lucha por los derechos

El avance hacia los derechos de las mujeres fue lento. En el Reino Unido, no fue hasta 1870 cuando se permitió legalmente a las mujeres casadas quedarse con el dinero que ganaban y tener propiedades. En gran parte de Europa y América del Norte, fue solo tras el movimiento sufragista de principios del siglo xx cuando las mujeres pudieron votar.

La era posterior a la Segunda Guerra Mundial vio el surgimiento del Movimiento de Liberación de la Mujer y el movimiento feminista (ver pp. 62-63), lo que condujo a un reconocimiento más amplio de los derechos de la mujer. Como resultado, la ONU y otras agencias globales comenzaron a promover la igualdad de género y algunas naciones cambiaron sus leyes. Sin embargo, la lucha continúa en algunos países, y a las mujeres aún se les niegan muchos derechos de los hombres.

## «Dejadnos tener los derechos que merecemos».

Alice Paul, sufragista que ayudó a lograr el voto para las mujeres en EE. UU. (*c*. 1917)

### PASO ATRÁS EN LOS DERECHOS FEMENINOS

Si bien se han logrado grandes avances desde la década de 1960, ha habido una creciente reacción con el surgimiento de gobiernos populistas de derechas en todo el mundo. El foco se ha puesto en los derechos reproductivos, y países como Polonia han introducido leyes para ilegalizar el aborto. También se han hecho esfuerzos para reducir la definición de violencia doméstica y abuso sexual, y para bloquear las leyes que promueven la igualdad salarial.

### Representación política

La primera mujer jefa de Estado fue elegida en 1960 en Sri Lanka. Sin embargo, los hombres aún dominan la política, lo que lleva a leyes y políticas sesgadas contra las mujeres.

### Derechos reproductivos

La oposición a los derechos reproductivos de las mujeres es común en ciertas sociedades, y algunas religiones que prohíben la planificación familiar y el aborto.

### El derecho a igual salario

Desde los años cincuenta del siglo xx, en todo el mundo se han aprobado leyes que garantizan la igualdad salarial de las mujeres, pero aún hay diferencias en muchos países.

### El derecho a la protección contra la violencia doméstica

Muchas mujeres siguen sufriendo el abuso físico, emocional y sexual en el hogar, pese a que la mayoría de los países tienen leyes contra la violencia doméstica.

# Justicia, identidad e inclusión

La justicia es la noción de que las personas obtienen lo que se merecen. Está estrechamente relacionada con la identidad y la inclusión: la injusticia se da cuando las personas son excluidas debido a su identidad. El filósofo estadounidense John Rawls (1921-2002) propuso un experimento conocido como el «velo de la ignorancia» en el que se pedía a las personas que diseñaran una nueva sociedad sin conocer su propia posición en ella. Rawls sostenía que debido a que nadie querría pertenecer a un grupo desfavorecido, esas personas crearían una sociedad justa.

## Igualdad, equidad, justicia

Los conceptos de igualdad, equidad y justicia pueden verse en términos generales como formas de tratar de abordar una desigualdad subyacente. La desigualdad en este contexto se refiere a las personas que tienen un acceso desigual a los recursos y las oportunidades en las sociedades, a menudo porque el sistema está diseñado para privilegiar a algunos y perjudicar a otros. Una respuesta es promover la igualdad mediante la distribución uniforme de herramientas y asistencia en toda la sociedad. Otra es centrarse en la equidad, que reconoce que las personas tienen diferentes necesidades, y brindarles apoyo. La justicia se enfoca en abordar la fuente subyacente de la desigualdad para promover una sociedad justa en la que las personas tengan igual acceso a los recursos y oportunidades.

«La justicia es la primera virtud de las instituciones sociales, como la verdad lo es del pensamiento».

John Rawls, *Una teoría de la justicia* (1971)

### Desigualdad

Surge cuando las personas tienen un acceso desigual a recursos y oportunidades: algunas personas pueden obtener acceso, pero otras no pueden.

## DIVERSIDAD E INCLUSIÓN

Una injusticia común es excluir a las personas de las oportunidades debido a su identidad. Ha habido una atención creciente a la promoción de la diversidad y la inclusión en toda la sociedad. La diversidad reconoce todas las formas en que las personas son diferentes, y la inclusión garantiza que se valoran los pensamientos y las perspectivas de todos. Promover la diversidad y la inclusión significa empoderar a las personas respetando y apreciando lo que las hace diferentes, como edad, género, etnia, religión, discapacidad u orientación sexual. Implica dejar de tratar algunas identidades como «normales» y celebrar las diferencias de las personas garantizando la igualdad de acceso a las oportunidades para todos.

El **85,8 %** de los directores de las **compañías** de la lista Fortune 500 **son** hombres blancos.

Richard Zweigenhaft, escritor estadounidense, *Fortune 500 CEOs, 2000–2020: Still Male, Still White* (2020)

### Equidad

Al reconocer que las personas tienen diferentes necesidades, la equidad les brinda las herramientas necesarias para garantizar que puedan acceder a recursos y oportunidades.

### Justicia

Consiste en arreglar el sistema para eliminar la fuente de la desigualdad y que todos puedan tener acceso a recursos y oportunidades.

# Clasismo

La discriminación basada en el estatus social, también conocida como «clasismo», perpetúa las desigualdades en la sociedad y reduce las oportunidades disponibles para quienes provienen de clases bajas.

### Jerarquías

La clase social remite a la distinción jerárquica entre individuos o grupos en la sociedad. En la historia hubo muchas sociedades con dos clases principales: los que poseían tierras y los que trabajaban para los dueños de las tierras. En la Europa medieval, esto dio lugar al señorialismo (abajo). En otras regiones se desarrollaron sistemas más complejos: la India, por ejemplo, tiene uno de los sistemas de clases más antiguos. Se basa en el linaje, con la clase o casta sacerdotal de los brahmanes en la parte superior; la casta de los vaisias –artesanos, granjeros y comerciantes– en el medio; y una clase más baja de trabajadores. Debajo de todos están los parias, obligados a ocupaciones consideradas impuras por el estamento religioso.

### DEBES SABER

> **El señorialismo** fue un sistema jerárquico que prosperó en la Europa medieval. La nobleza «propietaria de señoríos» era dueña de la tierra y la arrendaba a los campesinos a cambio de su trabajo.

> **La Revolución Industrial** de los siglos XVIII y XIX transformó las sociedades agrícolas de Europa y América del Norte en economías industriales de mercado masivo.

> **La movilidad social** se refiere a la capacidad de las personas para ascender en la jerarquía social.

El término «clase social» surgió en Europa en el siglo XIX a raíz de la reorganización de la sociedad de la Revolución Industrial. Emergió una «clase media» que podía disfrutar de una educación y unas actividades culturales hasta ese momento restringidas a los terratenientes.

### Discriminación

El clasismo es una forma de discriminación que trata a las personas de forma distinta según su clase social. La discriminación puede ser individual e incluir prejuicios inconscientes, o ser estructural, es decir, formar parte de un sistema de políticas y prácticas para beneficiar a las clases altas a expensas de las bajas. Esto puede incluir la falta de acceso a las mejores escuelas y universidades para las clases más bajas, lo cual, a su vez, limita las oportunidades de empleo y genera desigualdades en los ingresos.

Las ideologías de izquierdas, como el socialismo y el comunismo, se centran en la necesidad de eliminar

## Estructuras de clase

La mayoría de las sociedades tienen alguna forma de estructura de clases. Generalmente, hay tres clases sociales: una clase alta de ricos terratenientes o aristócratas, una clase media de profesionales y empresarios, y una clase baja de trabajadores con bajos ingresos.

las desigualdades de clase. Las ideologías de derechas, como el conservadurismo, enfatizan la necesidad de mantener el orden social, lo que suele reforzar el clasismo.

### Clase media

La clase más amplia incluye una gran variedad de profesionales con salarios más o menos altos, que en su mayoría tienen un título universitario.

### Clase alta

La clase alta es el grupo que está en la parte superior de la jerarquía social. En algunas sociedades incluye a cualquiera que tenga una cantidad sustancial de riqueza; en otras, se compone solo de personas que nacen en familias aristocráticas.

### Movilidad social

En las sociedades en las que hay movilidad social, las personas nacidas en familias de bajos ingresos tienen oportunidades de encontrar trabajos bien remunerados. En sociedades con menor movilidad social, el nacimiento de una persona determina su camino en la vida.

### Clase baja

Las personas de la clase baja tienden a estar empleadas en trabajos mal pagados que ofrecen poca seguridad económica.

# Esclavitud

La esclavitud es la situación en que unas personas son propiedad de otras y se les niegan los derechos y libertades básicos. Aunque hoy es ilegal, aún persiste de muchas formas.

## Historia de sufrimiento

La esclavitud es el hecho de que un ser humano sea propiedad de otro, una relación en la que la persona esclavizada se ve obligada a realizar un trabajo no remunerado. La esclavitud tiene una larga historia y tuvo un papel clave en la construcción de los antiguos imperios de Egipto, Grecia y Roma. Era común en las sociedades islámicas desde la época del profeta Mahoma y existió en muchos de los primeros reinos de África. Algunas personas esclavizadas eran prisioneros de guerra o descendían de otros esclavos, o bien habían sido secuestradas o vendidas por su familia para saldar deudas.

Sin embargo, la esclavitud se asocia con el comercio transatlántico de esclavos entre los siglos XVI y XIX. En ese tiempo, entre diez y doce millones de personas negras africanas fueron transportadas por las potencias coloniales europeas a América para trabajar en plantaciones o en hogares privados. Cuando llegaron los esclavos, los colonos, que eran administradores franceses, portugueses, españoles, británicos, daneses y holandeses, enviaron azúcar, tabaco y otros productos a Europa. A cambio, vendían armas, textiles y alcohol a la gente de sus nuevas colonias.

Esas personas africanas forzadas a la esclavitud sufrían condiciones espantosas y muchas morían en el viaje a América. La pérdida de tantas personas, junto con la violencia que acompañaba a las capturas de esclavos, debilitó a las sociedades africanas. Aunque la esclavitud se abolió a finales del siglo XIX, los descendientes de aquellos africanos siguen sufriendo el racismo en todo el mundo, particularmente en países multirraciales.

## MÉTODOS DE CONTROL

**Violencia repetida**, o amenaza de violencia.
**Control financiero**, como las deudas o impedir el acceso al dinero.
**Manipulación emocional** para que la víctima se sienta responsable de su situación.
**Control de las drogas** de las que la víctima puede ser dependiente.
**Aislamiento social** restringiendo el contacto de la víctima con otros.

## ABOLIR LA ESCLAVITUD

Se necesitaron casi doscientos años para que se aboliera la esclavitud en el mundo.

> **El comercio transatlántico** de esclavos llegó a su fin por un movimiento que comenzó a finales del siglo XVIII, cuando los cuáqueros cuestionaron su moralidad.

> **En la Revolución haitiana** (1791-1804) las personas esclavizadas derrocaron a sus esclavizadores en esta colonia francesa y crearon un nuevo Estado.

> **La guerra de Secesión** (1861-1865) se libró cuando los estados del sur quisieron abandonar la Unión debido a la postura antiesclavista del norte.

> **La esclavitud fue prohibida en EE. UU.** en 1865 y abolida en América Latina en 1888. En 1948, se proscribió la esclavitud en la Declaración Universal de los Derechos Humanos.

## Esclavitud moderna

Pese a la abolición de la esclavitud, hoy hay millones de personas en el mundo atrapadas en lo que equivale a formas modernas de esclavitud, como trabajo no remunerado, servidumbre doméstica y explotación sexual. Los causantes de la esclavitud moderna utilizan varios medios para controlar y explotar a sus víctimas, que a menudo son mujeres y niños.

## EXPLOTACIÓN LABORAL

Una de las formas más comunes de esclavitud moderna es obligar a las personas a trabajar por un salario bajo o nulo, con frecuencia en malas condiciones.

## SERVIDUMBRE DOMÉSTICA

Las personas objeto de trata pueden verse obligadas a trabajar como niñeras o empleadas domésticas. No pueden irse, lo cual convierte esto en una forma de esclavitud.

## TRATA DE PERSONAS

La trata de personas es el uso de la fuerza para explotar a las personas con fines como la prostitución, el trabajo, la delincuencia, el matrimonio o incluso la extracción de órganos.

# 40 millones de personas se estima que están atrapadas en alguna forma de esclavitud.

www.antislavery.org,
«What is modern slavery?»

## EXPLOTACIÓN CRIMINAL

Las organizaciones criminales pueden obligar a las víctimas a realizar actividades ilegales, como tráfico de drogas, robar en tiendas o mendicidad.

## EXPLOTACIÓN SEXUAL

Víctimas de todas las edades, géneros y orientaciones sexuales pueden ser forzadas a prestar servicios sexuales, tratadas por los delincuentes como mercancía.

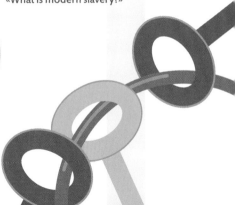

# Racismo y antirracismo

**El racismo es la discriminación de las personas debido a su raza o etnia. El antirracismo busca acabar con el racismo y garantizar que las personas de todas las razas y etnias sean tratadas por igual.**

## Inventar la desigualdad

El racismo es una forma de tribalismo que ha existido desde hace milenios en sociedades de todo el mundo. Sin embargo, en los últimos siglos, se ha asociado más con el período del dominio colonial europeo, que duró desde principios del siglo XVI hasta mediados del siglo XX (ver pp. 172-73). Durante ese tiempo, una gran cantidad de naciones europeas justificaron el establecimiento de colonias en África, Asia, Australia y América sobre la base de la idea racista de que los blancos eran superiores a los indígenas a los que subyugaban. La mayoría de estas colonias se han independizado ya, pero la noción de supremacía blanca aún persiste, y la historia de las sociedades no occidentales a menudo se ve a través de una lente europea. Esa historia tiende a centrarse en las supuestas mejoras que los europeos llevaron a cabo en esas sociedades e ignora su pasado precolonial.

Hay dos formas principales de racismo. El individual es una actitud personal de superioridad que una persona tiene sobre otra en función de su etnia. Más generalizado es el estructural o institucional, por el que las instituciones de una sociedad, como su sistema judicial o las fuerzas policiales, se estructuran

## Racismo estructural

El racismo estructural o institucional es una forma de prejuicio que está incrustado en los sistemas sociales y es sustentado por leyes que implementan las autoridades estatales. Por ejemplo, en una sociedad dominada por blancos, las estructuras pueden negar los derechos y oportunidades básicas a las personas de color en una variedad de áreas.

 **SALARIOS Y PERSPECTIVAS DE TRABAJO INJUSTOS**
El racismo puede afectar a los salarios y al avance profesional. A las personas de color a menudo se les paga menos que a las personas blancas por hacer el mismo trabajo o pueden no ser promocionadas.

**BARRIOS DE BAJOS RECURSOS**
El racismo estructural puede conllevar que los vecindarios con residentes de color reciban menos inversión que otros. Esto perpetúa las desigualdades en vivienda, educación y atención sanitaria.

 **DISCRIMINACIÓN POR ALGUNOS PATRONES**
Incluso con las calificaciones adecuadas, las personas de color pueden tener dificultades para encontrar empleo por los prejuicios racistas de los patrones y estar subempleados o desempleados.

**ANTIRRACISMO**
El movimiento antirracista se dedica a erradicar todas las formas de racismo. En particular, busca exponer las formas en que los sistemas sociales ponen en desventaja a los grupos raciales y étnicos.

 **DISCRIMINACIÓN POR LOS PROPIETARIOS**
Propietarios de inmuebles con prejuicios pueden impedir que grupos raciales y étnicos específicos accedan a la vivienda. Esto puede llevar a la segregación de minorías étnicas en ciertas áreas geográficas.

 **OPORTUNIDADES EDUCATIVAS LIMITADAS**
El racismo sistémico en el sistema educativo puede hacer que los niños de ciertos grupos raciales y étnicos sufran políticas educativas más limitadas. Esto, a su vez, puede afectar a sus oportunidades en la vida.

para favorecer a un grupo étnico sobre otro. El racismo estructural implica la negación de derechos básicos a grupos étnicos, como cuando los sudafricanos negros eran segregados bajo el régimen del *apartheid* en el siglo XX. También puede llevar al genocidio, como en la Alemania nazi, cuando seis millones de judíos y muchos eslavos, romanís y sinti fueron asesinados en el Holocausto en la Segunda Guerra Mundial (ver pp. 46-47).

## Luchar contra el racismo

El antirracismo es un movimiento que busca identificar el racismo y oponerse a él en todas sus formas. Tiene sus raíces en los movimientos de descolonización y derechos civiles del siglo XX y se inspira en pensadores como W. E. B. Du Bois (1868-1963), Frantz Fanon (1925-1961) y Martin Luther King Jr. (1929-1968). Una de sus manifestaciones más recientes es el movimiento Black Lives Matter (ver recuadro).

> «En una sociedad racista, no basta con no ser racista [...] debemos ser antirracistas».
>
> Atribuido a Angela Davis, activista estadounidense (n. 1944)

### CASO PRÁCTICO

**Black Lives Matter (BLM)**

Este movimiento surgió en 2013 en EE. UU. en protesta contra el trato injusto a las personas de color por los tribunales y fuerzas policiales. Comenzó cuando un jurado absolvió al asesino del adolescente negro Trayvon Martin, que recibió un disparo tras ser acusado falsamente por su raza en Florida. El asesinato de George Floyd, un hombre negro, en Minneapolis en 2020 por un oficial de policía blanco provocó grandes protestas en EE. UU. y en todo el mundo. Unos 20 millones de estadounidenses participaron en las protestas de BLM de 2020.

### SENTENCIAS MÁS DURAS

Las personas de color suelen recibir sentencias más duras que las personas blancas. Esto va en contra del principio de que todas las personas deben ser tratadas igual ante la ley.

### RACISMO EN LA SANIDAD

Los estudios muestran que las personas de color se ven más afectadas por problemas de salud que las blancas. Es más probable que se los diagnostique erróneamente y experimenten tasas de mortalidad más altas.

### PROCESO LEGAL INJUSTO

A menudo los procesos legales están predispuestos contra grupos raciales y étnicos concretos. Puede ocurrir en todo el sistema legal, por ejemplo en que los casos lleguen a los tribunales y en las decisiones judiciales.

### VIOLENCIA POLICIAL

En muchos países, las personas de color están sujetas a una violencia policial desproporcionada. Estadísticamente, tienen un mayor riesgo de ser asesinados en acciones policiales.

### ESTEREOTIPOS NEGATIVOS EN LOS MEDIOS

Las personas de color suelen ser objeto de estereotipos negativos en los medios, desde las películas hasta las noticias. Esto fomenta un mayor prejuicio contra estos grupos en toda la sociedad.

### CRIMINALIZACIÓN

Las personas de color pueden tener un mayor riesgo de ser atacadas, discriminadas, multadas, arrestadas, acosadas y encarceladas por delitos menores que las personas blancas.

### DISCRIMINACIÓN RACIAL

Los prejuicios raciales atribuyen un comportamiento delictivo al origen étnico, y es más probable que la policía detenga y registre a una persona de color que a una blanca. Esto debilita las libertades civiles de esa persona.

### POCA REPRESENTACIÓN EN LA POLÍTICA

Las personas de color muchas veces están mal representadas políticamente. Esto significa que los procesos políticos pueden no satisfacer sus necesidades e incluso pueden perpetuar políticas racistas.

# El patriarcado

Una sociedad dominada por hombres se conoce como «patriarcal». El feminismo ha adoptado el término «patriarcado» para referirse a las estructuras y prácticas sociales que refuerzan la dominación masculina y la opresión de las mujeres.

## Las mujeres como lo «otro»

El término «patriarcado» (del griego «gobierno del padre») se ha usado para describir un sistema político en que el hombre tiene el poder. El feminismo ha ampliado la definición, aplicándola a las estructuras y relaciones de poder que benefician al hombre a expensas de la mujer, en el hogar, en el trabajo y en la cultura, la religión y el Gobierno. El concepto rechaza el determinismo biológico. A las mujeres se les asignan roles que no se basan en diferencias biológicas, sino en actitudes y estructuras que ven a las mujeres como seres inferiores. Como explicó la filósofa francesa Simone de Beauvoir, los hombres son vistos como la norma y, por tanto, como superiores, y las mujeres son tratadas como lo «otro» y, por tanto, como inferiores.

## Perpetuar el patriarcado

La sociedad tiende a condicionar a los niños para que crean en el dominio masculino, a través de expectativas sobre cómo deben comportarse las niñas y los niños

## Estructuras de opresión

El patriarcado, en términos feministas, se refiere a un conjunto interconectado de estructuras –evidente en instituciones y prácticas en todos los niveles de la sociedad– que permiten a los hombres oprimir a las mujeres. La socióloga británica Sylvia Walby (n. 1953) argumenta que el patriarcado opera a través de seis estructuras de este tipo.

### TRABAJO DOMÉSTICO

Las mujeres hacen mucho más trabajo no remunerado que los hombres en forma de tareas domésticas y cuidado de los niños. Esto aumentó más aún durante el tiempo de la pandemia de COVID-19.

### SEXUALIDAD

Según Walby, se aplican reglas distintas a hombres y mujeres sobre conducta sexual. Las mujeres son condenadas por su actividad sexual, mientras que los hombres son felicitados por ello.

### CULTURA

Tanto las instituciones culturales como los medios, la educación y la religión refuerzan los estereotipos en sus representaciones de cómo deben verse y comportarse las mujeres y qué encarna la «feminidad».

y los trabajos que deben realizar. Las instituciones refuerzan estos puntos de vista, con leyes que favorecen a los hombres o bien que debilitan los derechos reproductivos de las mujeres, al igual que las prácticas religiosas y las actitudes sociales en general. Las feministas argumentan que esto sirve para controlar a las mujeres al establecer normas de comportamiento y avergonzar a quienes no se ajustan, y que solo derribando esas estructuras las mujeres tendrán igualdad de oportunidades.

## UN MUNDO PENSADO PARA LOS HOMBRES

En su libro *La mujer invisible* (2019), la activista británica Caroline Criado Perez (n. 1984) muestra cómo los prejuicios de género en la recopilación de datos dan resultados que privilegian a los hombres y discriminan a las mujeres. Las sociedades modernas dependen cada vez más de los datos para tomar decisiones, pero gran parte de estos no tienen en cuenta a las mujeres. La brecha de datos de género afecta a áreas como las políticas gubernamentales, el empleo, los medios y la planificación urbana, y a menudo produce leyes, tecnología, infraestructuras o tratamientos médicos sesgados. Por ejemplo, las mujeres tienen un 50 por ciento más de probabilidades de un diagnóstico erróneo si tienen un ataque al corazón: aunque hombres y mujeres pueden tener diferentes síntomas, los comunes entre los hombres son los que se consideran típicos del infarto.

### VIOLENCIA

La violencia contra la mujer puede no ser aleatoria o individual, sino una forma sistemática de control masculino. Esa violencia continúa siendo omnipresente.

### EL ESTADO

Muchos Estados someten a las mujeres a través de políticas y leyes. Pese a los logros conseguidos, como que las mujeres puedan votar, la política sigue sirviendo a los hombres y es controlada por estos.

### TRABAJO REMUNERADO

La mujer sufre discriminación salarial y trato injusto y realiza más trabajos a tiempo parcial que el hombre. También tiene una menor seguridad laboral y menores oportunidades.

«La paz del patriarcado es una guerra contra la mujer».

Maria Miles, experta en feminismo, *Patriarcado y acumulación a escala mundial* (1986)

# Derechos LGBTQ+

**Los movimientos de lesbianas, gais, bisexuales, transgénero y queer (LGBTQ+) existen para defender a las personas que sufren discriminación debido a su orientación sexual, identidad de género o expresión de género.**

### La lucha por los derechos LGBTQ+

Si bien en muchos países hay leyes que protegen los derechos de las personas LGBTQ+, otros tienen leyes que las discriminan: desde no reconocer el matrimonio entre personas del mismo sexo hasta imponer la pena de muerte por actos homosexuales.

Históricamente, la discriminación basada en la orientación sexual, la identidad o expresión de género y de una persona, se ha relacionado con la condena religiosa de la homosexualidad. En 1791, Francia, entonces en proceso de revolución, se convirtió en la primera nación en despenalizar la homosexualidad, seguida cinco años después por Mónaco, Prusia,

Luxemburgo, Bélgica y Brasil en 1830. El Imperio otomano (predecesor de Turquía) despenalizó la homosexualidad en 1858; y en 1917, tras la Revolución rusa, los bolcheviques declararon que «las relaciones homosexuales y heterosexuales serán tratadas exactamente igual por la ley». Sin embargo, en 1933, Iósif Stalin criminalizó de nuevo la homosexualidad, con penas de hasta cinco años de trabajos forzados.

El movimiento moderno por los derechos LGBTQ+ comenzó con los «disturbios de Stonewall» de 1969. La policía de EE. UU. realizaba redadas y cerraba rutinariamente los bares gais. En respuesta a una redada en el Stonewall Inn de Nueva York, los

### Reconocimiento legal

Si bien la homosexualidad se legalizó en Francia en 1791, en la mayoría de los países siguió siendo ilegal hasta bien entrado el siglo xx. Incluso hoy en día, muchos países todavía tienen leyes que prohíben las relaciones homosexuales.

### Igualdad de matrimonio

El matrimonio igualitario para parejas del mismo sexo se reconoció legalmente por primera vez en los Países Bajos en 2002. A partir de 2021, el matrimonio entre personas del mismo sexo está reconocido legalmente en 29 países.

### ORGULLO

El Orgullo es una celebración mundial anual de la identidad LGBTQ+ que tiene lugar cada verano. Conmemora los disturbios de Stonewall y promueve la autoafirmación, la igualdad y una mayor visibilidad de las personas LGBTQ+. Millones de personas asisten a la celebración en todo el mundo, aunque en muchos lugares encuentran oposición. El símbolo del Orgullo LGBTQ+ es la bandera arcoíris. Los colores representan la diversidad de la comunidad LGBTQ+.

### Ser padres LGBTQ+

A partir de 2021, es legal que las parejas del mismo sexo adopten niños en 27 países. Muchas parejas LGBTQ+ también tienen sus propios hijos biológicos.

miembros de la comunidad gay se defendieron ante la violencia policial. Ello inspiró un movimiento global por la despenalización de la homosexualidad y la aceptación de las parejas del mismo sexo, además de mayores protecciones legales.

Sin embargo, el aumento de los derechos LGBTQ+ se ha enfrentado a una reacción violenta en muchos países, que han introducido legislación represiva que debilita los derechos LGBTQ+.

## Derechos globales LGBTQ+

Pese a las actitudes más positivas hacia temas como el matrimonio entre personas del mismo sexo y los derechos de las personas LGBTQ+, la opinión pública sigue estando muy dividida por país y cultura. Muchas personas LGBTQ+ se sienten capaces de vivir más abiertamente en áreas como Europa occidental y América que en otros lugares.

### ✔ DEBES SABER

❯ **Lesbiana:** Mujer que tiene una orientación amorosa y/o sexual hacia las mujeres.

❯ **Gay:** Hombre que tiene una orientación amorosa y/o sexual hacia los hombres; también puede ser un término genérico para la orientación sexual lesbiana y gay.

❯ **Bisexual:** Se usa para describir una orientación amorosa y/o sexual hacia más de un género.

❯ **Transgénero:** Personas cuyo sentido de identidad y género no se corresponde con su sexo de nacimiento.

❯ *Queer*: Término general para cualquier persona que no sea heterosexual y/o cuyo sentido de identidad y género no se corresponda con su sexo de nacimiento.

❯ **Más (+):** Se refiere a todas las identidades de género y orientaciones sexuales no cubiertas por «LGBTQ».

**Leyes antidiscriminación**
Muchos países cuentan con protecciones legales que prohíben cualquier discriminación contra las personas por su orientación sexual o identidad de género.

**Mayor reconocimiento**
Muchos países ahora reconocen legalmente las clasificaciones no binarias o de tercer género. Los partidarios argumentan que las personas deberían poder definir su género de la manera que más les convenga.

**Espacios públicos**
En América del Norte y Europa occidental, existe un debate político en curso sobre el acceso a los baños públicos por género o por identidad transgénero en lugar de por el sexo de nacimiento de una persona.

«Los derechos LGBT son derechos humanos».
www.unfe.org (2021)

# Interseccionalidad

El término «interseccionalidad» describe las formas en que la raza, la clase, el género y otros factores personales pueden combinarse para crear diferentes tipos de prejuicios y privilegios en la sociedad.

## Distintas desigualdades

Pocos negarían que algunos grupos son más privilegiados que otros. Sin embargo, no se entienden tan bien las formas en que las personas pueden ser privilegiadas o desfavorecidas por características accidentales como su género, clase, etnia, sexualidad, edad y capacidad. Por ejemplo, una mujer blanca puede estar en desventaja por su género, pero una mujer negra puede estar en desventaja por género y raza. Una lesbiana negra podría sufrir prejuicios por origen étnico, género y orientación sexual. Las formas en que ello crea desigualdad se conoce como «interseccionalidad».

El término «interseccional» lo acuñó en 1989 la jurista negra y especialista en cuestiones de raza y género estadounidense Kimberlé Crenshaw. Sostenía que el hecho de ser una mujer negra no se entendía en términos de ser negra y ser mujer independientemente una

cosa de la otra, sino que había que considerar las interacciones entre ambas.

Crenshaw llamó la atención sobre cómo se trataba a las mujeres negras en el sistema judicial de EE. UU.: se consideraba que sufrían los mismos problemas que las mujeres blancas con respecto a su

## Identidades superpuestas

Aunque el origen de la interseccionalidad está en los problemas que sufren las mujeres negras, desde su nacimiento se ha convertido en un marco para comprender cómo los diferentes aspectos de la identidad social y política de un individuo, mucho más allá de su raza y género, pueden combinarse para crear formas distintas de desventaja y de privilegio.

### Clase

Las personas pueden ser discriminadas por su clase social (ver pp. 136-37). Por lo general, este prejuicio se dirige contra personas de entornos desfavorecidos.

### Religión

Los miembros de minorías religiosas pueden sufrir prejuicios de otras personas y de leyes y de políticas discriminatorias del Estado.

### Orientació sexua

La comunida LGBTQ+ es víctim de prejuicic en mucho paíse

## KIRIARCADO

Si el patriarcado (ver pp. 142-43) es la autoridad masculina tradicional sobre las mujeres, el kiriarcado (del griego *kyrios*, «señor» o «amo» y *archion*, «gobierno») es una teoría que explica cómo cada uno de nosotros, sea cual sea nuestro género, tiene muchos privilegios de los que somos capaces de abusar. Así, el patriarcado es un subconjunto del kiriarcado. El kiriarcado se relaciona con la

interseccionalidad porque ambos examinan sistemas de características superpuestas. Sin embargo, el kiriarcado está más preocupado por cómo se controla el poder a través de estructuras que privilegian ciertas cualidades (por ejemplo, la masculinidad, la raza blanca) y marginan y oprimen a quienes tienen otras cualidades (como la feminidad o la negritud).

## Edad

Muchas personas son discriminadas por su edad. Este prejuicio puede estar dirigido contra una gama de diferentes grupos de edad.

## Etnia

Las personas de minorías étnicas sufren con frecuencia prejuicios derivados de su idioma y cultura, el color de su piel u otras características heredadas.

## Poder y marginación

La interseccionalidad analiza las múltiples formas en las que las personas pueden ser privilegiadas o desfavorecidas. Comprender estos factores permite a los gobiernos garantizar que las personas desfavorecidas tengan mejores oportunidades para participar en igualdad de condiciones con todos los demás en la sociedad.

## Discapacidad

Las personas con discapacidad a menudo son tratadas como inferiores y pueden ser excluidas de trabajos para los que son aptas.

## Género

La desigualdad de género persiste en todo el mundo. Aún hay muchas áreas en las que a las mujeres se les niegan las mismas oportunidades que tienen los hombres en la sociedad.

género o los mismos problemas que los hombres negros con respecto a su raza. Crenshaw argumentó que, al hacerlo, los tribunales ignoraban los obstáculos específicos de las mujeres negras como grupo.

## Promover la inclusión

Reconocer la interseccionalidad ha sido importante para el activismo y los movimientos sociales. Destaca la necesidad de inclusión y de una representación más justa. Así, la agenda feminista tradicionalmente ha sido establecida por mujeres profesionales blancas; el feminismo interseccional implica no centrarse solo en romper el techo de cristal para las mujeres profesionales, sino en aumentar el salario mínimo de las trabajadoras más pobres.

La interseccionalidad se ha enfrentado a una fuerte reacción por parte de la derecha del espectro político, que afirma que divide y perpetúa una mentalidad de víctima. Sin embargo, sus defensores argumentan que la interseccionalidad arroja más luz sobre las formas en que las personas son privilegiadas o discriminadas según sus identidades particulares.

«Todas las formas de marginación se entrecruzan y exacerban unas a otras».

Julia Serano, activista trans estadounidense, «Leftist Critiques of Identity Politics», *Medium* (2018)

# Grupos de presión y protestas

Para algunos ciudadanos, votar es su única participación en el proceso político. Otros, sin embargo, quieren un compromiso más profundo y buscan influir en acciones o políticas particulares de su gobierno. Estas personas pueden formar parte de un grupo de presión o involucrarse en protestas directas. Ambas actividades son formas en que las personas pueden participar en el proceso político sin tener que afiliarse a un partido político.

## Cómo funcionan los grupos de presión

Un grupo de presión es una asociación de personas unidas por una causa política común. El objetivo es, literalmente, presionar a los gobiernos para que implementen políticas particulares. El grupo aplica esta presión desde el exterior en lugar de buscar el poder político. Las tácticas pueden incluir presionar a los funcionarios, generar apoyo público y movilizar protestas, que pueden ser pacíficas o conllevar desobediencia civil. Algunos de los llamados «grupos internos» consultan regularmente con los gobiernos; otros, los «grupos marginales», no tienen influencia oficial y pueden ser radicales.

### Campañas

Para lograr sus objetivos, los grupos de presión suelen crear y distribuir material promocional, recaudar fondos, comprar espacios publicitarios, utilizar las redes sociales y organizar reuniones públicas.

### Informar a los ciudadanos

El objetivo de los grupos de presión es aumentar la conciencia pública sobre su causa o causas particulares y obtener el apoyo público. Este es un importante pilar de cualquier campaña.

### Apoyar a candidatos

Los grupos de presión no buscan entrar en el Gobierno, pero pueden respaldar a un candidato político que apoye su causa, ya que, si este es elegido, promoverá esa causa mientras esté en el cargo.

«No dudes de que un grupo de ciudadanos comprometidos puede cambiar el mundo; de hecho, es lo único que ha ocurrido siempre».

Atribuido a Margaret Mead, antropóloga británica

## TIPOS DE GRUPOS DE PRESIÓN

### Grupos de interés

A veces hay grupos de presión dentro de organizaciones, como los sindicatos, cuya afiliación está restringida por profesión. Estas asociaciones, conocidas como «grupos de interés», presionan en nombre de sus miembros y hacen lo posible para llamar la atención sobre sus preocupaciones.

### Grupos de causas

Algunos grupos hacen campaña sobre causas específicas, desde los derechos humanos, de los indígenas y de las personas con discapacidad hasta campañas contra el comercio de armas o a favor del medio ambiente. Defienden causas que pueden no ser de beneficio directo para los miembros del grupo.

### Manifestaciones

Las manifestaciones son una forma de crear conciencia, ya sea un pequeño grupo con pancartas en el centro de una ciudad o alguna forma de acción directa, como bloqueos, sentadas o huelgas.

### Peticiones

Las peticiones son una herramienta importante que puede demostrar el apoyo público a una causa. Las peticiones –que actualmente se hacen a través de internet– se presentan luego a los representantes electos.

### Cabildeo

El cabildeo puede ser un medio eficaz para influir en los políticos (ver pp. 150-51). Esto puede implicar escribir cartas u organizar reuniones con los representantes electos.

# Cabildeo

**El cabildeo es un proceso mediante el cual los ciudadanos, ya sea como individuos o como representantes de organizaciones, intentan persuadir a los políticos electos para que apoyen sus puntos de vista en el Gobierno.**

## Aplicar presión

El cabildeo o la influencia sobre los gobiernos no es un fenómeno nuevo. Su nombre inglés (*lobbying*) viene de los pasillos, o *lobbies*, en el Parlamento del Reino Unido, donde los votantes se reúnen para ver a su miembro del Parlamento (MP). El cabildeo es una parte esencial del proceso democrático. En teoría, es algo positivo, en la medida en que permite a las personas informar a los parlamentarios sobre sus preocupaciones y brindarles información valiosa (ver pp. 148-49). Sin embargo, también puede ser un medio para que poderosos grupos de interés influyan en los políticos a expensas del interés público. Por ejemplo, en 2016, tras una intensa campaña de cabildeo de la industria del plástico, el Gobierno del Reino Unido redujo su objetivo para el reciclaje de plástico en casi un 10 por ciento. Las empresas también pueden influir en el Gobierno de forma cuestionable, por ejemplo, pagando a los políticos para que adopten sus causas, en dinero o con ofertas de trabajo bien remunerado.

### Think tanks

Los grupos de presión suelen emplear equipos de expertos, o *think tanks*, para recopilar información y asesorarse sobre cómo influir en los políticos.

## El procedimiento del cabildeo

Los individuos o grupos pueden presionar a los políticos, aunque los grupos más grandes pueden contratar a cabilderos profesionales para que trabajen en su nombre. Los individuos o grupos más pequeños pueden organizar reuniones personales con los legisladores.

### Grupos de interés

El cabildeo, que generalmente conlleva reuniones cara a cara, es practicado por muchos grupos de interés e individuos diferentes. Pueden ser grupos políticos, como Greenpeace, o grupos de intereses especiales dentro del sector empresarial privado.

### Cabildero

Si un grupo de presión tiene suficiente dinero, puede contratar a un cabildero profesional para que hable con los políticos y abogue en su nombre.

## Un negocio lucrativo

El cabildeo se considera parte integral de la política participativa moderna, pero está regulado legalmente en unos pocos países. Por ejemplo, en EE.UU., está protegido por la Primera Enmienda, que garantiza que los miembros del público tienen derecho a «solicitar al Gobierno la reparación de agravios». En todo el mundo, hay una demanda creciente de pautas gubernamentales más estrictas sobre las prácticas del cabildeo, sobre todo porque se ha convertido en un negocio global, muy poderoso y multimillonario.

## LAS PUERTAS GIRATORIAS

En un proceso conocido como «puerta giratoria», muchos políticos dejan sus cargos políticos para convertirse en cabilderos profesionales de las corporaciones a las que ayudaron cuando estaban en el Gobierno. Hacerlo ayuda a esas corporaciones a mantener su capacidad de influir en las decisiones políticas. Es una práctica controvertida, por lo que, en muchos países, es ilegal que los políticos se conviertan en cabilderos tras dejar sus cargos.

### Técnicas directas

Los cabilderos se comunican directamente con legisladores, ministros, funcionarios o cualquier persona relacionada con la aprobación de leyes. Al hacerlo, intentan influir en los procesos de toma de decisiones del Gobierno.

**INVESTIGACIÓN**
Los cabilderos a menudo utilizan *think tanks* para realizar investigaciones, lo que les permite presentar argumentos informados a los legisladores.

**FINANCIAR**
Los grupos de interés poderosos pueden ofrecer donaciones o regalos a partidos o a candidatos que se presentan a un cargo.

**AMENAZAS**
Los cabilderos pueden incluso amenazar a los legisladores señalando las desventajas de no apoyar su causa.

### Técnicas indirectas

El llamado cabildeo «de base» no utiliza cabilderos profesionales, sino que recaba apoyo público para sus causas mediante la celebración de reuniones públicas.

### Presión pública

Una de las prácticas más comunes de los grupos de presión es lograr que los votantes expresen sus opiniones a su parlamentario local, mediante cartas, correos electrónicos, llamadas telefónicas o encuentros personales con el parlamentario.

# Sindicatos

Los sindicatos, formados por asociaciones de trabajadores que se unen para lograr objetivos comunes, como mejores salarios y condiciones de trabajo, también pueden ejercer un poder político significativo.

## El papel de los sindicatos

Los sindicatos reúnen a trabajadores de una industria o profesión. Constan de una membresía, que paga una cuota, personal remunerado y funcionarios, incluido un secretario general electo que suele ser su cara pública.

Su función principal es lograr las mejores condiciones de empleo para sus afiliados: salarios, cobertura por enfermedad y vacaciones, salud y horas de trabajo. Negocian con los empresarios o la patronal en un proceso de «negociación colectiva» en el que hablan en nombre de sus afiliados.

Si todo lo demás falla, los sindicatos tienen una herramienta poderosa: pueden hacer que los afiliados hagan huelga. Además de negociar con los empresarios, los sindicatos también brindan beneficios a los afiliados, como fondos para situaciones de emergencia y asesoramiento legal.

## Solidaridad

Los sindicatos modernos surgieron en el Reino Unido a finales del siglo XVIII, cuando la industrialización creó una nueva clase de trabajadores, que Karl Marx llamó «proletariado» (ver pp. 54-55). Aparecieron sindicatos en otras naciones en vías de industrialización, en particular en Estados Unidos, Alemania, Polonia y Francia. Hoy, Dinamarca, Suecia y Finlandia tienen las fuerzas laborales más sindicalizadas.

Los sindicatos son, por definición, políticos, sobre todo porque unen a los trabajadores. Uno de los dos principales partidos políticos del Reino Unido, el Partido Laborista, surgió del movimiento sindical. En Polonia, el líder sindical Lech Walesa desafió al Partido Comunista Polaco y fue elegido presidente en 1990. Francia puede que tenga la fuerza laboral sindicada más pequeña de la UE (menos del 8 por ciento), pero la acción sindical regularmente lleva al país a un parón, como se vio en 2019-2020, cuando hubo huelgas por los planes de reformas de las pensiones. Sin embargo, los sindicatos se enfrentan hoy al desafío de la globalización y las cambiantes condiciones económicas y sociales.

## ACCIÓN INDUSTRIAL

El arma más poderosa de un sindicato es la huelga o la ralentización del trabajo.

 **Huelga económica** Los empleados dejan de trabajar para exigir mejoras en su bienestar económico, como aumentos salariales y mejores vacaciones y bajas médicas.

 **Huelga solidaria** Una forma de solidaridad en la que un sindicato, que puede no estar en disputa, se declara en huelga para apoyar a otro sindicato que ya está en huelga.

 **Huelga general** Los trabajadores de todas las ocupaciones se declaran en huelga con el objetivo de desorganizar a toda una comunidad o a todo un país.

 **Huelga de celo** Los empleados del sindicato se adhieren estrictamente a las horas y condiciones contratadas y rechazan las horas extras para así ralentizar la producción.

 **Baja médica general** Parte de los trabajadores solicita baja por enfermedad para interrumpir el trabajo. Es lo que hacen los sindicatos policiales, que no pueden ir a la huelga.

## Negociación colectiva

La negociación colectiva, basada en la idea de que las personas logran más unidas que individualmente, es el proceso mediante el cual un grupo de trabajadores negocia «colectivamente» con un empresario a través de representantes sindicales que hablan en nombre de los afiliados. Las negociaciones pueden incluir «líneas rojas», que son condiciones que, si no se cumplen, invalidan las negociaciones. Un convenio colectivo es vinculante para ambas partes. No obstante, la negociación colectiva solo puede tener lugar si el patrón reconoce formalmente al sindicato.

## NEGOCIACIÓN DE LOS DERECHOS DE LOS EMPLEADOS

### Salarios y subsidios
La negociación a menudo se centra en los salarios, las bonificaciones y los subsidios. La negociación salarial puede ser difícil, especialmente en un clima económico pobre.

### Condiciones laborales
Todo cambio en las condiciones de los empleados, como cambios en los contratos o en las normas de sanidad y seguridad, también se negocia a través del sindicato.

### Empresario
Si el sindicato se reconoce oficialmente, el empresario debe realizar todas las negociaciones de los derechos de los empleados a través de ese sindicato.

### Otros asuntos
Los sindicatos negocian temas como los horarios de trabajo, despidos, vacaciones y horarios de trabajo flexibles para padres y cuidadores.

### Ruptura de las negociaciones
Si se rompe la negociación colectiva, los sindicatos pueden buscar el arbitraje o algún tipo de mediación. Como último recurso, se convocará una huelga.

**NEGOCIACIÓN**

### Secretario general
Los sindicatos son jerárquicos y supervisados por un secretario general que es elegido por los miembros.

### Representantes
La mayoría de los sindicatos tienen un comité de negociación que se reúne con los empresarios.

**COMUNICACIÓN**

### Otros sindicatos
Prácticamente todas las profesiones tienen su propio sindicato. Cada uno negocia por sus propios afiliados. Sin embargo, los delegados sindicales se reúnen en congresos para discutir temas que afectan a todos los trabajadores.

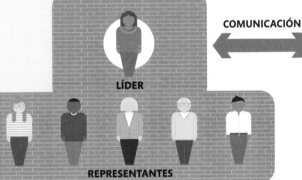

**LÍDER**

**REPRESENTANTES**

### Afiliados
Las cuotas de afiliación se utilizan para financiar las actividades del sindicato y su personal remunerado.

### No afiliados
Los trabajadores no afiliados no reciben beneficios, pero están incluidos en los términos de los convenios.

**AFILIADOS**

**NO AFILIADOS**

> «La base del sindicalismo es la mejora social».

A. Philip Randolph, sindicalista estadounidense y activista por los derechos civiles, discurso de la marcha hacia Washington (1963)

# Activismo y protesta

Los cambios sociales y políticos no ocurren por casualidad, sino que se logran con esfuerzo. Las personas luchan por sus derechos, lo que significa ser activos políticamente y protestar para resaltar la injusticia y forzar el cambio.

## Tomar posición

El activismo y las protestas suelen estallar cuando los gobiernos se niegan a aceptar la necesidad de un cambio. Los activistas pueden actuar solos, como en la huelga escolar de la ecologista sueca Greta Thunberg en 2018, que derivó en una protesta mundial de niños contra el cambio climático en 2019, o colectivamente, como en el movimiento Black Lives Matter (pp. 140-41), que se hizo global tras el asesinato de George Floyd en EE. UU. en 2020.

La lucha por los derechos humanos y el resentimiento por un régimen autoritario han sido los impulsores de la mayoría de las protestas. Entre las más significativas del siglo xx están la lucha de las mujeres por el voto, el movimiento

### Peticiones y cartas

Las protestas escritas en forma de peticiones o cartas a la prensa o a los políticos permiten a los activistas crear conciencia sobre un tema desde casa.

### Redes sociales

El activismo en red, cada vez más popular, permite debatir sobre asuntos en internet. Las campañas de *hashtags* a menudo llegan a una amplia audiencia.

## Tipos de acción

El objetivo de los movimientos de protesta es publicitar los problemas, obtener apoyo y hacer que los legisladores hagan cambios. Mientras que algunos activistas recurren a medios destructivos e ilegales, la mayoría favorecen la acción directa no violenta, una forma de desobediencia civil diseñada para interrumpir la vida diaria y obtener publicidad sin causar daño. La acción directa no violenta de Extinction Rebellion en su intento por resaltar la crisis climática incluye manifestaciones y sentadas.

### Boicots

Negarse a comprar productos puede ser efectivo porque perturba la economía de un país. Un boicot de décadas a los productos sudafricanos ayudó a poner fin al *apartheid* en 1994.

por los derechos civiles, las protestas de la plaza de Tiananmén, en China, en 1989, y las protestas que en 1989 hicieron caer el Muro de Berlín. Entre las protestas más recientes está la Primavera Árabe de 2010-2012.

## Derecho a protestar

El activismo suele verse como de izquierdas, pero no siempre es así; muchas protestas en la pandemia de COVID-19 fueron impulsadas por las preocupaciones de la derecha. Los gobiernos también abordan el activismo de diferentes maneras. En la mayoría de las democracias, el Estado tolera cierto derecho a la protesta, aunque suele haber límites. Los regímenes autoritarios desalientan las protestas y responden con dureza.

> «Aquí estamos, no porque queramos romper la ley, sino por nuestro empeño de convertirnos en legisladoras».
>
> Emmeline Pankhurst, activista británica, discurso en el muelle (1908)

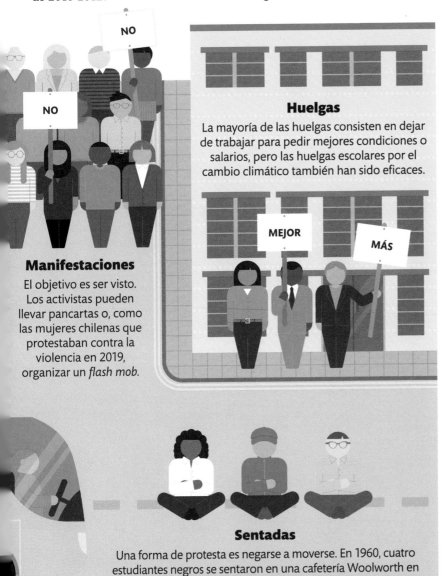

**Manifestaciones**

El objetivo es ser visto. Los activistas pueden llevar pancartas o, como las mujeres chilenas que protestaban contra la violencia en 2019, organizar un *flash mob*.

**Huelgas**

La mayoría de las huelgas consisten en dejar de trabajar para pedir mejores condiciones o salarios, pero las huelgas escolares por el cambio climático también han sido eficaces.

**Sentadas**

Una forma de protesta es negarse a moverse. En 1960, cuatro estudiantes negros se sentaron en una cafetería Woolworth en Greensboro, Carolina del Norte, para protestar por servir solo a blancos. Seis meses después, la cafetería cambió su política.

## EL MOVIMIENTO #METOO

Las mujeres han protestado durante décadas contra el abuso de los hombres. Una de las campañas más exitosas fue el movimiento #MeToo contra el acoso sexual y el abuso de las mujeres. Comenzó en EE. UU. en 2006 cuando la activista Tarana Burke comenzó a usar la frase «yo también» («me too», en inglés) para alentar a otras mujeres a exponer sus relatos de abuso sexual, particularmente en el trabajo. En 2017 hubo denuncias de abuso sexual contra el productor de cine Harvey Weinstein y el movimiento se hizo viral como una campaña en la que mujeres de todo el mundo compartieron sus experiencias y acusaron a hombres poderosos de mala conducta.

# Revoluciones

En una democracia, los ciudadanos pueden cambiar el Gobierno con sus votos. Pero cuando un régimen autoritario se aferra al poder en contra de la voluntad de la mayoría de la gente, el descontento puede conducir a la revolución.

### Exigencia de cambio

Hay muchos tipos de revolución: política, económica, social, religiosa y cultural. Las revoluciones exigen un cambio radical y, en términos de revoluciones sociopolíticas, eso puede significar usar la fuerza para reemplazar un régimen inflexible.

Los siglos XVIII y XIX vieron una ola de revoluciones, iniciada por la Revolución estadounidense (1765-

1791). Los colonos estadounidenses se rebelaron contra Gran Bretaña y lograron la independencia, creando Estados Unidos. La Revolución francesa (1789-1799), influida por esto pero impulsada también por las dificultades económicas y por una rígida monarquía, condujo a la creación de una república. Ambas inspiraron revoluciones en Europa en 1848 contra las monarquías.

### Revuelta de trabajadores

En 1917, la Revolución se extendió por toda Rusia. Los bolcheviques, inspirados por el marxismo, derrocaron la dinastía imperial y establecieron el primer Estado comunista del mundo (ver pp. 54-55). Otros países, como China y Cuba, siguieron su ejemplo. Pero las revoluciones no garantizan el resultado deseado. Así, en la

## Causas de las revoluciones

Las revoluciones pueden desencadenarse por una combinación de factores, como la pobreza, la opresión, la falta de derechos y la negativa de una élite gobernante a hacer cambios. Las tensiones sociales y el descontento suelen acumularse durante años.

**FACTORES INTELECTUALES**
Filósofos políticos como Thomas Hobbes, John Locke y Karl Marx pueden ser influencias de los grupos revolucionarios. También pueden proporcionar un modelo para una sociedad posrevolucionaria.

**FACTORES SOCIALES**
Los disturbios políticos suelen darse cuando los ciudadanos están bajo un régimen opresivo. Finalmente, se forman grupos para exigir un cambio, como sucedió en gran parte del mundo árabe en 2010.

**FACTORES ECONÓMICOS**
Las dificultades económicas provocan muchas revoluciones, como la Revolución francesa. La pobreza, la mala salud, las duras condiciones de trabajo y el hambre pueden generar ira contra la clase dominante.

Unión Soviética, los intentos de imponer el comunismo provocaron hambrunas, penurias y violencia. El país, dirigido por Iósif Stalin, se convirtió en una dictadura de partido único (ver pp. 76-77) y no en un Estado obrero.

Si bien muchas revoluciones se valen de la fuerza y provocan un considerable derramamiento de sangre, esto no siempre es así; el cambio puede lograrse por medios no violentos. En 2001, activistas filipinos derrocaron pacíficamente a su presidente, Joseph Estrada, y en 2004, la Revolución naranja (una serie de protestas masivas en Ucrania) anuló pacíficamente un resultado electoral corrupto.

## «Ningún verdadero cambio social se ha producido sin una revolución».

Emma Goldman, anarquista estadounidense, *Anarquismo y otros ensayos* (1910)

### ✓ DEBES SABER

❯ **Un golpe de Estado** es la toma violenta del poder por un grupo, a menudo el ejército.

❯ **La Ilustración** fue un movimiento intelectual de los siglos XVII y XVIII que promovió ideas de justicia, libertad, fraternidad y separación de Iglesia y Estado.

❯ **El marxismo** es un análisis socioeconómico del capitalismo creado por el filósofo alemán Karl Marx, quien abogaba por una revolución obrera (ver pp. 52-55).

**FACTORES POLÍTICOS**
El objetivo de la mayoría de las revoluciones es liberar a la población de un régimen opresor, ya sea nacional o extranjero. Pueden surgir puntos de inflexión críticos cuando la población ya no puede tolerar que se violen sus derechos.

**DESENCADENANTE**
Las revoluciones ocurren cuando otros medios fallan. El desencadenante puede ser simple, como cuando las mujeres de Rusia exigieron pan en 1917, lo que causó el inicio de la Revolución rusa.

**Un nuevo Gobierno**
La mayoría de las revoluciones pretenden destruir y reemplazar un régimen existente. El nuevo Gobierno suele incluir líderes de la revolución o personas elegidas por ellos.

# RELACIONES INTERNACIONALES

# Conexiones internacionales

Una responsabilidad clave del Gobierno es proteger a sus ciudadanos y defender las fronteras de su país. Sin embargo, también debe asegurarse de que sus fronteras estén abiertas al comercio internacional y de mantener relaciones diplomáticas con otros países. Para ello, los gobiernos de todo el mundo firman regularmente entre ellos tratados políticos y acuerdos comerciales que protegen sus intereses individuales.

## Fronteras internacionales

Las fronteras internacionales varían significativamente, desde las más disputadas, como las que dividen a una población culturalmente unida, hasta las que durante mucho tiempo se han aceptado como divisorias naturales entre pueblos culturalmente distintos. En general, hay tres tipos de fronteras internacionales.

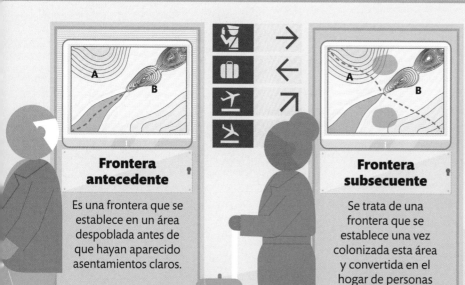

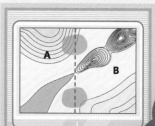

### Frontera antecedente

Es una frontera que se establece en un área despoblada antes de que hayan aparecido asentamientos claros.

### Frontera subsecuente

Se trata de una frontera que se establece una vez colonizada esta área y convertida en el hogar de personas de una cultura particular.

### Frontera superpuesta

Es una frontera artificial creada por poderes externos con poca consideración por las poblaciones locales, como las naciones europeas cuando colonizaron África.

## FRONTERAS MARÍTIMAS

Toda las áreas de tierra de nuestro planeta están rodeadas de agua, que actúa como una frontera política natural para muchos países. Sin embargo, no todas las costas son iguales, y no siempre es fácil juzgar exactamente dónde se encuentran el mar y la tierra. Por esta razón, la Convención de las Naciones Unidas sobre el Derecho del Mar establece que existe un límite marítimo a 22 km hacia el mar desde una línea de base que se considera el borde de la costa de un país. Más allá de estas aguas territoriales se encuentra una zona económica exclusiva, que se extiende 370 km mar adentro y otorga a un país el derecho a explotar el mar y el lecho marino en esa área. Más allá de esta zona se encuentran las aguas internacionales, que están sujetas al derecho internacional.

«En el siglo XXI, estamos definidos no por nuestras fronteras, sino por nuestros lazos».

Barack Obama, presidente de EE. UU. (2010)

## Regulaciones fronterizas

En las últimas décadas, las fronteras se han vuelto cada vez más reguladas, como en áreas que han experimentado aumentos en la migración, y menos reguladas, como entre países que han firmado tratados de cooperación regional legalmente reconocidos.

### Frontera abierta

Una frontera abierta, como las que hay entre los Estados de la UE, permite que las personas se muevan libremente entre países con pocas restricciones.

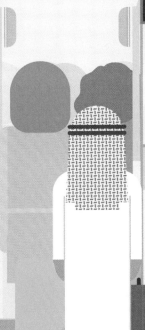

### Frontera regulada

Una frontera regulada, como la que existe entre Estados Unidos y México, impone diferentes grados de control sobre el movimiento de personas y mercancías.

### Frontera desmilitarizada

Una frontera desmilitarizada crea una zona en la que las potencias en conflicto acuerdan cesar la actividad militar, como entre Corea del Norte y Corea del Sur.

# Diplomacia

Los diplomáticos tienen un papel vital en las relaciones internacionales. Su función es influir en las decisiones de gobiernos extranjeros a través de una combinación de negociación y persuasión no violenta.

## Los primeros diplomáticos

Antiguamente, la diplomacia se ocupaba en gran medida de las relaciones entre vecinos y tenía poco que ver con el establecimiento de bases permanentes para los embajadores en el extranjero. Los diplomáticos representaban a sus gobiernos para hacer acuerdos comerciales, asegurar aliados o evitar conflictos. Generalmente, eran miembros de la aristocracia cercanos al gobernante que podían ayudar a financiar los viajes que tenían que hacer.

La Iglesia católica proporcionó uno de los primeros modelos modernos de diplomacia, basado en un elaborado sistema legal y un marco institucional que reunía a los consejos de la Iglesia de todo el mundo. Las primeras ciudades-Estado italianas, como Venecia y Génova, también sentaron las bases de la diplomacia moderna al establecer los primeros enviados residentes. El más famoso de ellos fue el erudito florentino Nicolás Maquiavelo (ver pp. 26-27).

## Política exterior

La profesionalización de la diplomacia fue de la mano de la creciente especialización de los departamentos gubernamentales. En 1626, el cardenal Richelieu (1585-1642) estableció en Francia el primer ministerio de relaciones exteriores moderno. Se dio cuenta de que la diplomacia era una de las herramientas más importantes del Gobierno y que tenía que estar alineada con las prioridades de la política estatal, tanto en el interior como en el exterior.

Dado el gran coste de las guerras, al comienzo de la Edad Moderna la diplomacia se transformó para centrarse más en mantener la paz y evitar los conflictos. Las primeras conferencias de paz europeas intentaron proporcionar marcos duraderos para la estabilidad política alentando a los Estados poderosos a trabajar y gobernar juntos. El concierto europeo, que se creó en 1814, sentó las bases para el sistema internacional actual, que depende en gran medida de las instituciones internacionales para gestionar los asuntos políticos que conciernen a las principales potencias mundiales.

> ### ✔ DEBES SABER
>
> ❯ **La diplomacia preventiva** busca contener las crisis internacionales. Iniciada por las Naciones Unidas, fue utilizada por el secretario general U. Thant cuando intervino en la Crisis de los Misiles en Cuba en 1962.
>
> ❯ **Las negociaciones bilaterales** involucran a dos partes. A menudo se usan para nivelar las expectativas, obtener concesiones y mantener el compromiso.
>
> ❯ **Los acuerdos** son pactos formales entre Estados.

«Una diplomacia exitosa implica el alineamiento de los objetivos y de los medios».

Atribuido a Dennis Ross, diplomático estadounidense

## Tender la mano

Los diplomáticos son más necesarios cuando dos o más Estados entran en conflicto. Por ello, los diplomáticos gozan de inmunidad diplomática cuando trabajan en el extranjero. Esto garantiza que no puedan ser detenidos y que sus pertenencias no puedan ser incautadas.

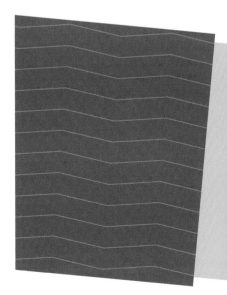

### El servicio diplomático

El cuerpo de diplomáticos y funcionarios de política exterior de un gobierno se conoce como su «servicio diplomático». Su función es comunicarse con los gobiernos de otros países.

### Embajadas

Las misiones diplomáticas permanentes en países extranjeros están en las embajadas, que sirven como lugares donde los ciudadanos del Estado invitado pueden protegerse, si es necesario, del Estado anfitrión.

### Tratados

Una negociación puede terminar en un tratado, que, según el derecho internacional, es vinculante; una convención, que es menos formal; o un protocolo, que prorroga, modifica o reemplaza un acuerdo existente.

### Sanciones

Si los Estados no logran ponerse de acuerdo sobre cuestiones importantes, pueden imponer sanciones. Estas pueden ser económicas y comerciales, embargos de armas, prohibiciones de viaje y restricciones financieras o de productos básicos.

## CASO PRÁCTICO

### El tratado nuclear iraní

En 2015, Irán firmó con varias potencias mundiales un acuerdo histórico, conocido como el Plan de Acción Integral Conjunto (PAIC), en el que prometía desmantelar su programa de investigación nuclear. A cambio, la comunidad internacional levantó las sanciones que le había impuesto a Irán para evitar que desarrollara armas nucleares, sanciones que le estaban costando al país miles de millones de dólares. Las negociaciones involucraron a la UE, EE. UU. y otros seis países y tardaron dos años en completarse.

# Organizaciones internacionales

Las organizaciones internacionales globales son cuerpos políticos que incluyen miembros de más de una nación. Su objetivo es unir a los Estados para abordar problemas globales y trabajar hacia objetivos comunes.

## Asuntos globales

Históricamente, las organizaciones políticas internacionales, como la Liga de las Naciones, eran plataformas en las que los Estados expresaban sus prioridades a una audiencia global para así alcanzar objetivos compartidos. Debido a la globalización y la propagación de crisis globales, como la pandemia de COVID-19 y el cambio climático, los Estados ahora deben considerar no solo sus propias prioridades, sino también las del mundo en general. Por ello, las organizaciones internacionales a menudo tienen hoy «voz» e identidad propias, y a veces actúan independientemente de los intereses de sus Estados miembros. La más poderosa es la Organización de las Naciones Unidas (ONU), establecida en 1945 (ver recuadro), cuyo objetivo es evitar o resolver conflictos entre Estados a través de medios diplomáticos no violentos. Desde 2021, la ONU tiene 193 Estados miembros (así como dos Estados observadores: Palestina y la Santa Sede).

Además de la Asamblea General y el Consejo de Seguridad, la ONU también trabaja

## La ONU

La ONU es la organización internacional global más reconocida. Trabaja con una variedad de organizaciones internacionales especializadas para abordar temas como la seguridad global, la justicia internacional, los derechos humanos, la sanidad, el cambio climático, la migración y la seguridad alimentaria y del agua.

### Fondo Monetario Internacional (FMI)

Fomenta el crecimiento económico y brinda asistencia financiera a los países de bajos ingresos. Actualmente tiene 28 000 millones de dólares en préstamos pendientes a 74 Estados.

# 97 millones

de personas de 88 países recibieron comida y asistencia de la ONU en 2020.

Departamento de Comunicaciones Globales de la ONU (2021)

### Banco Mundial

El Banco Mundial trabaja en más de cien países. Proporciona préstamos a bajo interés, créditos sin intereses y subvenciones a los países más pobres para el desarrollo de la educación, la salud y la infraestructura.

con 15 agencias especializadas para lograr sus objetivos (ver más abajo). El objetivo de estas y otras organizaciones es proporcionar reglas que permitan a los Estados comerciar y comunicarse de manera más efectiva, y ayudar a evitar desastres humanitarios causados por pandemias, guerras y cambio climático.

## FUNDACIÓN DE LAS NACIONES UNIDAS

La ONU se creó en 1945 para mejorar la cooperación internacional tras la Segunda Guerra Mundial (1939-1945) y sucedió a la Sociedad de Naciones. Cincuenta gobiernos participaron en la conferencia de San Francisco que redactó la Carta de las Naciones Unidas y estableció sus objetivos originales: mantenimiento de la paz y la seguridad internacionales, desarrollo de relaciones amistosas entre las naciones y promoción del progreso social, mejores niveles de vida y derechos humanos.

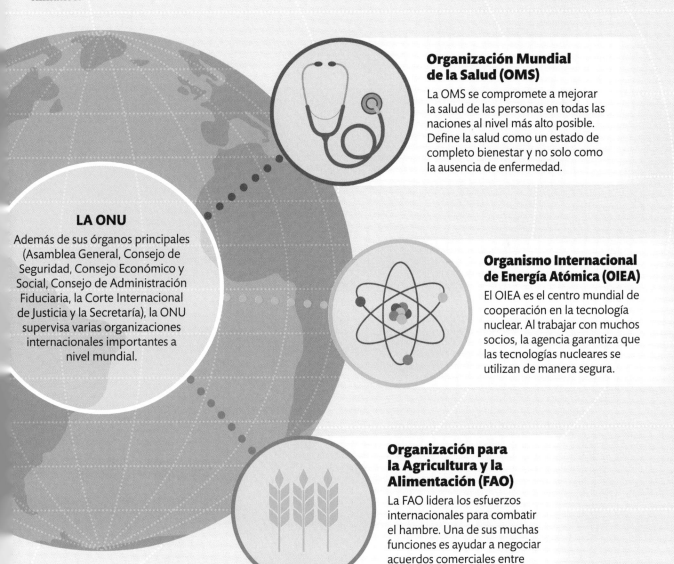

### Organización Mundial de la Salud (OMS)

La OMS se compromete a mejorar la salud de las personas en todas las naciones al nivel más alto posible. Define la salud como un estado de completo bienestar y no solo como la ausencia de enfermedad.

### LA ONU

Además de sus órganos principales (Asamblea General, Consejo de Seguridad, Consejo Económico y Social, Consejo de Administración Fiduciaria, la Corte Internacional de Justicia y la Secretaría), la ONU supervisa varias organizaciones internacionales importantes a nivel mundial.

### Organismo Internacional de Energía Atómica (OIEA)

El OIEA es el centro mundial de cooperación en la tecnología nuclear. Al trabajar con muchos socios, la agencia garantiza que las tecnologías nucleares se utilizan de manera segura.

### Organización para la Agricultura y la Alimentación (FAO)

La FAO lidera los esfuerzos internacionales para combatir el hambre. Una de sus muchas funciones es ayudar a negociar acuerdos comerciales entre países de bajos y altos ingresos.

# Organismos internacionales

Para las naciones soberanas, formar parte de un organismo internacional (OI) puede conllevar una serie de beneficios, desde acuerdos comerciales favorables hasta apoyo militar.

## Fuerza por la unidad

Los organismos internacionales reúnen a dos o más Estados para trabajar en temas de interés común. Para ello, todos sus miembros firman un tratado, lo que da a la organización un estatus legal, distinguiéndola de otras reuniones económicas o políticas más informales. El tratado vincula a todos sus signatarios a una sola jurisdicción (un sistema de tribunales de justicia) que trasciende el poder de los tribunales nacionales y permite que se resuelvan las disputas y se celebren

## Bloques comerciales

Los organismos internacionales se forman a menudo para ayudar a reducir o eliminar las barreras al comercio entre los Estados. Pueden adoptar la forma de áreas comerciales preferenciales que se enfocan en productos particulares; zonas de libre comercio con arancel externo común; mercados comunes que aseguren la libertad de movimiento de capital, mano de obra y bienes y servicios; y uniones económicas y monetarias (ver el recuadro a continuación).

### CASO PRÁCTICO

#### El euro

La introducción de la moneda europea, el euro, el 1 de enero de 1999, fue el cambio monetario más grande de la historia. Al principio, lo adoptaron 12 estados miembros de la UE, pero hoy es la moneda de 19 de los 27 países de la UE. Hay más de 1,3 billones de euros en circulación. Es la segunda moneda de reserva más grande, y la segunda más negociada del mundo después del dólar estadounidense.

### Unión Europea (UE)

La UE es una unión económica y política de 27 estados miembros, situados en Europa. Tiene un mercado interior único con un sistema legal estandarizado que se aplica a todos los miembros.

### Tratado entre México, Estados Unidos y Canadá (T-MEC)

Promulgado en 2020 para sustituir al Tratado de Libre Comercio de América del Norte (TLCAN) de 1994, el T-MEC es un acuerdo comercial entre Estados Unidos, México y Canadá.

### Comunidad del Caribe (CARICOM)

Creada en 1973, promueve la integración económica y la cooperación entre sus 15 Estados miembros, que son relativamente pequeños en términos de población y producción económica, y afrontan retos similares.

### Mercado Común del Sur (Mercosur)

Formado por Argentina, Paraguay, Brasil y Uruguay, es el mayor bloque comercial de Sudamérica. Venezuela fue suspendida en 2016 por violar los derechos humanos.

### Unión Africana (UA)

Reemplazó en 2001 la Organización de la Unidad Africana. Sus 55 Estados miembros se reúnen dos veces al año para promover el crecimiento sostenible, la unidad y la cooperación.

nuevos acuerdos. Pueden actuar con una autoridad casi estatal. Un beneficio obvio de formar un bloque de este tipo es económico: juntos, los Estados miembros representan una base de manufactura más poderosa y un mercado de consumo más grande, lo que da a la organización una mayor influencia cuando se trata de negociar acuerdos comerciales con terceros.

## Más allá de la economía

Estos organismos cumplen muchos propósitos más allá del comercio y varían en tamaño y alcance, desde organizaciones globales, como la ONU (ver pp. 164-65) o la Organización Internacional de Policía Criminal

(INTERPOL), más especializada, que permite a sus 194 Estados miembros compartir datos de delincuentes y delitos, hasta otros que sirven a los intereses de una región en particular o se enfocan en un tema específico. La Organización del Tratado del Atlántico Norte (OTAN), por ejemplo, se dedica a la defensa regional. Sin embargo, no todos basan sus criterios de afiliación en la geografía: así, por ejemplo, a la Organización de Países Exportadores de Petróleo (OPEP) solo pueden unirse los países productores de petróleo.

Todo esto tiene un precio: la voluntad de ceder cierto grado de soberanía y cumplir con las prioridades del organismo internacional.

### Unión Económica Euroasiática

Fundada en 2014, la UEE une a Armenia, Bielorrusia, Kazajistán, Kirguistán y Rusia en un mercado único integrado de libre comercio de 180 millones de personas.

### Asociación Sudasiática para la Cooperación Regional

La ASACR es una unión geopolítica de 8 Estados del sur de Asia, incluidos India y Pakistán, y 9 Estados observadores. Abarca el 21 % de la población mundial.

### Asociación de Naciones del Sudeste Asiático (ASEAN)

Los 10 miembros de la ASEAN incluyen algunas de las economías de más rápido crecimiento del mundo. También facilita la integración política, militar y social.

### Liga Árabe

Formada en 1945, la liga ha pasado de 6 a 22 miembros, casi todos de África y Oriente Medio.

### Foro de las Islas del Pacífico (PIF)

Tiene como objetivo mejorar el bienestar económico y social de los pueblos del Pacífico Sur fomentando la cooperación entre sus 18 Estados miembros.

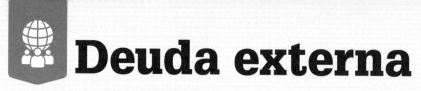

# Deuda externa

La deuda externa es el dinero que un gobierno toma prestado de acreedores fuera del país. Puede dar un alivio económico muy necesario a corto plazo, pero también conlleva riesgos.

### Pedir prestado fuera

Los Gobiernos a menudo necesitan recaudar dinero tomando prestado de otro país o de un prestamista internacional, como un banco comercial o una institución financiera como el Fondo Monetario Internacional (FMI), el Banco Mundial (BM) o el Banco Asiático de Desarrollo (BAsD). Los motivos pueden ser diversos: por ejemplo, los mercados de deuda locales pueden no ser capaces de satisfacer las necesidades de financiación del Estado, sobre todo en economías emergentes. Los prestamistas extranjeros también pueden ofrecer tasas más competitivas y períodos de pago más flexibles.

Bien administrada, la deuda externa puede mejorar el nivel de vida de un país, permitirle invertir en infraestructuras o servicios esenciales como la educación, e impulsar el crecimiento económico.

La capacidad de los países para obtener préstamos los ayuda a financiar el crecimiento, no solo en los países en vías de desarrollo sino también en los más ricos. EE.UU., por ejemplo, tiene la mayor deuda externa de todos, actualmente valorada en más de 22 billones de dólares, y le siguen el Reino Unido, Francia, Alemania y Japón.

### Deuda sostenible

Una gran deuda externa no es necesariamente un problema. Los países con frecuencia mantienen un nivel de deuda externa que se considera «sostenible» si pueden cumplir con sus obligaciones de pago. La cifra más común utilizada

## PRESTAR COMO ARMA POLÍTICA

En 2017, China se convirtió en el mayor acreedor oficial del mundo, superando al Banco Mundial y al FMI. Una parte significativa de esos préstamos ha consistido en apoyar la Iniciativa de la Franja y Ruta (BRI) de China. Esta es una estrategia adoptada por los chinos en 2013 para invertir en alrededor de 70 países y organizaciones internacionales. Se ha prestado dinero a países para invertir en carreteras, vías férreas y otras infraestructuras, y está destinado a estimular el crecimiento económico. En respuesta, los países del G7, encabezados por EE.UU., lanzaron su proyecto Build Back Better World en 2021 para contrarrestar la influencia del proyecto chino BRI.

## Préstamos globales

El Banco Mundial ha sido tradicionalmente el principal prestamista mundial. No es un banco, sino una organización internacional que existe para proporcionar préstamos baratos a los países en desarrollo y financiar grandes proyectos de infraestructura, de modo que esos países puedan abordar la pobreza y la desigualdad. El FMI es un organismo que otorga préstamos a los países miembros (90) que experimentan problemas para pagar su deuda externa.

### Acreedores bilaterales

Son los países que prestan a otros. China es actualmente el principal acreedor bilateral internacional.

### Acreedores multilaterales

Son organizaciones globales que promueven el crecimiento económico, como el Banco Mundial.

### Acreedores comerciales

Incluyen corporaciones, bancos e individuos que prestan en términos comerciales determinados por las fuerzas del mercado.

### Plazos y condiciones

Los acreedores multilaterales y bilaterales suelen ofrecer préstamos vinculados, lo que significa que los fondos deben utilizarse para un propósito definido o están vinculados a la implementación de un conjunto de políticas. Los acreedores comerciales normalmente no hacen demandas de este tipo.

para evaluar la deuda de un país es su deuda total en proporción al producto interior bruto (PIB).

### Deuda insostenible

Los problemas surgen cuando la deuda como proporción del PIB es demasiado alta. Esto sucedió en la crisis de la deuda de América Latina en los años ochenta, cuando varios países llegaron a un punto en el que la deuda externa superó su poder adquisitivo. Los ingresos cayeron, el desempleo aumentó y el sistema bancario casi se colapsó. Estos países recurrieron al FMI, que prestó dinero a cambio de reformas en favor del capitalismo de libre mercado. Si bien los préstamos son una fuente viable de financiación, el FMI alienta a los países a gastar los fondos públicos de manera eficiente, a reducir la corrupción y a mejorar el entorno empresarial en general.

## 19,5 billones de dólares aumentó la deuda global por motivo de la pandemia de COVID-19.

Bloomberg (2021)

# Barreras comerciales internacionales

Los Gobiernos utilizan las barreras comerciales para imponer restricciones al comercio internacional, con miras a proteger la industria nacional, aumentar sus ingresos fiscales o tomar represalias contra otros Estados.

## Proteger los intereses domésticos

Las barreras comerciales, como los aranceles, son una interferencia estatal en el comercio internacional. Todos los Gobiernos las usan en alguna medida para desalentar las importaciones y fomentar las exportaciones. La imposición de aranceles a los bienes importados, por ejemplo, evita que se rebajen productos nacionales similares. Asimismo, las cuotas y subsidios estatales (ver abajo) buscan fomentar la producción local. Otro enfoque es restringir o prohibir la inversión extranjera en fábricas y maquinaria nacionales. Pero estas medidas «proteccionistas» no siempre tienen el efecto deseado. Las empresas extranjeras con frecuencia pueden eludirlas estableciendo una fábrica en ese país.

Muchos países menos desarrollados dependen de los aranceles para complementar los ingresos fiscales que, de otro modo, sería difícil recaudar. También es posible que no puedan proporcionar los subsidios necesarios

## Tipos de barreras

Pueden imponerse varios tipos de barreras para limitar el flujo de mercancías entrantes y salientes del país, como aranceles, que muchas veces conducen a precios más altos, y barreras no arancelarias, como cupos o restricciones a la exportación.

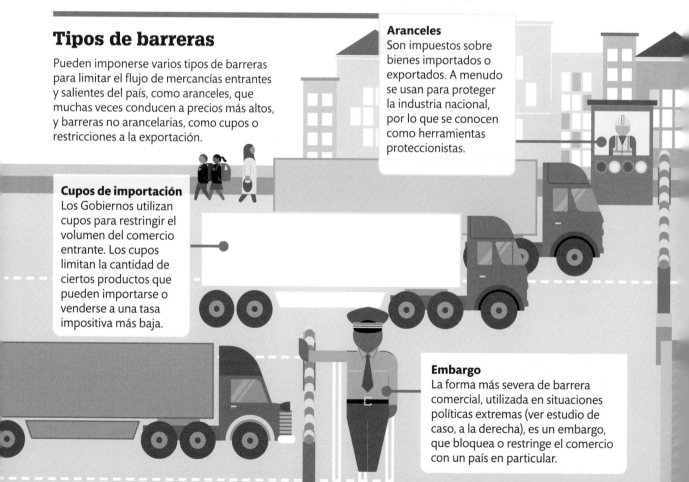

**Aranceles**
Son impuestos sobre bienes importados o exportados. A menudo se usan para proteger la industria nacional, por lo que se conocen como herramientas proteccionistas.

**Cupos de importación**
Los Gobiernos utilizan cupos para restringir el volumen del comercio entrante. Los cupos limitan la cantidad de ciertos productos que pueden importarse o venderse a una tasa impositiva más baja.

**Embargo**
La forma más severa de barrera comercial, utilizada en situaciones políticas extremas (ver estudio de caso, a la derecha), es un embargo, que bloquea o restringe el comercio con un país en particular.

para que las industrias nacionales compitan en un mercado global.

Si bien la mayoría de los economistas prefieren el libre comercio al proteccionismo, las barreras comerciales siguen siendo una herramienta política útil. Un Gobierno que apoya su industria, reduce el desempleo y mantiene los estándares de calidad tiende a ganarse el favor de los ciudadanos, al igual que uno que adopta una postura dura sobre la competencia desleal o impone sanciones a un país por los abusos a los derechos humanos o por amenazas para la paz.

### CASO PRÁCTICO

#### Embargo comercial entre Cuba y EE. UU.

En 1962, EE. UU. impuso un embargo total sobre el comercio con Cuba en respuesta a la llegada al poder de Fidel Castro. El embargo, que se mantendrá hasta que Cuba cumpla con los estándares requeridos de democracia y derechos humanos, bloquea casi todo el comercio con el país. Los viajes turísticos están prohibidos, pero los ciudadanos estadounidenses pueden ir ahora a Cuba por razones concretas, como visitar a familiares.

### Subsidios

A veces, los gobiernos ofrecen subsidios (ayuda financiera) a las industrias nacionales, como la agricultura o los productores de energía, para ayudarlas a ser más competitivas y desarrollar nuevas tecnologías.

### Prescripciones en materia de contenido nacional

Las prescripciones en materia de contenido nacional establecen que las empresas deben utilizar bienes o servicios fabricados o suministrados localmente.

### Restricciones voluntarias de exportación

También llamadas «visas de exportación», se acuerdan para limitar la cantidad de algunas exportaciones y disuadir al Estado importador de imponer barreras.

# Comercio y colonización

El descubrimiento de nuevas rutas comerciales en el Atlántico y en Asia en el siglo XV abrió el mundo a Europa. Esto condujo a una era de expansión colonial cuyos efectos todavía perduran en muchos países actuales.

## De la colonización a la independencia

Entre 1500 y 1900, varias naciones europeas colonizaron numerosas regiones del resto del mundo. Los españoles y los portugueses se dividieron América del Sur, mientras que los británicos y los franceses lucharon entre sí por el control de América del Norte. La India se convirtió en la colonia más valiosa del Imperio británico y África se convirtió en un mosaico de territorios gobernados por diferentes potencias europeas. Al mismo tiempo, millones de esclavos de África fueron transportados a América, donde fueron utilizados como mano de obra para lucrativos cultivos, como algodón, tabaco, arroz y azúcar.

Aunque la mayoría de las colonias de Europa son ahora independientes, muchas de ellas aún tienen cicatrices del dominio colonial. Algunas sufrieron guerras civiles, a menudo porque sus fronteras habían sido trazadas por europeos que no tenían interés en los límites que antes existían entre los grupos étnicos. Muchos de estos grupos se convirtieron en apátridas y desde entonces se han visto marginados por los regímenes que llegaron al poder cuando las colonias se independizaron. Siglos de interferencia extranjera también han dejado a muchos de estos países rezagados tecnológicamente y dependientes de la ayuda extranjera.

**Riqueza reinvertida**
El colonialismo permitió a las potencias europeas invertir aún más en la industria y la tecnología, lo que a su vez ayudó a su capacidad para dominar el comercio mundial.

**COLONIZADOR**

## DESCOLONIZACIÓN

El período moderno del colonialismo europeo llegó a su fin después de la Segunda Guerra Mundial. Esto se debió principalmente a que la guerra había sido costosa y las potencias europeas ya no podían permitirse mantener sus territorios de ultramar. Sin embargo, también se debió a que los europeos habían alistado a los pueblos indígenas en sus respectivos imperios para luchar por la «libertad y la democracia» contra la Alemania nazi y el Japón imperial, lo que a su vez expuso la hipocresía del sistema colonial.

## Mercantilismo

El mercantilismo (opuesto al libre comercio) fue un sistema económico que dominó el comercio europeo en el período colonial. Los Estados aumentaban su influencia a expensas de las potencias rivales con la imposición de aranceles elevados a los bienes de otros países, prohibiendo a las colonias comerciar con otras naciones, designando ciertos puertos como mercados para determinados bienes, limitando los salarios y maximizando el uso de los recursos.

## Materias primas baratas

Las naciones europeas colonizaron otros países para controlar sus recursos naturales, importando materias primas a la madre patria para producir bienes manufacturados.

MATERIAS PRIMAS

BIENES MANUFACTURADOS

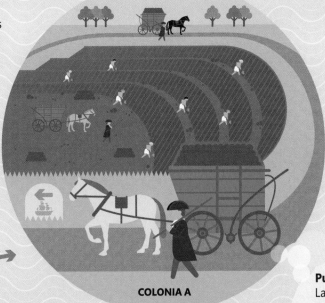

COLONIA A

## Pueblos colonizados

Las colonias dieron un suministro de mano de obra barata y, a menudo, esclavizada. Su población se convirtió en mano de obra dependiente de sus colonizadores.

## Comercio restringido

A las colonias con frecuencia se les prohibía comerciar por sí mismas. Por ejemplo, el comercio de las colonias inglesas en América solo podía realizarse en barcos ingleses, y ciertos bienes solo podían enviarse directamente a Europa.

MATERIAS PRIMAS

BIENES MANUFACTURADOS

COLONIA B

## Bienes manufacturados caros

Las colonias sirvieron como mercados para los bienes exportados. También dependían cada vez más de Europa para que les proporcionara tecnologías sofisticadas.

# Globalización

El término «globalización» se refiere a la creciente interconexión e integración de las economías, culturas y personas del mundo. El proceso se ha acelerado por los avances tecnológicos y el aumento del comercio.

## Red de naciones

La globalización incluye un aumento en el comercio, la inversión, las finanzas, el movimiento de personas y el flujo de tecnología entre las naciones. Ha sido impulsado por los avances en las comunicaciones, particularmente internet, las políticas de eliminar las barreras al comercio y las finanzas globales. Está ligada al surgimiento de empresas multinacionales que controlan la producción de bienes y servicios en diferentes países.

Si bien la globalización se refiere generalmente a cambios durante la segunda mitad del siglo xx, hubo fases anteriores de globalización. El período entre 1600 y 1800 vio un notable aumento en el comercio y el intercambio cultural con el

### Tecnología

Los avances tecnológicos, como internet, permiten transmitir los datos instantáneamente en todo el mundo.

### Poder político

Los gobiernos han abordado conjuntamente problemas internacionales. Algunos afirman que la globalización ha reducido la importancia del Estado.

### Economía y comercio

El crecimiento del comercio internacional ha dado lugar a un mayor número de transferencias financieras globales, inversiones y empresas multinacionales.

### Medio ambiente

El aumento del consumo, la producción y el comercio mundial ha ejercido una gran presión sobre el medio ambiente y ha contribuido a la crisis climática.

surgimiento de imperios europeos y empresas multinacionales, como la Compañía Británica de las Indias Orientales. Esta fase estuvo ligada a la expansión del capitalismo. En los últimos 200 años, el capitalismo y el auge del neoliberalismo han hecho que los países occidentales eliminen las barreras al comercio, las finanzas y la inversión.

## ¿Progreso o problema?

Los partidarios de la globalización creen que ha llevado a niveles sin precedentes el crecimiento económico, ha producido avances tecnológicos que han ayudado a sacar a millones de personas de la pobreza y ha dado un mayor acceso a la tecnología. Destacan el aumento de los intercambios culturales, por ejemplo en deporte, música y gastronomía.

Los críticos de la globalización, por su parte, creen que, en realidad ha aumentado enormemente la desigualdad en todo el mundo, pues gran parte de la riqueza ha ido a parar a una pequeña élite internacional, dejando a millones de personas en una situación económica peor. Además, los detractores sugieren que la globalización erosiona la soberanía nacional y la democracia, y genera enormes costes ambientales al ejercer una presión insostenible sobre el uso de los recursos naturales en todo el mundo.

## CASO DE ESTUDIO

### Starbucks

La cadena de cafeterías Starbucks comenzó con una sola cafetería en la ciudad estadounidense de Seattle en 1971. Tras lograr un éxito nacional considerable en los años siguientes, la empresa buscó la expansión global y abrió su primera cafetería fuera de América del Norte en 1996. Starbucks adoptó una estrategia de expansión agresiva de saturar los mercados locales, debido a la cual los cafés locales a menudo eran incapaces de competir. En 2019, había más de 30 000 cafés en 80 países. Su expansión ha tenido un impacto cultural significativo, creando una cultura de cafetería en lugares donde antes el café no era popular.

### Comunidad

La interacción entre personas de todo el mundo ha reforzado la idea de una comunidad global, pero algunos afirman que es a expensas de las comunidades locales.

**19** **billones de dólares en bienes se comercializaron globalmente en 2019.**

Informe de la Conferencia de las Naciones Unidas sobre Comercio y Desarrollo (2020)

### Cultura

La transmisión de ideas y valores ha sido impulsada por el movimiento de personas y los cambios tecnológicos, incluidas las redes sociales y los servicios de *streaming*.

## Un mundo interdependiente

Los procesos de globalización han hecho que lo que sucede en una parte del mundo afecte cada vez más a otras, y hace que el mundo sea más interdependiente. Esta dependencia mutua afecta a la economía mundial, así como a distintos aspectos de la sociedad, como la tecnología, el comercio, la política, la cultura o el medio ambiente.

# Guerra y paz

A lo largo de la historia, las naciones han entrado en guerra por diversas razones, por ejemplo para lograr nuevos recursos, para recuperar territorios perdidos en conflictos anteriores o para defenderse de los agresores. Las guerras también pueden estallar dentro de un país, ya sea entre el Gobierno y grupos de oposición o entre regiones en conflicto. Durante estas luchas, los políticos y diplomáticos pueden trabajar para establecer la paz entre las partes en conflicto.

**DISPUTA**

La semilla de la guerra se siembra cuando dos países, o facciones en un país, tienen una disputa que no pueden resolver por medios pacíficos.

**AMENAZA**

A medida que aumentan las tensiones entre las partes, la amenaza de guerra se vuelve real. Esa amenaza puede ser suficiente para convencer a los antagonistas de llegar a un acuerdo.

**Avances**

La guerra se puede evitar si las dos partes resuelven rápidamente su desacuerdo.

**Resolución**

Si los antagonistas encuentran una solución que sirva para ambos lados, se puede evitar la guerra.

«La guerra es fea, pero no es lo más feo. [El] sentimiento patriótico que piensa que nada merece una guerra es algo mucho peor».

John Stuart Mill, filósofo y político británico,
*La lucha en América* (1862)

## TIPOS DE GUERRA

### Guerras entre naciones

Las guerras entre Estados, como la franco-prusiana (1870-1871) o la Irán-Irak (1980-1988), ponen en juego grandes ejércitos y, a menudo, comienzan con una invasión. Atraen la mayor atención internacional porque los antagonistas son Estados reconocidos y, con frecuencia, aliados con otros países.

### Guerras civiles

Los conflictos internos muchas veces comienzan como disputas entre el Gobierno en el poder y una región o facción que ve al Gobierno como ilegítimo u opresor. En numerosas ocasiones, como en la guerra civil española (1936-1939), los dos bandos están armados o financiados por otros países.

**REAPARECEN TENSIONES SUBYACENTES**

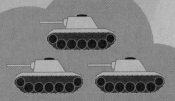

### GUERRA

Si las partes rivales no logran resolver su disputa pacíficamente, la guerra se vuelve inevitable. Un lado puede atacar al otro, que luego puede tomar represalias del mismo modo.

### PAZ FRÁGIL

Después de un alto el fuego, los antagonistas pueden acordar la paz. Sin embargo, si su disputa subyacente no se resuelve, pronto pueden reanudar el conflicto.

## El ciclo de la guerra

En muchas regiones del mundo, las guerras estallan repetidamente entre los mismos antagonistas, a pesar de los esfuerzos de los pacificadores para resolver cada crisis. Este ciclo tiene un patrón predecible y se genera por el hecho de que ambas partes no logran ponerse de acuerdo sobre una solución a la disputa. Si la guerra es por el territorio o la soberanía de una nación, la solución a menudo parece imposible y el conflicto solo se intensifica a medida que aumentan las bajas en ambos lados.

### Paz permanente

Los oponentes pueden romper el ciclo de la guerra si resuelven permanentemente su disputa.

# El derecho a la guerra

La «teoría de la guerra justa» es una rama de la ética que examina cuándo se justifica que una nación entre en guerra y cómo deben comportarse las fuerzas militares durante los conflictos.

## Justificar el conflicto armado

La cuestión de cómo las naciones pueden ir a la guerra de forma justificada fue planteada en el mundo antiguo. No obstante, fue el filósofo cristiano san Agustín de Hipona (354-430 d. C.) quien utilizó por primera vez la expresión «guerra justa» y otro filósofo cristiano, santo Tomás de Aquino (1225-1274), quien la definió como se entiende hoy. Tomás de Aquino sostenía que la guerra se justifica si la ordena el soberano legítimo, se libra por una causa justa (como repeler una invasión) y los guerreros buscan hacer el bien y no el mal. También sostenía que no se puede justificar no hacer la guerra cuando hacerlo terminaría con la injusticia. Teóricos del derecho como Hugo Grotius (1583-1645) y Luigi Taparelli (1793-1862) desarrollaron estas ideas y fueron fundamentales para convertirlas en un conjunto de principios reconocidos internacionalmente.

En el siglo xx, estos principios se habían convertido en derecho internacional y se aplicaron por primera vez en las conferencias de paz de La Haya de 1899 y 1907. Más tarde, respaldaron la Convención de Ginebra de 1949 y la Convención de la ONU sobre el Estatuto de los Refugiados de 1951. Sin embargo, la legislación internacional solo se aplica a los Estados soberanos

## La ética de la guerra

Tradicionalmente, los teóricos de la guerra justa han argumentado que hay dos criterios que pueden usarse para justificar ir a la guerra. El primero es *jus ad bellum* (derecho a la guerra), que establece que las razones para ir a la guerra son justas. El segundo es *jus in bello* (derecho durante la guerra), que establece que la guerra se libre de forma justa y con la debida consideración para evitar bajas civiles. Con todo, más recientemente, los teóricos han agregado un tercer criterio, *jus post bellum* (derecho después de la guerra), que establece que los enemigos derrotados sean tratados con humanidad, se les dé un juicio justo y no se les castigue de manera desproporcionada.

> **«No buscamos la paz para estar en guerra, sino que vamos a la guerra para tener paz».**
>
> San Agustín de Hipona, carta a Bonifacio, citado en la *Summa Theologica* (*c.* 1265-1273) de santo Tomás de Aquino

ANTES

### *Jus ad bellum*

La guerra está justificada si corrige una gran injusticia, si es el último recurso y si no inflige una injusticia aún mayor al enemigo. Debe ser proporcionada, tener una alta probabilidad de éxito y estar comandada por una autoridad legítima.

reconocidos y, por tanto, solo puede aplicarse cuando los combatientes representan a dichos Estados y sus decisiones. Por ello, la comunidad internacional está bajo una presión creciente para replantear el derecho internacional y que se aplique a otros tipos de conflicto, como las guerras civiles, que a menudo son financiadas por otros países que buscan sus propios intereses.

## Establecer la paz

Otro tema planteado por los teóricos de la guerra justa es cómo una nación victoriosa debe tratar a una nación enemiga derrotada. Por ejemplo, muchos historiadores han argumentado que el surgimiento del nazismo en Alemania fue alentado por las reparaciones punitivas impuestas a la nación después de la Primera Guerra Mundial, y que la forma en que termina una guerra puede influir en la siguiente (ver pp. 46-47).

### LA CRUZ ROJA

El Comité Internacional de la Cruz Roja (CICR) lo fundó el suizo Henri Dunant en 1863, cuatro años después de la batalla de Solferino, en la que murieron o fueron heridos más de 40 000 soldados. Originalmente llamado Comité Internacional de Socorro a los Heridos, el CICR fue la primera organización en movilizar el apoyo médico para los soldados a nivel internacional y en garantizar que recibieran protección legal después de la batalla. Desde entonces, su misión se ha ampliado para incluir la protección de los civiles, la mediación entre las partes en conflicto, el tratamiento de los prisioneros de guerra y la negociación con las autoridades de detención. Los voluntarios del CICR llevan un brazalete blanco con una cruz roja, símbolo que les da protección en virtud del derecho internacional. El CICR es parte del Movimiento Internacional de la Cruz Roja y de la Media Luna Roja.

### DURANTE

### *Jus in bello*

Durante la guerra, la violencia debe ser proporcionada, solo debe usarse contra combatientes enemigos y solo para obtener una clara ventaja militar. Se debe minimizar el daño a los civiles y se debe tratar con humanidad a los prisioneros de guerra.

### DESPUÉS

### *Jus post bellum*

Cuando termina una guerra, los vencedores deben declarar públicamente su victoria y acordar los términos de la paz con una autoridad enemiga legítima. No deben buscar venganza y deben juzgar con justicia a los líderes y combatientes enemigos.

# Alianzas y neutralidad

En las relaciones internacionales, una alianza es un acuerdo formal entre dos o más países para el apoyo mutuo en caso de guerra. Un Estado neutral no apoya ni ayuda a ninguna de las partes en un conflicto.

## Fuerza en el número

Los Estados forman alianzas para fortalecerse ante las amenazas o para potenciar su poder. Las alianzas han sido una característica de la política mundial desde la Antigüedad. El *Artha-Shastra*, un texto sánscrito del siglo IV a. C. sobre el arte de gobernar, aconseja que los países busquen alianzas con Estados distantes contra los vecinos, siguiendo el proverbio «el enemigo de mi enemigo es mi amigo». El conflicto que asoló Europa de 1914 a 1918 involucró a tantas naciones formadas en dos alianzas opuestas (los Aliados y las Potencias Centrales) que se convirtió en la primera «guerra mundial». Tras la Segunda Guerra Mundial (1939-1945), algunos países combatientes crearon nuevas alianzas

## Alianzas y coaliciones

En el caso de un ataque a una nación en una alianza, los otros miembros de esa alianza están obligados a acudir en su defensa. En ese sentido, existen alianzas para actuar en una crisis que aún no se ha producido. Esto difiere de las coaliciones, que se forman para una acción militar específica y se disuelven después.

### Principales combatientes

Dos países entran en hostilidades. Uno puede haber agredido al otro, pero el resultado final es un conflicto armado entre sus dos ejércitos.

### Aliados

Los países involucrados en el conflicto pertenecen a alianzas o coaliciones militares, y esos países socios toman partido y se unen a las hostilidades.

durante la Guerra Fría en forma de la Organización del Tratado del Atlántico Norte (OTAN), que reunió a EE.UU. y países de Europa occidental, y el Pacto de Varsovia, liderado por la Unión Soviética.

## Permanecer neutral

Algunos países prefieren evitar las alianzas, con el argumento de que estas pueden llevarlos a conflictos. Pueden optar por ser neutrales, evitando participar en guerras de otros países. Un ejemplo es Suiza, que, desde que estableció su neutralidad en 1815, no ha luchado en una guerra exterior, un modo de garantizar la seguridad exterior y promover la paz. Pese a ello, mantiene un ejército permanente en caso de ataque. Costa Rica es neutral desde 1948 al abolir su ejército.

Los conflictos modernos rara vez involucran a combatientes legalmente reconocidos. Con mayor frecuencia se trata de conflictos menos fáciles de definir, como la llamada Guerra contra el Terror de EE.UU. contra grupos extremistas tras los ataques del 11 de septiembre. Es probable que las guerras del futuro adopten nuevas formas, como la guerra cibernética, y la comprensión tradicional de las alianzas también deberá cambiar.

> «No tenemos aliados eternos, y no tenemos enemigos perpetuos».

Lord Palmerston, primer ministro británico, en un discurso en la Cámara de los Comunes (1848)

### Neutrales

Puede haber países vecinos a los involucrados en el conflicto que se abstengan de tomar partido y decidan permanecer neutrales.

## TIPOS DE NEUTRALIDAD

Hersch Lauterpacht (1897-1960), estudioso del derecho internacional, identificó varios tipos de neutralidad.

> **Neutralidad permanente:** Cuando el estatus de un Estado es neutral por medio de un tratado especial. Ejemplos: Austria, Malta, Suiza y Turkmenistán.

> **Neutralidad general y parcial:** Cuando solo una parte del territorio de un país es neutral, por ejemplo, por tratado. Esto sucedió cuando el Tratado de Londres de 1864 reconoció la isla griega de Corfú como «perpetuamente neutral», aunque esa neutralidad fue violada posteriormente en varias ocasiones.

> **Neutralidad voluntaria y convencional:** Difieren en que un Estado neutral es en algunos casos puramente voluntario, mientras que en otros casos un Estado puede estar obligado por tratado a permanecer neutral.

> **Neutralidad armada:** Cuando un país mantiene un ejército para protegerse si es atacado. Este es el caso de Serbia y Suiza.

> **Neutralidad cualificada:** Permite que un país brinde ayuda a un país no neutral. Por ejemplo, Japón es un país neutral, pero tiene bases militares estadounidenses.

# Terrorismo

El terrorismo es el uso ilegal de la violencia para lograr fines políticos, ya sea contra civiles durante la guerra o en tiempo de paz. Es un término que se utilizó por primera vez durante la Revolución francesa de 1789-1799.

## Violencia política

«Terrorismo» y «terrorista» se empezaron a usar ampliamente en los años setenta, sobre todo en relación con los actos de violencia cometidos durante los conflictos de Irlanda del Norte, el País Vasco e Israel-Palestina. Desde entonces, se han asociado a atentados suicidas y actos de violencia indiscriminados, como los ataques de noviembre de 2008 en Bombay, la India, en los que murieron 172 personas.

Estas acciones tienen en común que no fueron perpetradas por soldados contra otros soldados en un campo de batalla, sino por grupos no militares o individuos que atacaron específicamente a civiles en un momento en que los perpetradores y el país objetivo de los terroristas no estaban en guerra. Sin embargo, los terroristas pueden llamarse a sí mismos soldados e interpretar las condiciones de paz en que viven como una declaración permanente de guerra por parte de sus enemigos. Por ejemplo, cuando Osama bin Laden, cofundador de la

## Objetivos terroristas

Los ataques terroristas tienen por objeto intimidar a una población u obligar a un Gobierno a algo. Pueden dirigirse a individuos específicos, grupos aleatorios de personas o infraestructura, como tuberías de gas o redes de comunicaciones.

### ASESINATO POLÍTICO

Los terroristas a menudo tienen como objetivo a figuras políticas. Por ejemplo, el nacionalista serbio Gavrilo Princip asesinó al archiduque Francisco Fernando de Austria en 1914.

### CIVILES

Los civiles son frecuentemente víctimas de los ataques terroristas. Por ejemplo, en 2004 militantes islámicos hicieron estallar bombas en Madrid, España: mataron a 193 personas e hirieron a unos 2000.

«[...] con la educación podemos luchar contra el terrorismo, no con las armas».

Malala Yousafzai, ganadora del Premio Nobel de la Paz (2014)

organización militante panislámica al-Qaeda, declaró la guerra a EE.UU. en 1998, lo hizo para vengar lo que calificó como un siglo de humillación que había sufrido el mundo árabe a manos de Occidente. También afirmó que matar civiles estaba justificado porque, en las democracias, los civiles son responsables de las acciones de los gobiernos a los que votan.

Tales argumentos han sido utilizados por muchos grupos terroristas, quienes con frecuencia acusan a sus enemigos de perpetrar «terrorismo de Estado». Finalmente, los terroristas pueden incluso provocar a un enemigo para que entre en guerra, como cuando una coalición liderada por Estados Unidos invadió Afganistán en 2001 en respuesta a los ataques al World Trade Center.

## LOS FRACASOS DEL TERRORISMO

Después de estudiar cientos de grupos terroristas contemporáneos, la profesora Audrey Kurth Cronin de la American University concluyó que el terrorismo como táctica política no funciona. En un informe de 2011, señaló que ninguna organización terrorista ha sido capaz de tomar el control de un Estado y que el 94 por ciento de ellos no ha logrado ni siquiera uno de sus objetivos.

## INFRAESTRUCTURAS

En 2020, el gasoducto árabe explotó en Siria, lo que provocó un apagón en todo el país. La explosión se atribuyó a un grupo terrorista antigubernamental.

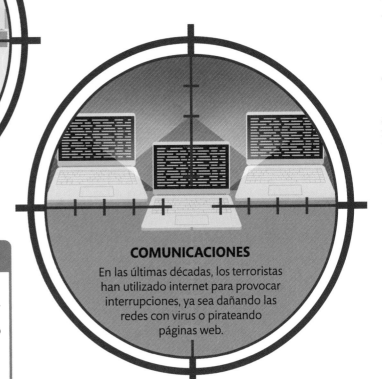

## COMUNICACIONES

En las últimas décadas, los terroristas han utilizado internet para provocar interrupciones, ya sea dañando las redes con virus o pirateando páginas web.

## LUCHADORES POR LA LIBERTAD

Que se considere o no a un grupo una organización terrorista es algo que a menudo cambia con el tiempo. Por ejemplo, el Ejército de Tierra y Libertad de Kenia, conocido como Mau Mau, resistió el dominio británico en Kenia desde finales de la década de 1940 hasta principios de la de 1960. Durante el conflicto, los británicos los consideraron terroristas. Sin embargo, desde entonces han sido ampliamente reconocidos como luchadores por la libertad que allanaron el camino para la independencia de Kenia en 1963.

# Preocupaciones globales

Hay muchos problemas apremiantes que afectan a todo el mundo y que, por tanto, no pueden ser resueltos por países individuales. Estos temas se conocen colectivamente como «preocupaciones globales». Las instituciones globales que tienen miembros de todo el mundo, como las Naciones Unidas (ONU), a menudo están mejor posicionadas para abordar estos problemas al establecer prioridades y presionar a los gobiernos para que acuerden un conjunto común de acciones.

## Los objetivos de la ONU

Si bien la ONU está enfocada en sus objetivos centrales, su atención se ha dirigido hacia nuevos desafíos globales, como el medio ambiente. En 2000, 192 Estados miembros de la ONU acordaron alcanzar una serie de 8 Objetivos de Desarrollo del Milenio para 2015. Estos ahora se han ampliado a 17 Objetivos de Desarrollo Sostenible para 2030.

**1 TERMINAR CON LA POBREZA**
Poner fin a todas las formas de pobreza, un problema que empeoró con la pandemia de COVID-19, para todas las personas del mundo.

**2 ERRADICAR EL HAMBRE**
Poner fin al hambre, garantizar la seguridad alimentaria, impulsar la nutrición y hacer que la agricultura sea sostenible.

**3 BUENA SALUD Y BIENESTAR**
Promover una vida saludable y el bienestar de las personas de todas las edades y mejorar la esperanza de vida en todo el mundo.

**4 EDUCACIÓN DE CALIDAD**
Brindar educación de alta calidad e igualdad de oportunidades para aprender en cualquier etapa de la vida.

**5 IGUALDAD DE GÉNERO**
Garantizar el empoderamiento de mujeres y niñas y promover la igualdad de derechos, independientemente del género.

**6 AGUA LIMPIA Y SANEAMIENTO**
Hacer que el agua limpia, gestionada de manera sostenible, esté disponible para todos en todo el mundo, junto con un saneamiento mejorado.

## CASO PRÁCTICO

### La ONU y las vacunas contra la COVID-19

La ONU coordinó la respuesta mundial a la pandemia de COVID-19 desde el principio, al ver que no se trataba solo de una crisis sanitaria, sino también económica que ha puesto de manifiesto las desigualdades a nivel global. La OMS describió las medidas de salud pública que todos los países deberían implementar, con un enfoque urgente en las naciones más pobres. Además de proporcionar vacunas para todo su personal, la ONU ha presionado desde entonces a los Gobiernos para que donen vacunas a países que las necesitan con urgencia.

El **45**% de los **niños de menos de 5 años del mundo** reciben **vacunas que** pueden salvarles la vida de la **ONU y sus aliados.**

UNICEF (2021)

**7 — ENERGÍA LIMPIA Y ASEQUIBLE**
Brindar a todas las personas acceso a fuentes de energía seguras, sostenibles, asequibles y fiables.

**8 — TRABAJO DECENTE Y CRECIMIENTO ECONÓMICO SOSTENIBLE**
Apuntar al crecimiento sostenible y al empleo productivo, seguro, bueno e inclusivo.

**9 — INDUSTRIA, INNOVACIÓN E INFRAESTRUCTURA**
Hacer que las infraestructuras sean resistentes y mejorar la sostenibilidad de la industria.

**10 — REDUCIR LAS DESIGUALDADES**
Reducir las desigualdades de ingresos dentro y entre países, y ayudar a las personas que se han convertido en refugiados.

**11 — CIUDADES Y COMUNIDADES SOSTENIBLES**
Hacer que las ciudades y otros asentamientos urbanos sean seguros y sostenibles para todos, con calles, áreas abiertas y transporte público.

**12 — PRODUCCIÓN Y CONSUMO RESPONSABLES**
Impulsar la producción y el consumo sostenible de alimentos.

**13 — ACCIÓN CLIMÁTICA**
Actuar para abordar el cambio climático y sus impactos en las comunidades, los ecosistemas y la producción de alimentos.

**14 — VIDA BAJO EL AGUA**
Preservar el océano, combatir la contaminación y la sobrepesca, y garantizar el uso sostenible de todos los recursos marinos.

**15 — VIDA EN LA TIERRA**
Proteger los ecosistemas, restaurar la tierra y los bosques, y prevenir la desertificación y la pérdida de biodiversidad.

**16 — PAZ, JUSTICIA E INSTITUCIONES SÓLIDAS**
Fomentar sociedades pacíficas e inclusivas, poner la justicia al alcance de todos y crear instituciones responsables.

**17 — ALIANZAS PARA LOS OBJETIVOS**
Garantizar el desarrollo sostenible alentando a los países de ingresos más altos a ayudar a los países de ingresos más bajos.

# Migración

**Los seres humanos migran en busca de nuevos recursos y oportunidades, así como en respuesta a las dificultades causadas por conflictos armados, violaciones de derechos humanos o desastres ambientales.**

## Patrones de migración

Se estima que unos 272 millones de personas viven fuera de sus países de nacimiento o ciudadanía, un número que ha aumentado en los últimos años. En conjunto, representan el 3,5 por ciento de la población mundial.

La emigración adopta dos formas: voluntaria, que consiste en trasladarse al extranjero por motivos de trabajo, estudios o para reunirse con la familia; y forzada, que es salir para escapar de la persecución, el conflicto, la represión o los desastres naturales. Aquellos obligados a emigrar, a menudo denominados «refugiados», están legalmente protegidos por la Convención de la ONU sobre Refugiados de 1951. Esta establece que el primer país en el que encuentran refugio, una vez registrados formalmente como refugiados, está obligado a brindarles asistencia y protección mientras persista la amenaza en su país de origen. Las crisis de refugiados representan actualmente el crecimiento más rápido en el número de inmigrantes globales, aunque el número de refugiados en realidad ha disminuido en los últimos años.

## Impacto en los países

La migración internacional cambia la composición económica, demográfica, racial, étnica y religiosa del país anfitrión. Por ello, la llegada de inmigrantes siempre tiene un impacto social. Algunos pueden percibir esto positivamente, tal vez notando la contribución de los recién llegados a la economía, el aumento en la tasa de natalidad y la mayor diversidad cultural. Otros pueden ver el impacto social de forma negativa, como una pérdida de servicios sociales o una causa de tensiones en la comunidad debido a la segregación de las poblaciones.

## LA CRISIS DE LOS REFUGIADOS SIRIOS

El conflicto en Siria comenzó en marzo de 2011, al ser reprimidas las manifestaciones en favor de la democracia. La violencia se extendió por todo el país y Siria se sumió rápidamente en una guerra civil. Como resultado, más de la mitad de la población del país (unos 13,5 millones de sirios) se vio obligada a abandonar sus hogares. De los desplazados, 6,8 millones de refugiados y solicitantes de asilo (inmigrantes que solicitan la condición de refugiado) huyeron a países vecinos, como Turquía, Líbano, Jordania e Irak, o más lejos, a Europa y Estados Unidos. Los que permanecen en Siria se enfrentan a una crisis humanitaria.

## Causas

Si bien la persecución, la guerra, los desastres naturales, las presiones económicas y el deseo de reunirse con familiares siguen siendo algunas de las principales causas de la migración, el contrabando y la trata de personas son motivo de creciente preocupación. Se estima que dos millones de mujeres y niños son objeto de trata cada año en todo el mundo como parte de una red delictiva cada vez más organizada.

### Persecución

La opresión por el origen étnico, la religión, la raza, la política o la cultura de una persona puede empujarla a dejar su país de origen.

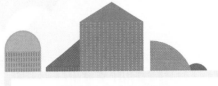

Cuanto más rápido se integre la población inmigrante, por ejemplo, con el empleo, más probable es que se vea su efecto positivo.

Los inmigrantes internacionales hacen contribuciones significativas, no solo en sus países de acogida, donde a menudo llenan las brechas de empleo y ayudan a regenerar las economías regionales, sino también en sus países de origen, ya que con frecuencia menudo envían dinero a casa a los miembros de la familia que se quedan.

## Un futuro mejor

En los últimos años, los países que más inmigrantes han recibido son Alemania, Estados Unidos, Turquía, Canadá, Reino Unido, Uganda y Colombia. La gente viaja a estos y otros países en busca de mejores perspectivas.

## Desastres

Es muy probable que los terremotos, las inundaciones y sequías o las enfermedades hagan aumentar la migración mundial en el futuro.

## Reunirse con familiares

Es una razón importante para la migración. EE. UU. otorga un 65 por ciento de las visas permanentes para la reunificación familiar.

## Guerra

Los conflictos contribuyen a los mayores aumentos de migración internacional.

## Economía

Las personas buscan mejores oportunidades económicas, mejores perspectivas educativas y un mejor nivel de vida en el extranjero.

# El 45 %
## de las compañías de la lista Fortune 500 las fundaron inmigrantes o hijos de inmigrantes.

The New American Economy Research Fund (2019)

# Geopolítica

La geografía siempre ha desempeñado un papel importante en la configuración del panorama político, en particular el equilibrio de poder entre las naciones.

## El equilibrio de poder

Los países, los imperios y las potencias coloniales siempre han tratado de hacerse con el control de los territorios, las poblaciones y los recursos naturales clave para garantizar su supervivencia. La mayoría de las guerras se han librado sobre esa base y, aunque la agresión es ilegal según el derecho internacional, la geografía sigue desempeñando un papel crucial en la política internacional.

Los teóricos geopolíticos intentan comprender cómo la naturaleza cambiante de los recursos del mundo influye en el poder de los países. En el pasado, su objetivo era asesorar a los países para maximizar el poder en un entorno en constante cambio y evitar el conflicto. Argumentaban que esto podría lograrse con un «equilibrio de poder», con el cual los países poderosos se alinearan de forma que quedasen en equilibrio. La Guerra Fría fue un ejemplo de un equilibrio de poder.

## Mar y tierra

Muchos teóricos predijeron la caída de los primeros imperios europeos y el surgimiento de nuevas potencias, como Rusia, EE. UU. y China, que controlarían los territorios más extensos y ricos en recursos. También discutieron sobre qué factores determinarían qué Estados dominarían el mundo moderno.

## Competir por el control

Los pensadores geopolíticos predicen que el panorama político del futuro estará dominado por Estados Unidos y China. Tanto si uno de ellos domina al otro como si se mantiene algún tipo de equilibrio de poder entre ellos, existen varias cuestiones geopolíticas que pueden definir su relación.

**Mano de obra barata**
Muchos países, sobre todo en el subcontinente indio y el sudeste asiático, brindan mano de obra barata a las multinacionales, lo que puede dar pie a la explotación.

**Control de fronteras**
Con la migración en aumento, muchos territorios, como EE. UU. y la Unión Europea, están tomando medidas cada vez más fuertes para asegurar sus fronteras.

**Rutas comerciales**
En un mundo cada vez más globalizado, con industrias que dependen de productos extranjeros, el control y el mantenimiento de las rutas comerciales son cada vez más críticos.

**Fuga de cerebros**
Muchos países dan trato preferencial a inmigrantes con habilidades clave, por lo que los países más pequeños están perdiendo sectores completos de especialistas.

Alfred Thayer Mahan (1840-1914) sostenía que el control de los mares era esencial, y otros, como Halford Mackinder (1861-1947), afirmaban que el factor clave era el control de Eurasia.

Hoy, además de la preocupación tradicional sobre las rutas comerciales y el control de los mares, se tiene en cuenta una amplia gama de factores que influyen en las decisiones estatales, como el cambio climático, el acceso a los alimentos, las presiones para expandir la tierra cultivable, la globalización y el mercado de mano de obra barata, el cibercrimen y los efectos del aumento de la migración.

# 6 billones de dólares le costó el cibercrimen a la economía global en 2021.

McAfee, empresa de seguridad de software (2021)

### Rutas energéticas

Proteger las rutas de energía es fundamental para garantizar un acceso fiable a la energía. Algunos países están dispuestos a modificar su política exterior para hacerlo.

### Tierra cultivable

Con el aumento de la población, muchos países necesitan más acceso a la tierra cultivable para producir alimentos.

### Cambio climático

El calentamiento global amenaza con ejercer nuevas presiones significativas sobre el acceso a tierras y recursos viables.

### Explotar los mares

Las nuevas tecnologías han permitido realizar una explotación extensiva de los mares, lo que ha llevado a los países a apresurarse a hacerse con el control de nuevos territorios.

## CASO PRÁCTICO

### Un nuevo Ártico

La desaparición del hielo del Ártico está abriendo nuevas rutas marítimas, lo que podría acortar las rutas de navegación y dar acceso a nuevas fuentes de petróleo y gas. Los ocho miembros del Consejo Ártico (Canadá, Dinamarca, Finlandia, Islandia, Noruega, Rusia, Suecia y EE. UU.) están ansiosos por mantener el control sobre estas rutas y recursos. Por ello, han incrementado sustancialmente su presencia militar en la región.

# Ayuda exterior

Históricamente, los países solo ayudaban a sus aliados militares o a sus territorios coloniales. Sin embargo, en la era moderna, muchos gobiernos ven como un deber ofrecer asistencia a los países en desarrollo.

## Los orígenes de la ayuda exterior

Hasta hace poco, había dos tipos de ayuda exterior: la asistencia militar entre aliados y la asistencia de infraestructura de una potencia a sus colonias. Tras la Segunda Guerra Mundial, aparecieron dos nuevos factores: el Plan Marshall, de Estados Unidos, que dio ayuda a 16 países europeos, y nuevas organizaciones internacionales, como las Naciones Unidas y el Banco Mundial (ver pp. 164-65), que desempeñaron un papel crucial en la determinación de la asignación de ayuda exterior en el período de posguerra. Otros importantes programas de ayuda dirigidos por países comenzaron como iniciativas para administrar las reparaciones

después de la Segunda Guerra Mundial (pagadas en particular por Alemania y Japón) y para entregar ayuda a las antiguas colonias después de que obtuvieran la independencia.

## Ayuda Oficial al Desarrollo (AOD)

La AOD es el tipo más común de ayuda exterior en la actualidad. Dirigida a promover el desarrollo y combatir la pobreza, suele otorgarse en forma de subvenciones, aunque a veces adopta la forma de préstamos de Gobiernos, organizaciones internacionales u ONG. Los mayores donantes de ayuda son los miembros de la Organización para la Cooperación y el Desarrollo

## Entrega de ayuda exterior

La ayuda exterior ha tenido un impacto significativo en todo el mundo. Desde 1990, ha ayudado a muchos países a salir de la pobreza extrema, ha reducido a la mitad las tasas de mortalidad materna e infantil, ha aumentado la esperanza de vida de 65 años a más de 72 años y ha reducido considerablemente las muertes por enfermedades como la viruela, la poliomielitis y la malaria.

**Educación**
La ayuda para la educación sigue siendo crucial, especialmente después de la pandemia de COVID-19, que ha interrumpido el aprendizaje de 1600 millones de estudiantes.

**Agricultura**
La asistencia agrícola ayuda a los países a producir alimentos. Esto reduce la pobreza y muchas fuentes de conflicto, lo que a su vez aumenta la estabilidad global.

**Agua**
El agua potable es crucial para la salud y para evitar la propagación de enfermedades. La mayoría de los fondos de ayuda para el agua se destinan al África subsahariana.

Económicos (OCDE) y su Comité de Asistencia para el Desarrollo. Estos representan a los países de Europa occidental, Estados Unidos, Canadá, Japón, Australia, Nueva Zelanda, Brasil, China, Islandia, India, Turquía y Emiratos Árabes Unidos, entre otros.

Desde la década de 1970, la referencia internacional para la ayuda exterior ha sido el 0,7 por ciento de la renta nacional bruta (RNB) de un país. Solo un pequeño número de países (Dinamarca, Luxemburgo, Reino Unido, Noruega y Suecia) ha cumplido este objetivo. Aunque EE.UU. sigue siendo el mayor donante, la ayuda exterior representa solo el 0,18 por ciento de su RNB.

## «La ayuda exterior es una inversión, no un gasto».

Kay Granger, político estadounidense, *HuffPost* (2011)

### TIPOS DE AYUDA EXTERIOR

La ayuda exterior corre a cargo de instituciones, que van desde Gobiernos hasta organizaciones benéficas.

› **La ayuda bilateral** es asistencia directa de gobierno a gobierno.

› **La ayuda multilateral** es cuando varios Gobiernos unen recursos con organizaciones como el Banco Mundial, el Fondo Monetario Internacional y la ONU.

› **La ayuda ligada** es la que el país receptor debe gastar en bienes producidos por el país prestamista.

› **La ayuda voluntaria** es una donación caritativa, sobre todo cuando los países sufren una crisis humanitaria.

› **La ayuda a proyectos** es la asistencia en la financiación de un proyecto específico.

› **La ayuda militar** es similar a la ayuda ligada, pero es específica para armas y suministros militares.

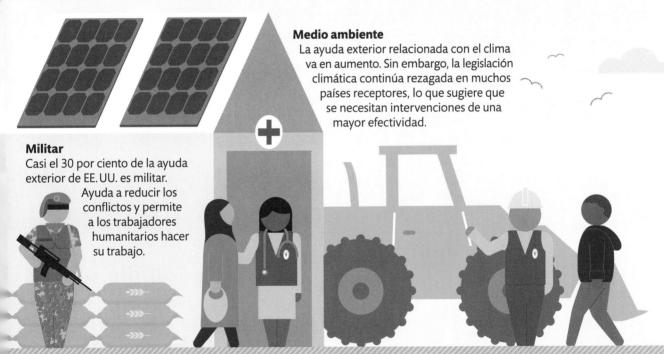

**Medio ambiente**
La ayuda exterior relacionada con el clima va en aumento. Sin embargo, la legislación climática continúa rezagada en muchos países receptores, lo que sugiere que se necesitan intervenciones de una mayor efectividad.

**Militar**
Casi el 30 por ciento de la ayuda exterior de EE.UU. es militar. Ayuda a reducir los conflictos y permite a los trabajadores humanitarios hacer su trabajo.

**Humanitaria**
La ayuda humanitaria o de emergencia brinda ayuda a personas de todo el mundo afectadas por desastres naturales y conflictos armados.

**Sanitaria**
La ayuda exterior para la salud se centra en los desafíos sanitarios que afectan a los países de bajos ingresos, como el sida, la malaria y la desnutrición.

**Formación**
Formar a la población local en nuevas habilidades, ya sea como trabajadores de la construcción o como oficiales de policía, ayuda a reducir su necesidad de apoyo extranjero.

# Desafíos medioambientales

El calentamiento global exige que reduzcamos drásticamente la cantidad de gases de efecto invernadero, como el dióxido de carbono, que producimos. Sin embargo, un cambio de estas características requiere un fuerte liderazgo internacional.

## Acuerdos internacionales

El Acuerdo de París fue el primer tratado internacional vinculante sobre cambio climático. Lo firmaron en 2015 196 gobiernos al amparo de la ONU y su objetivo era evitar que la temperatura media mundial aumente 2 °C por encima de los niveles preindustriales. Aunque ponía las bases de una visión compartida y prometía apoyo financiero a los firmantes, no tenía un mecanismo para hacerlo cumplir. Al mismo tiempo, la ONU marcó los Objetivos de Desarrollo Sostenible (ver pp. 184-85)

## Gases de efecto invernadero

Para bajar la temperatura global, debemos reducir la cantidad de gases de efecto invernadero. Esto implica repensar las siguientes áreas clave de la actividad humana, cada una de las cuales contribuye al calentamiento global.

### Electricidad

La producción de electricidad mediante la quema de carbón, gas natural o petróleo representa el 25 por ciento de todas las emisiones de gases de efecto invernadero.

### Transporte

La gasolina y el diésel del transporte son el 12 por ciento de las emisiones. La aviación, el transporte marítimo y el tren son el 1,9, el 1,7 y el 0,4 por ciento, respectivamente.

### Construcción

Las viviendas y los edificios comerciales producen el 6 por ciento de las emisiones, ya sea quemando combustibles fósiles para calefacción o usando productos tóxicos.

a los que deberían aspirar los países, aunque no eran jurídicamente vinculantes.

Muchos expertos en medio ambiente (ver pp. 64-65) sostienen que los gobiernos deben tomar medidas más drásticas. Una de ellas sería ajustar la fiscalidad y los incentivos de la industria para aumentar la innovación verde y disminuir la dependencia de fuentes de energía muy contaminantes. Se ha visto que los impuestos al carbono, por ejemplo, reducen las emisiones de este gas. Sin embargo, aunque unos 25 países han utilizado este impuesto, pocos lo han fijado lo bastante alto como para que suponga una reducción significativa de las emisiones de gases de efecto invernadero.

## AFRONTAR LOS HECHOS

Los expertos en medio ambiente alertan a los gobiernos sobre los problemas del comportamiento humano.

> **Desperdicio alimentario:** Cada año se pierde o se desperdicia un tercio de los alimentos del planeta (unos 1300 millones de toneladas).

> **Pérdida de biodiversidad:** La población animal se ha reducido en más del 68 por ciento desde 1970.

> **Contaminación por plásticos:** Más de 11 millones de toneladas de plástico van a los océanos anualmente.

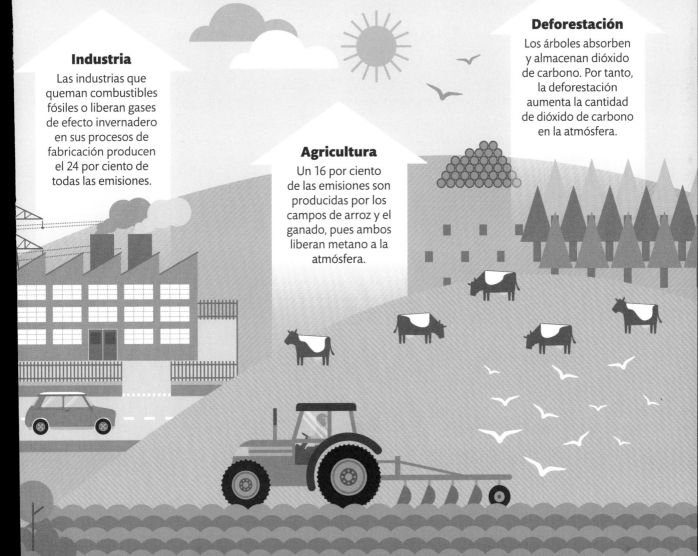

### Industria
Las industrias que queman combustibles fósiles o liberan gases de efecto invernadero en sus procesos de fabricación producen el 24 por ciento de todas las emisiones.

### Agricultura
Un 16 por ciento de las emisiones son producidas por los campos de arroz y el ganado, pues ambos liberan metano a la atmósfera.

### Deforestación
Los árboles absorben y almacenan dióxido de carbono. Por tanto, la deforestación aumenta la cantidad de dióxido de carbono en la atmósfera.

# GOBIERNOS DEL MUNDO

Este capítulo da una visión general de los principales Gobiernos del mundo en la actualidad. Está organizado por regiones geográficas y explora la amplia gama de sistemas políticos que han evolucionado en las últimas décadas, la mayoría de los cuales tienen sus raíces en ideas y prácticas que se remontan a cientos de años, si no miles. Aunque muchos sistemas políticos son similares, no hay dos que sean exactamente iguales. Cada uno de ellos tiene su propia filosofía y estilo de administración, moldeados por la historia y la cultura específicas del país.

## CLAVE

- ⦿ Capital
- 👤 Población
- 💬 Idiomas principales
- 🏛 Sistema político
- 👤 Jefe de Estado

# América del Norte y Centroamérica

Todos estos países practican alguna forma de gobierno democrático y tienen derechos civiles consagrados por ley. Sin embargo, la violencia y la corrupción en partes de América Central socavan la estabilidad política.

## Canadá

- ⊙ Ottawa
- 🧍 38,2 millones
- 🗨 Inglés, Francés
- 🏛 Monarquía constitucional federal
- 👤 Monarca del Reino Unido, representado por el gobernador general

### Uniendo culturas

Canadá, una federación de antiguas colonias británicas compuesta por 13 provincias y territorios, utiliza el sistema parlamentario británico. El monarca del Reino Unido está representado por el gobernador general y el primer ministro dirige el Gobierno. La Cámara de los Comunes (Cámara Baja) se elige directamente por cinco años, y los senadores de la Cámara Alta (Senado) son elegidos por el primer ministro sin un período fijo. Los partidos políticos a menudo han creado coaliciones de grupos y regiones, práctica conocida como «política de pactos». La provincia de Quebec es mayoritariamente francófona; un referéndum en 1995 rechazó la independencia de Canadá por un margen del 1 por ciento.

### GRUPOS INDÍGENAS

Desde 1982, la Constitución de Canadá reconoce tres grupos de pueblos indígenas: las Primeras Naciones, la Nación Métis y la Inuit, cada uno con su cultura, idioma e historia. Pese a la protección legal, existen desigualdades sociales y económicas. El Gobierno ha comenzado a abordar la historia colonial del país y su persistente impacto; un proceso continuo de reconciliación tiene como objetivo reconstruir la relación de Canadá con sus pueblos indígenas.

## México

- ⊙ Ciudad de México
- 🧍 130,8 millones
- 🗨 Español
- 🏛 República presidencial federal
- 👤 Presidente

### Política bajo amenaza

México tiene ricos recursos naturales, pero sufre una gran desigualdad social y económica y violencia endémica. La Constitución de 1917 garantizó los derechos y las libertades civiles, pero estos se ven obstaculizados en la práctica por la corrupción, el crimen organizado, los cárteles de la droga y los asesinatos de políticos. En 2020, México fue el país más peligroso para los periodistas.

El presidente, que es jefe de Estado y de Gobierno, es elegido directamente por un período no renovable de seis años. La Cámara Baja (Cámara de los Diputados) se elige por períodos de tres años y la Cámara Alta (Senado) por seis años. Los miembros pueden cumplir dos mandatos, pero no de forma consecutiva. El voto es obligatorio, pero esto no se aplica en la práctica. México tiene una población indígena diversa, pero entre ella se cuentan algunas de las personas más pobres del país.

# 91 políticos asesinados antes de las elecciones regionales de 2021.

www.azcentral.com (2021)

# Estados Unidos de América

- Washington, D. C.
- 333,7 millones
- Inglés
- República presidencial federal
- Presidente

## Empezar de cero

Con su independencia de Gran Bretaña, las Colonias Unidas se convirtieron en los Estados Unidos de América. Rechazaron la monarquía y formularon una Constitución con controles para el poder y una Declaración de Derechos que consagraba las libertades individuales.

La Cámara Baja de 435 escaños (Cámara de Representantes) se basa en la población estatal, pero cada estado está representado por dos senadores en la Cámara Alta (Senado). El presidente es elegido en un proceso llamado «Colegio Electoral» (ver a la derecha). Puede que un candidato sea el más votado y no gane. Los 50 estados tienen sus constituciones y gobiernos; pueden surgir tensiones sobre dónde están los límites entre el poder estatal y el federal.

## Baja participación

La participación de los votantes suele ser baja, en parte por la dificultad de algunos ciudadanos para registrarse para votar en ciertos estados. Recientemente, la preocupación por el procedimiento se ha politizado, lo que ha dado lugar a una falta de confianza en las instituciones y en los procesos democráticos.

Se ha avanzado mucho en cuanto a derechos civiles desde los días de la discriminación legalizada basada en la raza; aun así, el persistente racismo sistémico sigue generando protestas políticas regulares.

### Sistema de colegios electorales

En una elección presidencial, los votantes emiten su voto. Estos se cuentan y, en 48 estados, el ganador obtiene todos los votos electorales para ese estado. Maine y Nebraska asignan sus electores utilizando un sistema proporcional. Un candidato necesita 270 votos (de 538) para ganar.

### Ramas del Gobierno

Al compartir el poder entre tres ramas independientes, los autores de la Constitución de EE. UU. esperaban evitar cualquier monopolio del poder.

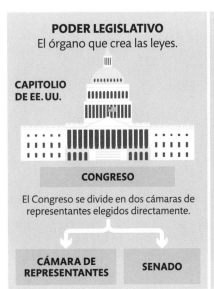

**PODER LEGISLATIVO**
El órgano que crea las leyes.

**CAPITOLIO DE EE. UU.**

**CONGRESO**

El Congreso se divide en dos cámaras de representantes elegidos directamente.

CÁMARA DE REPRESENTANTES · SENADO

**PODER EJECUTIVO**
El Gobierno federal, que ejecuta la ley.

**CASA BLANCA**

**PRESIDENTE**

El presidente encabeza el poder ejecutivo del Gobierno federal.

VICEPRESIDENTE · GABINETE

**PODER JUDICIAL**
El órgano que interpreta y actúa sobre la ley.

**TRIBUNAL SUPREMO**

**TRIBUNAL SUPREMO**

La Corte Suprema tiene jurisdicción sobre todos los tribunales federales y estatales.

OTROS TRIBUNALES FEDERALES

# Centroamérica y América del Sur

En 1979, dos tercios de los latinoamericanos vivían bajo el régimen militar. Desde entonces, una «tercera ola» de democratización ha barrido el continente, pero la desigualdad sigue existiendo.

## Costa Rica

⊙ San José
🨮 5,1 millones
💬 Español (oficial)
🏛 República presidencial
👤 Presidente

### Una democracia modélica

Anteriormente gobernada por España y luego por México, Costa Rica es independiente desde 1838. El presidente (jefe de Estado y de Gobierno), dos vicepresidentes y los 57 diputados en la Asamblea Legislativa son elegidos por cuatro años. Los políticos pueden cumplir dos mandatos no consecutivos, y las listas de candidatos deben tener una representación de género equitativa. Votar es técnicamente obligatorio, pero esto no se cumple. El día de las elecciones es una fiesta nacional, a menudo con un ambiente de carnaval.

El poder judicial es independiente del ejecutivo y del consejo legislativo, y la república tiene un buen sistema de controles constitucionales. La Constitución consagra la igualdad de derechos, pero en la práctica las minorías indígenas continúan sufriendo discriminación.

**Reasignación del gasto militar**
En 1949, Costa Rica reemplazó su ejército por una guardia civil e invirtió los ahorros en otros servicios públicos.

## Venezuela

⊙ Caracas
🨮 28,3 millones
💬 Español, lenguas indígenas
🏛 República presidencial federal
👤 Presidente

### Un país en crisis

Venezuela tiene grandes reservas de petróleo, pero desde 2013, la mala gestión de un régimen autocrático y la caída de los precios del petróleo la han llevado al colapso económico y a una crisis humanitaria. Millones de ciudadanos han dejado el país.

Constitucionalmente, Venezuela es una república democrática, pero en la práctica el partido gobernante es autoritario. En 1998, Hugo Chávez fue elegido presidente. En 1999, su Constitución agregó derechos para los ciudadanos, como educación y atención médica gratuitas.

Tras las elecciones de 2019, Juan Guaidó, el líder opositor, se autoproclamó presidente y fue reconocido por unos sesenta países. El actual presidente, Nicolás Maduro, impugnó el resultado y se mantuvo en el cargo.

El **17%** de los ciudadanos de Venezuela huyeron del país entre 2014 y 2018.

www.worldvision.org (2021)

# Brasil

- ◉ Brasilia
- 👥 214,6 millones
- 🗨 Portugués
- 🏛 República presidencial federal
- 👤 Presidente

## Presidencialismo de coalición

Brasil es el quinto país más grande del mundo y el sexto más poblado. Antigua colonia portuguesa, se independizó en 1822 y se convirtió en república en 1889. En el siglo xx, los golpes militares alternaron la democracia con la autocracia, pero el Gobierno civil volvió en 1985.

La actual Constitución de Brasil, que data de 1988, lo define como una república federal democrática. El presidente es a la vez jefe de Estado y de Gobierno y es elegido por cuatro años. El sistema de partidos sin restricciones hace que haya unos 35 partidos políticos, la mayoría de los cuales representados en el Congreso Nacional. Junto con la necesidad de trabajar con los gobernadores federales, esto crea

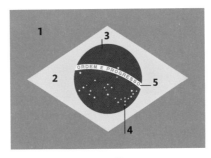

**La bandera de Brasil**
La bandera de Brasil refleja su historia y geografía. Ha evolucionado con el tiempo y tomó su forma actual en 1992.

un «presidencialismo de coalición», en el que el papel del presidente se encuentra entre el presidencialismo de estilo estadounidense y las coaliciones de estilo europeo.

El voto es obligatorio para los ciudadanos de 18 a 70 años, salvo que sean analfabetos, en cuyo caso es facultativo.

**1.** El verde es por la tierra y el color de la familia del primer emperador de Brasil, la casa portuguesa de Bragança.
**2.** El amarillo es por el oro y la casa de los Habsburgo, la familia de la esposa del primer emperador.
**3.** El círculo azul y blanco reemplazó a las armas reales cuando Brasil se convirtió en república en 1889.
**4.** Las estrellas representan los 26 estados de Brasil y su distrito federal. Forman las constelaciones visibles en el hemisferio sur.
**5.** El lema de Brasil es «Orden y Progreso».

---

# Chile

- ◉ Santiago
- 👥 19,6 millones
- 🗨 Español
- 🏛 República presidencial
- 👤 Presidente

## Una Constitución revisada

Tras la dictadura militar violenta y represiva de Augusto Pinochet, entre 1973 y 1990, Chile volvió a la democracia multipartidista. Su anterior Constitución fue modificada, pero en 2020, tras oleadas de disturbios civiles por el aumento del coste de la vida, el 78 % de la población votó a favor de reformarla, en un proceso que se prolongó durante varios años.

El presidente de Chile es elegido por sufragio directo y es el jefe de Estado y de Gobierno. El poder legislativo está compartido entre el Gobierno y las dos cámaras del Congreso Nacional: la Cámara de Diputados, con 155 miembros (cámara baja), y el Senado, con 50 escaños (cámara alta). El poder judicial de Chile es independiente, con un Tribunal Supremo como árbitro final.

El Gobierno ha invertido en infraestructuras digitales durante más de dos décadas, lo que le ha permitido ofrecer la mayoría de sus servicios públicos en un único sistema integrado.

Casi el
# 13 %
de la población total de Chile se identifica como **indígena.**

Censo de población y vivienda de Chile (2017)

# Europa

En Europa hay tanto repúblicas como monarquías, aunque todas están gobernadas por instituciones democráticas. Los antiguos Estados soviéticos han redefinido sus sistemas políticos desde la caída del bloque comunista en 1989.

# Reino Unido

- Londres
- 67,9 millones
- Inglés
- Monarquía constitucional
- Monarca

El modelo de democracia parlamentaria del Reino Unido se extendió a gran parte del Imperio británico. En 2020, el Reino Unido se retiró de la Unión Europea.

## Cambios con el tiempo

La monarquía constitucional del Reino Unido, basada en el Estado de derecho y la supremacía del Parlamento, se creó a lo largo de siglos a medida que el poder pasaba de una monarquía absoluta a una democracia representativa. La Constitución no es un documento escrito, sino una combinación de jurisprudencia, leyes y convenciones desarrollados en el tiempo. No hay una separación estricta de poderes: el Gobierno (primer ministro y gabinete) sale del Parlamento. La Cámara de los Comunes puede disolver el Gobierno o convocar elecciones si aprueba una moción de censura.

## Descentralización

Algunas regiones del Reino Unido han delegado poderes para hacer leyes y brindar servicios públicos en áreas como la sanidad y la educación. Irlanda del Norte tiene una historia problemática, atrapada entre quienes apoyan una Irlanda unida y quienes desean permanecer con el Reino Unido. El Acuerdo de Viernes Santo de 1998 creó la Asamblea de Irlanda del Norte. Los referéndums de 1997 crearon parlamentos para Gales (que se había unido a Inglaterra en 1536) y Escocia (que se había unido en 1707). La independencia de Escocia sigue siendo un tema candente.

## CUATRO REINOS

ESCOCIA
IRLANDA DEL NORTE
INGLATERRA
GALES

- **Parlamento de Escocia**
  129 miembros. El primer ministro lidera el Gobierno.
- **Asamblea de Irlanda del Norte**
  90 miembros. Sistema de poder compartido: nacionalistas y unionistas deben estar representados en el ejecutivo.
- **Parlamento de Gales**
  60 miembros. El primer ministro dirige el Gobierno.
- **Descentralización inglesa**
  25 alcaldes son elegidos directamente.

# Estructura del Gobierno

El monarca es un jefe de Estado ceremonial. En la Cámara Baja (Cámara de los Comunes), se eligen 650 diputados. El líder del partido mayoritario se convierte en primer ministro y forma un Gobierno. Los pares de la Cámara Alta (Cámara de los Lores) no son elegidos y es un cargo vitalicio. Los poderes judiciales de Inglaterra y Gales, Escocia e Irlanda del Norte son independientes.

MONARCA

GOBIERNO · OPOSICIÓN

CÁMARA DE LOS COMUNES

PARES VITALICIOS
LORES TEMPORALES · LORES ESPIRITUALES

CÁMARA DE LOS LORES

TRIBUNALES DE JUSTICIA DEL REINO UNIDO

**1** Primer Ministro  **2** Presidente de la Cámara  **3** Líder de la oposición

# Francia

⊙ París
👤 65,3 millones
💬 Francés
🏛 República constitucional semipresidencial
👤 Presidente

## República secular

Francia derrocó su monarquía en la revolución que comenzó en 1789. Formó una república basada en los ideales de «libertad, igualdad y fraternidad». El sistema actual, la Quinta República, fue introducido por Charles de Gaulle en 1958 y reemplazó una república parlamentaria por un sistema semipresidencial que se dividía entre un presidente como jefe de Estado y un primer ministro como jefe de Gobierno. Si un candidato no tiene mayoría en una elección presidencial, se hace una segunda votación. La Cámara Baja (Asamblea Nacional) tiene 577 diputados, de los que 11 representan los territorios de ultramar. La Cámara Alta (Senado) tiene 348 miembros seleccionados por un panel de funcionarios electos. El poder judicial, independiente, utiliza un sistema de derecho civil basado en los principios de la Revolución francesa. Existe una separación estricta entre Iglesia y Estado. Por ejemplo, no se puede usar ropa religiosa (ni cruces cristianas ni velos musulmanes) en instituciones públicas como las escuelas y las oficinas gubernamentales.

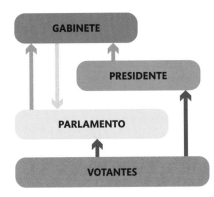

GABINETE
PRESIDENTE
PARLAMENTO
VOTANTES

⬆ ELIGE

⬆ FORMA

⬇ DESTITUIDOS POR

## Premier-presidencialismo

En este tipo de semipresidencialismo, el presidente nombra a los ministros del gabinete, pero el Parlamento debe aprobarlos y solo él puede destituirlos.

---

# España

⊙ Madrid
👤 46,8 millones
💬 Español (castellano), catalán, valenciano, gallego, euskera
🏛 Monarquía constitucional
👤 Monarca

## Un mosaico de naciones

Tras cuatro décadas de dictadura de Francisco Franco, España llevó a cabo la transición a una democracia parlamentaria en 1978. El rey es un jefe de Estado ceremonial y el presidente encabeza el Gobierno.

El Parlamento (las Cortes) tiene dos cámaras: la Baja (Congreso de los Diputados), con 350 diputados elegidos directamente, y la Alta (Senado), con 265 escaños. La mayoría de los senadores son elegidos, pero algunos los designan los Parlamentos autonómicos.

España es un país descentralizado de naciones más que una federación. Diecisiete comunidades autónomas y dos ciudades autónomas en la costa norteafricana cuentan con estatutos de autonomía y poder legislativo y ejecutivo propio. País Vasco, Cataluña y Galicia tienen competencias adicionales. En Galicia hay grupos nacionalistas y los partidos nacionalistas vascos son populares. El ala violenta del separatismo vasco, ETA, se disolvió en 2018.

PORTUGAL
ESPAÑA
CATALUÑA
16%
Población española

## Separatismo catalán

En 2017, el presidente catalán declaró (y dejó en suspenso) la independencia tras un referéndum anulado por el Tribunal Constitucional de España. El Gobierno intervino temporalmente las instituciones catalanas.

# Alemania

- ⊙ Berlín
- 👤 83,9 millones
- 🗨 Alemán
- 🏛 República parlamentaria federal
- 👤 Presidente

## Líder global

Alemania es una democracia parlamentaria con 16 estados. Dividida en Alemania Oriental y Occidental tras la Segunda Guerra Mundial, se reunificó en 1990 y hoy es la cuarta economía del mundo. Pese a tener una fuerte voz global, la desigualdad interna persiste.

## Construyendo consenso

El sistema político de Alemania se diseñó en 1949 para garantizar la estabilidad y la equidad. A raíz de la dictadura nazi de los años treinta, su Constitución quiso limitar los partidos extremistas. En el sistema actual, un partido rara vez obtiene suficientes escaños para formar un Gobierno en solitario, por lo que las coaliciones, la negociación y el compromiso son la norma. Los Gobiernos alemanes a menudo reciben apelativos por los colores de sus partidos, como el «semáforo» y las coaliciones «Jamaica».

LOS OTROS 26 ESTADOS MIEMBROS · ALEMANIA 24,7%

**ORIGEN DEL PIB DE LA UE EN 2019**

### Fuerza dominante en la UE

Alemania, un país muy industrializado, tiene un producto interior bruto (PIB) —mide la producción económica— equivalente a casi una cuarta parte del total de la Unión Europea.

## Votación mixta proporcional

Los votantes utilizan MMP para elegir la Cámara Baja (Bundestag): la mitad de los escaños se eligen directamente en 299 distritos y la otra mitad por partido. Los escaños del partido se asignan proporcionalmente a todos los que superan un umbral mínimo. Hay 598 asientos permanentes, pero el número total varía para ser justos. La Cámara Alta federal de Alemania (Bundesrat) tiene representantes de cada Gobierno estatal en lugar de miembros que han sido elegidos directamente.

### Estructura federal

La Constitución de 1949 establece cinco órganos federales: el presidente, el Parlamento (Bundestag), el Consejo (Bundesrat), el Gobierno y el Tribunal Constitucional.

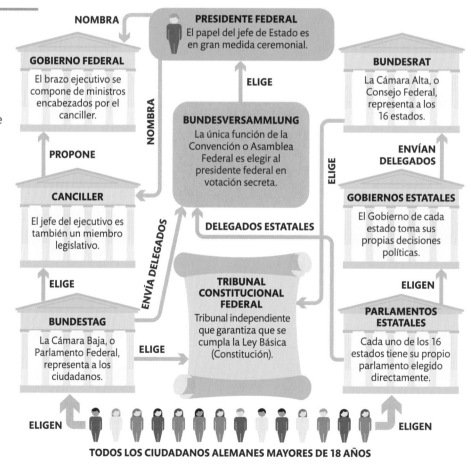

**PRESIDENTE FEDERAL**
El papel del jefe de Estado es en gran medida ceremonial.

NOMBRA

**GOBIERNO FEDERAL**
El brazo ejecutivo se compone de ministros encabezados por el canciller.

NOMBRA

ELIGE

**BUNDESVERSAMMLUNG**
La única función de la Convención o Asamblea Federal es elegir al presidente federal en votación secreta.

**BUNDESRAT**
La Cámara Alta, o Consejo Federal, representa a los 16 estados.

PROPONE

**CANCILLER**
El jefe del ejecutivo es también un miembro legislativo.

DELEGADOS ESTATALES

ELIGE

ENVÍAN DELEGADOS

**GOBIERNOS ESTATALES**
El Gobierno de cada estado toma sus propias decisiones políticas.

ELIGE

ENVÍA DELEGADOS

**TRIBUNAL CONSTITUCIONAL FEDERAL**
Tribunal independiente que garantiza que se cumpla la Ley Básica (Constitución).

ELIGEN

**BUNDESTAG**
La Cámara Baja, o Parlamento Federal, representa a los ciudadanos.

ELIGE

**PARLAMENTOS ESTATALES**
Cada uno de los 16 estados tiene su propio parlamento elegido directamente.

ELIGEN · ELIGEN

**TODOS LOS CIUDADANOS ALEMANES MAYORES DE 18 AÑOS**

# Países Bajos

⊙ Ámsterdam; sede del Gobierno: La Haya
🧍 17,1 millones
💬 Holandés
🏛 Monarquía constitucional
👤 Monarca

## Actor global

Países Bajos es una monarquía constitucional que existe desde hace siglos, con fronteras, gobernantes y políticas cambiantes. Es un país altamente industrializado, con una economía de mercado y perspectiva global: es el hogar de Europol (la agencia de aplicación de la ley de la UE), la Corte Penal Internacional y la Corte Internacional de Justicia, y es miembro fundador de la UE. El reino incluye los Países Bajos, en Europa occidental, y tres países y tres municipios en el Caribe, un legado de su imperio e influencia como nación comercial marítima.

## Gobiernos de coalición

El poder de hacer leyes se comparte entre el Parlamento de dos cámaras y el Gobierno ejecutivo, un Consejo de Ministros dirigido por un primer ministro. La Tweede Kamer, o Cámara de Representantes, tiene 150 miembros elegidos directamente

en un sistema de representación proporcional (RP). Los escaños en la circunscripción única se reparten entre los partidos, incluso aquellos con menos del 1 por ciento de los votos. En una elección, ningún partido ha obtenido nunca mayoría absoluta, por lo que se deben negociar gobiernos de coalición. Durante el tiempo que dura la negociación –el récord es de 271 días en 2021– el Gobierno anterior actúa como «gabinete de transición» interino. El Senado (Eerste Kamer) tiene 75 miembros electos.

## Socialmente progresivo

Fue el primer país que legalizó el matrimonio entre personas del mismo sexo. La ley, de 2001, les permite también adoptar niños.

# Italia

⊙ Roma
🧍 60,5 millones
💬 Italiano
🏛 República parlamentaria constitucional unitaria
👤 Presidente

## Poder centralizado

Italia ha sido una república desde que abolió su monarquía en 1946. En 1948 se redactó una Constitución para salvaguardar el país contra otra dictadura como la de Benito Mussolini desde la década de 1920 hasta el final de la Segunda Guerra Mundial. Como actor global, Italia tiene una economía avanzada, aunque desigualdades regionales y denuncias de corrupción y crimen organizado dificultan su progreso. Italia es un conjunto centralizado de 20 regiones históricamente independientes y diversas, cinco de las cuales tienen poderes adicionales destinados a preservar su identidad cultural.

## Fragmentación política

El ejecutivo de Italia, encabezado por el primer ministro, depende de ambas cámaras del Parlamento legislativo. La Cámara Baja (Camera dei Deputati) devuelve los escaños en un sistema de votación paralelo que usa tanto EMU como RP. Esto beneficia a los partidos menores y da como resultado gobiernos de coalición. Italia experimenta más luchas internas, cambios de lealtad y escándalos que otras coaliciones europeas, lo que lleva a la inestabilidad política.

## 69

gobiernos **han ocupado el poder desde** 1945.

www.economist.com, «Why does Italy go through so many governments?» (2021)

# Noruega

- 🔵 Oslo
- 👥 5,4 millones
- 💬 Noruego
- 🏛 Monarquía constitucional
- 👤 Monarca

## Confianza y colaboración

Considerada la «mejor democracia del mundo» por la Unidad de Inteligencia Económica, Noruega tiene un buen nivel de confianza y compromiso público. Tiene un alto nivel de vida con una baja brecha económica, y su sociedad se basa en libertades políticas y valores compartidos. La política de partidos tiende a ser colaborativa más que combativa.

La Constitución de 1814 se basó en la monarquía constitucional británica, la Constitución de EE. UU. y los ideales do la Francia rovolucionaria. En 2009, se abolió la Cámara Alta del Parlamento, creando una sola asamblea legislativa (Stortinget)

**PLANIFICACIÓN ECONÓMICA**
La inversión y la planificación a largo plazo impulsan la economía de mercado. Noruega tiene un gran número de empresas estatales.

**MERCADOS**

**MERCADOS**

**MERCADO DE TRABAJO ORGANIZADO**
Los intereses de los trabajadores y los empresarios se equilibran con convenios colectivos entre empresas, sindicatos y el Estado.

**MERCADOS**

**ESTADO DEL BIENESTAR**
Los altos impuestos financian amplios servicios públicos, incluida una generosa red de seguridad social.

con 169 miembros elegidos por representación proporcional. A diferencia de muchas asambleas legislativas, no puede disolverse antes del final de su mandato de cuatro años. El monarca es el jefe de Estado ceremonial y suele haber gobiernos minoritarios negociados.

## Representación sami

En 1989, se establecieron una Parlamento y una Administración independientes para representar al pueblo indígena sami nacional e internacionalmente. (Suecia y Finlandia también los tienen).

### Modelo nórdico

En contraste con el enfoque neoliberal, los países escandinavos tienen democracias sociales que combinan la economía capitalista con valores socialistas.

# Polonia

- 🔵 Varsovia
- 👥 37,8 millones
- 💬 Polaco
- 🏛 República parlamentaria unitaria
- 👤 Presidente

## Democracia postsocialista

Polonia tiene una fuerte identidad y una larga historia, aunque sus fronteras han fluctuado. Tras la Segunda Guerra Mundial, Polonia se convirtió en un Estado satélite de la Unión Soviética. En 1989, el sindicato Solidaridad obligó al régimen a celebrar elecciones, que devolvieron al país a la democracia parlamentaria. La Cámara Baja (Sejm), la Cámara Alta (Senat) y el presidente se eligen directamente, y el primer ministro dirige el Gobierno. Polonia se unió a la OTAN en 1999 y a la UE en 2004, pero las relaciones han sufrido al introducir reformas que restringían la libertad de los medios. En el país, hay tensiones entre conservadores católicos contrarios al aborto y personas de ideas liberales.

En **1791** Polonia adoptó su primera constitución escrita.

Comisión Europea, ec.europa.eu (2021)

# Hungría

- ◎ Budapest
- 👥 9,7 millones
- 🗨 Húngaro
- 🏛 República parlamentaria unitaria
- 👤 Presidente

## Cambios constitucionales

En 1989, una democracia liberal reemplazó a la dictadura comunista que en 1948 anuló el sistema parlamentario. La Constitución, tutelada por un nuevo Tribunal Constitucional, definió un sistema multipartidista, elecciones libres y economía de mercado.

Hungría tiene un presidente elegido indirectamente como jefe de Estado, pero el primer ministro encabeza el ejecutivo y ejerce la mayor parte del poder político, sujeto al Parlamento. La Asamblea Nacional legislativa se elige en un sistema mixto de distritos electorales uninominales directos y listas de partidos. Hungría se unió a la UE en 2004, pero la UE ha expresado su preocupación por los cambios constitucionales y la discriminación contra la comunidad LGBTQ+. Es el único Estado de la UE que ha sido degradado a «parcialmente libre» por el organismo de control de la democracia de Freedom House.

### AUTORITARISMO

Desde 2010, el primer ministro Viktor Orbán ha seguido el camino de la «democracia iliberal» en aras de la seguridad nacional. Con las reformas, el Gobierno elude el Parlamento e interfiere en el poder judicial y los medios de comunicación.

PARLAMENTO · PODER JUDICIAL · MEDIOS

# Rusia

- ◎ Moscú
- 👥 145,9 millones
- 🗨 Ruso
- 👤 Presidente
- 🏛 República federal constitucional semipresidencial

## Regreso a la autocracia

Tras el colapso de la Unión Soviética, el caos político, económico y social de los años noventa llevó a Rusia a volver a su tradición soviética de tener un líder fuerte. Desde 2000, el presidente Vladímir Putin ha traído estabilidad, orgullo nacional y progreso económico, pero también autoritarismo. Aún hay elecciones presidenciales y parlamentarias, pero se ha desmantelado la oposición, lo que hace de Rusia un Estado de partido único.

### Comunidad de Estados Independientes (CEI)

Con la CEI, Rusia ejerce influencia sobre la mayor parte de la antigua Unión Soviética. Georgia y Ucrania se retiraron tras acciones militares rusas contra ellas.

RUSIA
BIELORRUSIA
UCRANIA
KAZAJISTÁN
MOLDAVIA
GEORGIA
ARMENIA
UZBEKISTÁN
KIRGUISTÁN
ESTADO MIEMBRO
ESTADO ASOCIADO
ANTIGUO ESTADO
TURKMENISTÁN
AZERBAIYÁN
TAYIKISTÁN

# África

Muchas naciones africanas se independizaron del dominio colonial a mediados del siglo xx. Desde entonces, la mayoría ha pasado de gobiernos militares o de un solo partido a regímenes multipartidistas, con diversos grados de éxito.

## Nigeria

- ◉ Abuya
- 🧍 213,6 millones
- 🗨 Inglés (oficial), yoruba, igbo, hausa
- 🏛 República presidencial federal
- 👤 Presidente

### Desarrollar la democracia

Tras 33 años de dictadura, Nigeria abrazó la democracia en 1999 y se convirtió en una república federal, con un poder ejecutivo ejercido por el presidente. Sin embargo, la corrupción y las irregularidades electorales obstaculizan las libertades políticas y civiles, y las recientes reformas en las redes sociales restringen la libertad de expresión. El yihadismo radical y los movimientos separatistas amenazan su estabilidad.

### Ley mezclada

El sistema legal de Nigeria es inusual, pues deriva sus leyes de cuatro fuentes diferentes.

**DERECHO DE INGLATERRA**
El derecho consuetudinario de Inglaterra, que se adoptó durante el dominio colonial británico.

**DERECHO ANGLOSAJÓN**
Leyes basadas en precedentes judiciales (fallos anteriores de jueces) desde la independencia.

**DERECHO CONSUETUDINARIO**
Leyes que incluyen normas y prácticas indígenas.

**LA SHARÍA**
Ley islámica civil y penal, adoptada en 12 estados del norte desde 2000.

## Etiopía

- ◉ Adís Abeba
- 🧍 119,1 millones
- 🗨 Amhárico, oromo, tigriña, somalí
- 🏛 República federal semipresidencial
- 👤 Presidente

### Tensiones étnicas

Etiopía, el país independiente más antiguo de África, fue una monarquía durante siglos bajo la dinastía salomónica. Desde principios del siglo xx, ha tenido una gran variedad de sistemas políticos, desde gobiernos marxistas-leninistas hasta su Estado actual como república democrática federal. Tiene más de 90 grupos étnicos, lo que ha causado inestabilidad, con violencia, migraciones y crisis humanitarias. En 2020, la región de Tigray entró en guerra con el Estado.

El presidente es jefe del Estado y es elegido por el Parlamento. El Gobierno está dirigido por el primer ministro. La Cámara Baja es elegida directamente y la Cámara Alta es elegida por las asambleas estatales. Sin embargo, las elecciones suelen verse empañadas por arrestos, coerción y barreras de registro.

### CAMBIOS DE RÉGIMEN

Etiopía ha experimentado cambios turbulentos de liderazgo, guerras, genocidios y hambrunas.

 1936-1941 Ocupación italiana, liderada por el dictador Benito Mussolini

 1941-1974 Restauración de la monarquía, liderada por el emperador Haile Selassie

 1974-1991 Estado socialista marxista-leninista, gobernado por una junta militar llamada «Derg»

 1991- República Democrática Federal

# Senegal

- Dakar
- 17,3 millones
- Francés (oficial), wólof
- República presidencial
- Presidente

## Democracia tambaleante

Desde su independencia de Francia en 1960, Senegal ha sido una de las democracias más estables de África. Durante los primeros cuarenta años, gobernó un solo partido socialista, pero en 1999 el presidente fue derrotado por un candidato de la oposición en unas elecciones consideradas libres y justas por los observadores internacionales.

El presidente –jefe de Estado y de Gobierno– es elegido directamente por un máximo de dos mandatos de 5 años. Si ningún candidato obtiene más del 50 por ciento de los votos, hay una segunda votación. El Parlamento unicameral (Asamblea Nacional) se elige por períodos de 5 años con un sistema de votación paralelo mixto. Alrededor del 96 por ciento de los ciudadanos son musulmanes, aunque no existe una religión estatal oficial. Los partidos políticos compiten al margen de las líneas étnicas y religiosas.

Aunque Senegal tiene reputación de transparencia en el gobierno, el poder ejecutivo ejerce un control significativo sobre el poder judicial. Un informe de la ONG Freedom House afirma que el enjuiciamiento de líderes de la oposición por motivos políticos y los cambios en las leyes electorales han reducido la competitividad de la oposición durante los últimos años.

**Escrutinio de lista mayoritaria (ELM)**
90 escaños de 45 distritos. El partido con más votos recibe todos los escaños de ese distrito.

**Lista mayoritaria (en el extranjero)**
15 escaños de 10 distritos votados por ciudadanos residentes en el extranjero.

**Representación proporcional**
60 escaños asignados proporcionalmente según los votos emitidos para las listas de los partidos nacionales.

**Asamblea Nacional**
El sistema de votación paralelo significa que cada candidato obtiene dos votos: un escrutinio de lista mayoritaria y una representación proporcional.

# Sudáfrica

- Pretoria, Bloemfontein, Ciudad del Cabo
- 60,4 millones
- 11, entre ellos zulú, xhosa, afrikáans, inglés
- República parlamentaria
- Presidente

## Después del *apartheid*

Las primeras elecciones totalmente democráticas se celebraron en 1994. Entre 1948 y 1991, el gobierno puso en práctica el *apartheid* (política de segregación racial) y los negros sudafricanos no podían votar. En la época *post-apartheid*, con la mayoría de población negra capaz de participar en la política nacional, se eligió para gobernar partidos políticos anteriormente prohibidos y prisioneros políticos. Se habían hecho avances en la reconciliación

El **81%** de los sudafricanos son negros; el 9%, mestizos; el 8%, blancos, y el 2%, asiáticos.

Gobierno de Sudáfrica (2019)

y la restitución de derechos, pero la corrupción, las desigualdades y la violencia han limitado el progreso político.

## Política parlamentaria

Se heredó el sistema parlamentario del Reino Unido. Los ciudadanos eligen la Cámara Baja (Asamblea Nacional), y las legislaturas provinciales eligen la Cámara Alta (Consejo Nacional de las Provincias). En 2020, el sistema de listas fue declarado inconstitucional porque discrimina a los independientes: es probable que se introduzca un nuevo sistema mixto. El presidente lo elige la Asamblea Nacional.

# Oriente Medio

Su condición de cuna de las tres principales religiones monoteístas, junto a un legado de problemas causados por manipulaciones externas, conlleva que la política en Oriente Medio sea compleja y, a menudo, tensa.

## Irán

- Teherán
- 85,4 millones
- Persa (farsi)
- República islámica (teocracia islámica y rasgos de república presidencial)
- Líder Supremo

### Una república islámica

En 1979, la Revolución derrocó la monarquía de Irán, y la reemplazó por una teocracia. Desde entonces, gobierna una mezcla de clérigos y políticos electos, pero los clérigos tienen el poder supremo. Los códigos islámicos chiitas se aplican estrictamente y las libertades civiles están restringidas, especialmente para las mujeres y las minorías étnicas y religiosas.

**Poder religioso**
Al controlar quiénes pueden presentarse a las elecciones, el Líder Supremo influye directa o indirectamente en todas las ramas del Estado.

Electorado

Elige

Valida los candidatos

Presidente

Parlamento
290 representativos

Asamblea de Expertos
88 clérigos

Nombra — Aprueba — Nombra

Nombra

Consejo de guardianes
6 juristas y 6 clérigos

Consejo de Ministros

Líder Supremo

Propone juristas

Presidente del Poder Judicial

Director de la radio y la televisión

Consejo de conveniencia
51 miembros

Consejo de Seguridad Nacional

Fuerzas militares

Nombra

Controla

## Arabia Saudí

- Riad
- 34,8 millones
- Árabe
- Monarquía
- Rey

### El Corán como Constitución

La Constitución de Arabia Saudí es el Corán y la Sunna (comentarios islámicos). El rey elige a un pariente varón como su sucesor. Él es la autoridad en asuntos legislativos, ejecutivos y judiciales, solo superado por la sharía (ley islámica). Cientos de príncipes reales dominan posiciones de poder. Los ulema (eruditos religiosos) también son influyentes. Las restricciones de las libertades incluyen la segregación de género.

### Desigualdad de género

Las mujeres no son iguales ante la ley y deben tener un tutor varón, que suele ser su esposo o su padre.

**Sin el permiso de su tutor, las mujeres no pueden:**
- trabajar
- casarse
- obtener cierta atención médica
- salir de la cárcel
- salir de un refugio de violencia doméstica

**Desde 2018, las mujeres pueden:**
- conducir
- asistir a eventos deportivos públicos

**Desde 2019, las mujeres pueden:**
- registrar un divorcio, boda o muerte
- registrar el nacimiento de su hijo
- realizar negocios en nombre de su hijo
- obtener un pasaporte
- viajar al extranjero

# Turquía

- ⊙ Ankara
- 🯅 83,3 millones
- 🗩 Turco (oficial), kurdo
- 🏛 República presidencial
- 🯅 Presidente

## Autoritarismo en alza

En el punto de encuentro de Europa, Asia y Oriente Medio, Turquía era el corazón de un gran imperio y hoy es una república democrática, aunque está derivando hacia el autoritarismo.

Hasta 2017, era una república parlamentaria con un presidente. Un golpe fallido en 2016 condujo a una purga de trabajadores del sector público, incluidos jueces. Los enjuiciamientos y el acoso han erosionado cualquier oposición

**Expansionsimo presidencial**
La reforma constitucional de 2017 redujo la supervisión parlamentaria y abolió el cargo de primer ministro.

política real. Las reformas han concentrado el poder del presidente Recep Tayyip Erdoğan y han hecho aumentar su influencia sobre el ejército, la sociedad civil, los medios de comunicación y la vida religiosa. La Constitución secular de Turquía

garantiza la libertad de religión, pero los movimientos del cada vez más poderoso partido gobernante indican un cambio que se dirige hacia valores más conservadores y hacia una defensa de las causas islámicas sunitas.

### KURDOS SIN ESTADO

Los kurdos son un grupo étnico de áreas de la actual Armenia, Irán, Irak, Siria y Turquía. En Turquía, son entre el 15 y el 20 por ciento de la población, pero tienen un estatus de minoría. Las autoridades turcas clasifican al grupo rebelde kurdo PKK como una organización terrorista. Los grupos kurdos han luchado también por la autonomía en Irak y en Siria.

# Emiratos Árabes Unidos

- ⊙ Abu Dabi
- 🯅 9,8 millones
- 🗩 Árabe
- 🏛 Federación de monarquías absolutas
- 🯅 Presidente

## Una unión de siete

Los EAU son una federación de siete monarquías independientes, de las cuales Abu Dabi y Dubái son las más dominantes. Aun siendo pequeños, los EAU son influyentes, gracias al petróleo. Los gobernantes hereditarios de cada emirato o Estado forman el Consejo Supremo, el máximo órgano legislativo y ejecutivo, que elige al presidente de la federación de entre sus miembros, y el presidente nombra al primer ministro. El Consejo de Ministros y

el Consejo Nacional Federal (FNC), un parlamento de 40 miembros con un 50 por ciento de mujeres, son solo consultivos. Hasta 2006, todos los cargos eran designados, pero hoy la mitad de la FNC es elegida por un electorado limitado. Los partidos políticos están prohibidos y las relaciones tribales son influyentes. La Constitución permite la libertad religiosa con algunas salvedades. El poder judicial no es independiente y algunos tribunales siguen la ley islámica, o sharía.

### Derecho a voto

La mayoría de la población son trabajadores extranjeros sin derecho a voto. Los criterios de voto de los ciudadanos emiratíes no son claros.

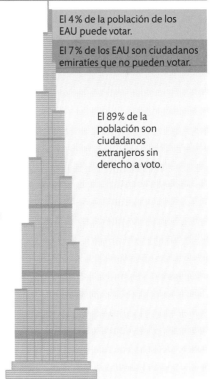

El 4 % de la población de los EAU puede votar.

El 7 % de los EAU son ciudadanos emiratíes que no pueden votar.

El 89 % de la población son ciudadanos extranjeros sin derecho a voto.

# Asia

Los países de Asia funcionan según una variedad de sistemas políticos, y ese continente alberga la mayoría de los estados socialistas supervivientes. Tiene la economía de crecimiento más rápido del mundo, aunque la riqueza varía.

# China

- Pekín
- 1400 millones
- Mandarín
- República socialista unitaria
- Secretario general del Partido Comunista Chino

Desde los años setenta, China ha pasado de una economía dirigida, en la que el Estado dictaba los niveles de producción y los precios, a una economía de mercado que promueve la empresa privada, aunque las empresas estatales siguen representando más del 60 % del mercado chino. El crecimiento económico se ha disparado, pero a menudo a costa de los derechos laborales y las garantías.

## República popular

China, el país más poblado, es una potencia nuclear con plaza permanente en el Consejo de Seguridad de la ONU. Desde 1949, es un Estado de partido único gobernado por el Partido Comunista Chino (PCCh) según una combinación de teoría comunista marxista-leninista y la filosofía de Mao Zedong (1893-1976), fundador de la República Popular China (RPC).

No hay partidos de oposición, la disidencia está criminalizada y los medios, estrictamente controlados. La censura y vigilancia estatal de internet es tan extensa que se le ha llamado el «gran cortafuegos de China». La represión sistemática de las minorías étnicas y religiosas en nombre de la seguridad nacional en Xinjiang y Tíbet ha causado críticas internacionales, y en Hong Kong ha habido una mayor represión política.

**GOBIERNO DEL PARTIDO COMUNISTA**
Los poderes ejecutivo, legislativo y judicial están en manos del Partido Comunista Chino, que regula todos los aspectos de la vida, incluida la religión, la educación y el número de hijos que se pueden tener.

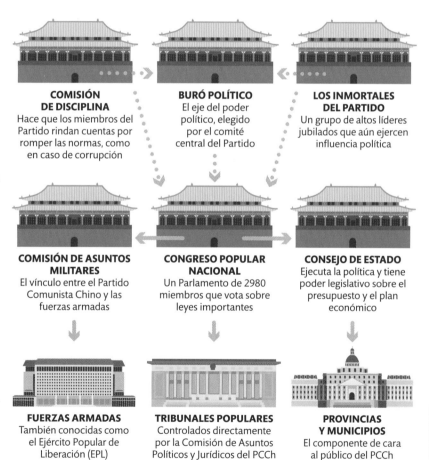

**COMISIÓN DE DISCIPLINA**
Hace que los miembros del Partido rindan cuentas por romper las normas, como en caso de corrupción

**BURÓ POLÍTICO**
El eje del poder político, elegido por el comité central del Partido

**LOS INMORTALES DEL PARTIDO**
Un grupo de altos líderes jubilados que aún ejercen influencia política

**COMISIÓN DE ASUNTOS MILITARES**
El vínculo entre el Partido Comunista Chino y las fuerzas armadas

**CONGRESO POPULAR NACIONAL**
Un Parlamento de 2980 miembros que vota sobre leyes importantes

**CONSEJO DE ESTADO**
Ejecuta la política y tiene poder legislativo sobre el presupuesto y el plan económico

**FUERZAS ARMADAS**
También conocidas como el Ejército Popular de Liberación (EPL)

**TRIBUNALES POPULARES**
Controlados directamente por la Comisión de Asuntos Políticos y Jurídicos del PCCh

**PROVINCIAS Y MUNICIPIOS**
El componente de cara al público del PCCh

→ **APRUEBA/ELIGE**

•••••▶ **INFLUYE/ACONSEJA**

# Japón

- ⊙ Tokio
- 👤 126,4 millones
- 💬 Japonés
- 🏛 Monarquía constitucional
- 👤 Emperador

## Próspero archipiélago

Japón aún tiene emperador, pero su papel es solo ceremonial. Todos los cargos legislativos y ejecutivos son elegidos y el poder judicial es independiente. Japón es una de las democracias más antiguas de Asia y tiene elecciones libres y justas, derechos civiles, Estado de derecho, y libertad de prensa y de religión.

El poder legislativo reside en la Dieta Nacional, que se compone de dos cámaras: la de Consejeros y la de Representantes, que es la que designa al primer ministro.

Japón experimentó una rápida expansión económica después de la Segunda Guerra Mundial y desde entonces se ha convertido en la tercera economía más grande del mundo. La Constitución japonesa, que entró en vigor en 1947, fue impuesta en gran parte por Estados Unidos. Sus autores fueron en gran medida estadounidenses y mantiene un gran número de similitudes con la Constitución de EE. UU., particularmente en cuanto a la protección de los derechos y de las libertades individuales.

### POBLACIÓN ENVEJECIDA

El alto nivel de vida se ha traducido en una larga esperanza de vida para los japoneses. Pero con una tasa de natalidad decreciente, esto crea una mayor proporción de personas mayores, que dependen de las pensiones y la atención médica, en comparación con la disminución del número de trabajadores que pagan impuestos.

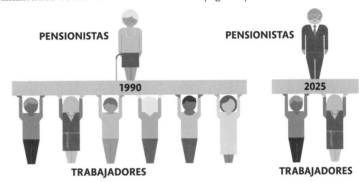

# Singapur

- ⊙ Singapur
- 👤 5,3 millones
- 💬 Inglés, malayo, mandarín, tamil
- 🏛 República parlamentaria
- 👤 Presidente

## Estado paternalista

Singapur, antigua colonia británica y miembro de la Mancomunidad de Naciones, es independiente desde 1965. Su sistema parlamentario se basa en el modelo británico, pero no es una democracia liberal al estilo occidental. El poder ejecutivo está compuesto por el presidente y el Consejo de Ministros. El papel del presidente es en gran parte ceremonial, y es el primer ministro

**En 2019, el primer ministro recibió un salario anual de 1,6 millones de euros.**

Gobierno de Singapur (2021)

quien encabeza el Gobierno. El poder ejecutivo lo ejerce el Consejo de Ministros, designado por el presidente con el asesoramiento del primer ministro. Gobierna el partido mayoritario. En la práctica, no hay oposición: el Partido de Acción Popular (PAP) —partido conservador de centro derecha— ha gobernado desde la independencia, y una misma familia, la familia Lee, ha dominado la política de Singapur desde 1959.

La política del Gobierno adopta un enfoque paternalista, con normas y reglamentos estrictos. Las libertades individuales son secundarias; lo prioritario es una sociedad bien ordenada y que funcione sin problemas. El rápido crecimiento económico del país se atribuye a la intervención del Gobierno, a la inversión extranjera y a los trabajadores inmigrantes.

Los políticos de Singapur cobran salarios más altos que cualquier otro político del mundo. El país está calificado como uno de los menos corruptos a nivel mundial.

# India

- ◉ Nueva Delhi
- ⊞ 1390 millones
- ◻ Hindi e inglés (oficial) y lenguas regionales
- ▥ República parlamentaria federal
- ◪ Presidente

## República federal

La India es la mayor democracia del mundo, una potencia nuclear y una potencia económica emergente, pero sufre desigualdad y tensión religiosa.

Independiente del Reino Unido desde 1947, tiene una democracia parlamentaria, con un presidente elegido indirectamente. Los 545 miembros de la Cámara Baja (Lok Sabha) son elegidos directamente, con algunos escaños reservados para ciertas castas y tribus. La mayoría de los 245 escaños de la Cámara Alta (Rajya Sabha) los eligen las legislaturas regionales.

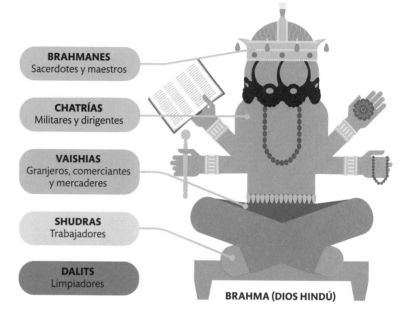

**BRAHMANES**
Sacerdotes y maestros

**CHATRÍAS**
Militares y dirigentes

**VAISHIAS**
Granjeros, comerciantes y mercaderes

**SHUDRAS**
Trabajadores

**DALITS**
Limpiadores

**BRAHMA (DIOS HINDÚ)**

La India es «semifederal»: tiene 28 estados y ocho territorios de unión, pero el poder se inclina más hacia el Gobierno central.

Con 900 millones de votantes, las elecciones duran seis semanas. Las máquinas de votación se llevan por todo el país: al Himalaya en yaks, a través de los bosques en elefantes y

### Sistema de castas

En el sistema de castas hindú, distintos grupos representan el cuerpo del dios de la creación, Brahma. Discriminar por la casta es ilegal en la India.

a través de los desiertos en camellos. Se usan los símbolos de los partidos, pues muchos indios son analfabetos.

# Vietnam

- ◉ Hanói
- ⊞ 98 millones
- ◻ Vietnamita
- ▥ República socialista
- ◪ Presidente

## Sistema unipartidista

Vietnam es un Estado de partido único gobernado por el Partido Comunista de Vietnam (PCV), que controla estrictamente los medios, la religión, el movimiento y la actividad política. Las críticas al Gobierno son ilegales.

Las tres estructuras políticas de Vietnam son el PCV, el Gobierno y la Asamblea Nacional, pero el PCV

mantiene el poder, incluso sobre el poder judicial. Hay elecciones directas para la Asamblea Nacional, pero los candidatos se examinan antes de presentarse.

En 1986, la reforma económica del *Doi Moi* introdujo principios de libre mercado en un marco socialista. Se legalizó la empresa privada y se disparó la inversión extranjera, lo que llevó a una transformación en el desarrollo del país.

### Crecimiento

La liberalización económica del *Doi Moi* provocó un rápido aumento del PIB, pero los beneficios no han llegado a todos.

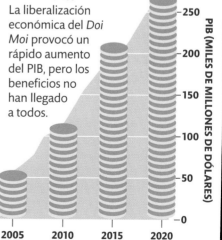

PIB (MILES DE MILLONES DE DÓLARES)

250
200
150
100
50
0

1985  1990  1995  2000  2005  2010  2015  2020

# Tailandia

- ⊙ Bangkok
- 🯆 70 millones
- 🗩 Tailandés
- ⌸ Monarquía constitucional
- 🯅 Rey

## Influencia militar

La monarquía absoluta de Tailandia se hizo monarquía constitucional en 1932. El rey posee poco poder formal, pero en la práctica tiene más influencia que los monarcas europeos. Los Gobiernos elegidos democráticamente se han alternado con juntas militares (que toman el poder por la fuerza). El golpe más reciente, en 2014, condujo a una Constitución que debilitó partidos políticos e instituciones.

Bajo el actual Gobierno semicivil, la Cámara Baja de 500 escaños (Cámara de Representantes) se elige directamente con una combinación de mayoría simple y listas de partidos. La Cámara Alta, de 250 escaños (Senado), es designada por los militares. El primer ministro es seleccionado por ambas cámaras, lo que da al ejército un control significativo. Las protestas a favor de la democracia han sido reprimidas. La ley de lesa majestad de Tailandia tipifica como delito insultar a la monarquía y es una de las más duras del mundo. La independencia judicial puede verse comprometida por la corrupción.

# 13
## golpes militares exitosos desde 1932.

www.CNBC.com, «Why does Thailand have so many coups?» (2019)

# Corea del Sur

- ⊙ Seúl
- 🯆 51,3 millones
- 🗩 Coreano
- ⌸ República presidencial
- 🯅 Presidente

## Sexta república

Desde su separación de Corea del Norte en 1948, Corea del Sur se ha convertido en una importante y próspera economía.

El jefe de Gobierno, el presidente, es elegido cada cinco años y la Asamblea Nacional, de 300 miembros, cada cuatro años por el sistema de votación paralela, una combinación de representación proporcional (RP) y mayoría simple. En 2019, la asignación de escaños ganados por RP cambió para beneficiar a los partidos más pequeños, y la edad para votar se redujo de 19 a 18 años. Las elecciones son supervisadas por la Comisión Electoral Nacional, con tres miembros seleccionados por el presidente, tres por la Asamblea Nacional y tres por la Corte Suprema.

Una cultura de «política de la persona» en lugar de lealtad al partido alimenta divisiones y fusiones. La corrupción se ha sumado a la volatilidad política. Hay libertad de expresión, pero se prohíbe la actividad política vinculada a Corea del Norte.

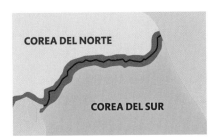

COREA DEL NORTE

COREA DEL SUR

— Línea de Demarcación Militar
■ (MDL) Zona Desmilitarizada (DMZ)

## DOS COREAS

El porcentaje de personas que usan internet da un claro ejemplo de la relativa prosperidad y el nivel de vida entre los surcoreanos y sus antiguos compatriotas en Corea del Norte, un Estado comunista muy cerrado.

COREA DEL NORTE
<0,1%

COREA DEL SUR
97%

PORCENTAJE DE USUARIOS DE INTERNET EN 2020

## Tensiones fronterizas

La guerra de Corea (1950-1953) nunca terminó oficialmente. Una línea de tregua establecida en el armisticio de 1953, con una zona de 4 km de ancho, está fuertemente fortificada.

# Oceanía

Oceanía es una región geográfica que incluye Australia, Nueva Zelanda y numerosas naciones insulares del Pacífico, la mayoría de las cuales son democracias parlamentarias.

# Nueva Zelanda

- ⊙ Wellington
- 🕭 4,9 millones
- ▢ Inglés, maorí
- ⬚ Monarquía constitucional
- 🕭 Monarca, representado por un gobernador general

**ESCAÑOS:**
- ■ ELECTORADO GENERAL
- ■ LISTA DEL PARTIDO
- ■ MAORÍES

## Cambio parlamentario

Nueva Zelanda tiene una historia política relativamente corta. Los primeros pobladores llegaron de Polinesia en torno al siglo XIII, y sus descendientes maoríes son el 16 por ciento de la población actual. La gran inmigración europea comenzó en el siglo XIX, bajo el dominio británico. En 1950, Nueva Zelanda disolvió su Cámara Alta y en 1993 cambió la votación de escrutino mayoritario uninominal (EMU) a representación proporcional (RP) de miembros mixtos. Hay sistemas paralelos de distritos electorales para garantizar la representación maorí: un censo general y el censo maorí. Los electores solo votan en uno de ellos, pero las personas de ascendencia maorí pueden elegir a cuál unirse.

## Socialmente progresista

En 1893, Nueva Zelanda fue el primer país en otorgar el voto a las mujeres, y en 2017, el Wanganui, un río sagrado para los maoríes, se convirtió en el primer río del mundo en recibir derechos legales.

Muchas leyes progresistas han comenzado como proyectos de ley de miembros (proyectos de ley presentados por parlamentarios que no son ministros del Gobierno), como el matrimonio igualitario (2013) y la muerte asistida (2021). Se presentan más proyectos de los que pueden debatirse, así que se extraen fichas numeradas de una humilde lata de galletas de 30 años para decidir qué proyectos de ley de los miembros debatir.

**Cámara de Representantes**
En 2020, tenía 120 escaños: una combinación de escaños de listas de partidos e individuos elegidos de las listas generales y maoríes.

## País miembro de la Mancomunidad de Naciones

El jefe de Estado de Nueva Zelanda es el monarca británico, quien nombra a un gobernador general, a propuesta del primer ministro de Nueva Zelanda, para que lleve a cabo deberes reales constitucionales y ceremoniales. Como el Reino Unido, Nueva Zelanda es un país atípico porque no tiene un documento constitucional único, sino una amalgama de fuentes escritas y no escritas.

**Representante real**
La estructura política se basa en el modelo británico, además de un gobernador general designado.

# Australia

- ⊙ Canberra
- 🗎 25,9 millones
- ⊙ Inglés
- ⌂ Monarquía federal constitucional
- 👤 Monarca, representado por un gobernador general

## Política poscolonial

Como antigua colonia británica, sigue su modelo de democracia parlamentaria. El Gobierno, encabezado por el primer ministro, lo elige la Cámara Baja (Cámara de Representantes), al igual que una oposición oficial y un Consejo de Ministros en la sombra. Ambas cámaras del Parlamento se eligen directamente cada tres años. Australia usa una combinación de voto preferencial y representación proporcional. El jefe de Estado es el monarca británico, representado por el gobernador general.

## Voto en tres niveles

Se vota en tres niveles. Para recaudar fondos, en los colegios electorales suele haber puestos de bocadillos de salchichas, llamadas «salchichas chisporroteantes».

## FEDERACIÓN DE ESTADOS

Los seis estados de Australia y los dos territorios autónomos tienen sus propias constituciones, leyes y poderes legislativo y ejecutivo. Independientemente del tamaño de su población, cada estado tiene 12 miembros en la Cámara Alta del Parlamento federal (Senado), y cada territorio 2. Los senadores son elegidos por seis años, y la mitad de ellos son renovados cada tres años.

TERRITORIO DEL NORTE

QUEENSLAND

AUSTRALIA OCCIDENTAL

AUSTRALIA MERIDIONAL

NUEVA GALES DEL SUR

VICTORIA

TERRITORIO DE LA CAPITAL

TASMANIA

A diferencia del Reino Unido, el voto es obligatorio. Cualquier cambio constitucional debe ser ratificado en referéndum.

## Reparación a los indígenas

Los aborígenes y los isleños del Estrecho de Torres habían vivido en Australia durante milenios antes de que llegaran los europeos. Los crímenes de Estado contra ellos aún tienen consecuencias.

Hasta 1967, los indígenas no eran considerados parte de la población. En 2008, el Gobierno se disculpó formalmente por los errores del pasado y está en curso un proceso de reconciliación, aunque persiste la desigualdad sistémica.

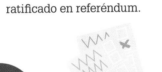

### Gobierno local

Los concejales son elegidos para los consejos de la ciudad o del condado. Sus responsabilidades incluyen la reparación de carreteras, la recolección de basura y la sanidad pública.

### Parlamento estatal o territorial

Todos los estados excepto uno tienen dos cámaras, y los territorios tienen asambleas legislativas, que se ocupan de asuntos locales.

### Parlamento federal

Entre las distintas responsabilidades del Gobierno federal, recibidas del Parlamento, están los asuntos exteriores, la defensa, el comercio y la inmigración.

El **54,9 %** votó en contra de convertirse en una república **en 1999.**

www.bbc.co.uk (1999)

# Índice

Los números de página en **negrita** remiten a las entradas principales.

## A

Abu Dabi 209
acción industrial **152**
acreedores bilaterales 169
acreedores comerciales 169
acreedores multilaterales 169
activismo 147, **154-155**
Acuerdo de París (2015) 192
Acuerdo de Viernes Santo (1998) 200
Acuerdo Estados Unidos-México-Canadá (USMCA) 166
acuerdos 162
África 49, 60-61, 138, 160, 172, **206-207**
African Union (AU) 166
agricultura 93, 95, 190, 193
Agustín de Hipona, san 178
al-Qaeda 183
Alemania 27, 74-75, **202**
  ayuda exterior 190
  derecho continental 88
  deuda exterior 168
  funcionariado 91
  inmigrantes 187
  nacionalismo en 48
  nazismo en 46, 74-75, 76, 141, 172, 179, 202
  sindicatos 152
  sistemas de votación 110
algoritmos 122, 123
alianzas **180-181**
América del Norte **196-197**
anarquía 14, 21, **45**
anarquismo 34, 35, **44-45**
anarquismo socialista 44, 45
Annan, Kofi 106, 107
antirracismo **140-141**
Arabia Saudí 70, 72, **208**
aranceles 170
aristocracia 28, 68
Aristóteles 13, **68-69**
Artha-Shastra 180
asambleas 86, 10
  asambleas legislativas bicamerales **86**, 87

asambleas legislativas unicamerales **86**
asambleas seculares 73
Asia **210-213**
asignaciones 79
Asociación de Naciones del Sudeste Asiático (ASEAN) 167
Asociación Sudasiática para la Cooperación Regional (ASACR) 167
Atenas 30, **31**, 70, 86, 110
Australia 59, 79, 131, **215**
Austria 112, 181
autoritarismo 34, 35, 205
  propaganda y censura 120, 121
  revoluciones **156-157**
ayuda bilateral 191
ayuda exterior 95, 103, 172, **190-191**
ayuda ligada 191
ayuda multilateral 191
Ayuda Oficial al Desarrollo (AOD) 190
ayuda para proyectos 191
ayuda voluntaria 191

## B

Back to Africa, movimiento 60
Banco Asiático de Desarrollo (ADB) 168
banco central 94, 95
Banco Mundial (BM) 41, 164, 168, 169, 190
barreras comerciales internacionales **170-171**
Batista, Fulgencio 75
Beauvoir, Simone de 62, 142
Bentham, Jeremy 36, **37**
Berlin, Isaiah **129**
Bernstein, Eduard 56
Beveridge, William 37
bin Laden, Osama 183
bisexualidad 144, 145
Bismark, Otto von 96
Black Lives Matter (BLM) **141**, 154
boicots 154
bolcheviques 54-55, 156
Bookchin, Murray 42
Brasil **199**
Brexit **113**
brújula política 34-35

Buhari, Muhammadu 115
Build Back Better World 168
burbujas de filtros 122
burguesía 55
Burke, Edmund 38
Burke, Tarana 155
burocracia **90-91**
Bush, George 108

## C

cabildeo 148, 149, **150-151**, 165
cabildeo de base 151
cálculo de felicidad 37
cambio climático **64-65**, 102, 103, 125, 154, 155, 164, 165, 174, 185, 189, **192-193**
cambio de régimen 8
cambio político **104-157**
Cambridge Analytica **115**, 122
campañas
  elecciones 108-109, 148
  protestas 154-155
campañas electorales 108-115
  sistemas políticos **68-81**
Canadá 59, 187, 189, **196**
capitalismo 38, 43, 53, 175
  anarcosindicalismo y 45
  ecología profunda y 64
  libertarismo y 42
  socialdemocracia y 56
  socialismo y **52-53**
Carson, Rachel 64
cartismo **130**, 131
Castro, Fidel 75, 171
Cataluña 112-113, 201
censura 47, **120-121**
Centro de Investigación Pew 122
Centroamérica **196**, 198
*Charlie Hebdo* 119
Chávez, Hugo 50, 198
Chile 155, **199**
China 29, 72, 76, 117, 178, **210**
  acreedores bilaterales 168, 169
  censura 121
  derecho continental 88
  funcionariado 90
  gasto militar 98

geopolítica 188
libertad de prensa 118
revoluciones 157
Tiananmén, plaza de 154-155
chivos expiatorios 120
cibercrimen 189
Cicerón, Marco Tulio 110
ciudades-Estado 13, 28, 31, 162
civilizaciones, crecimiento **13**
clase 30, 136
clasismo 136-137
dirigente 12, 22, 28
interseccionalidad **146-147**
clase alta 136, 137
clase baja 136, 137
clase hereditaria 38, 39
clase media 136
clase social 136
Clinton, Bill 57
Clístenes 31
coaliciones 79, **180-181**
colegio cardenalicio 71
colonialismo 60, 61, 140, 190
colonización, comercio y **172-173**
combustibles fósiles 64, 65, 193
comercio
barreras comerciales internacionales
**170-171**
bloques de comercio 166
globalización y 174, 175
Ministerio de Economía 93
restringido 173
rutas comerciales 188, 189
y colonización 172-173
Comité de Asistencia al Desarrollo 191
Comité Internacional de la Cruz Roja
(CICR) **179**
Compañía Británica de las Indias
Orientales 175
comportamiento cooperativo 16, 17
Comunidad de Estados Independientes
(CEI) 205
Comunidad del Caribe (CARICOM) 166
comunismo 34, 35, 52, **54-55**, 74, 75,
136, 155
Concierto de Europa 162
conexiones internacionales **160-175**
conferencias de paz de La Haya 178
conflicto 18, 129, 162
conflictos de interés 14, 16, 18
Confucio (Kong Fuzi) 24-25
Congreso Panafricano 60

Consejo Ártico **189**
Consejo de Ministros 85, 93
conservadurismo 35, **38-39**, 136
conservadurismo paternalista 39
constituciones 17, 19, 28, 54, **156-157**
Constitución de EE. UU. 124, 197, 211
constituciones 17, **83**, 98, 110
referéndums 112
contaminación 64, 65, 193
contrato social 14, **15**, 16, 17, 18
convenciones de Ginebra (1949) 178
Corea del Norte 118, **121**, 161, 213
Corea del Sur 161, **213**
Costa Rica 99, 181, **198**
COVID-19 98, 142, 155, 164, **165**, 169
Crenshaw, Kimberlé 146-147
crisis de refugiados 186
crisol, modelo del **58-59**
crisis de deuda en Latinoamérica
(década de 1980) 169
Cronin, profesor Audrey Kurth 183
Cruz, Ted 108, 115
Cuba 157, **171**
Crisis de los misiles cubanos (1962)
162
Revolución cubana (1959) **75**
cuidados sociales 92, 100, 101
cultura 142, 175
multiculturalismo **58-59**
cupos de importación 170

# D

Declaración Universal de los Derechos
Humanos (DUDH) 118, **125**, 138
defensa 81, 92, 94, 98
deforestación 64, 193
Delany, Martin 60
democracias 9, 23, 69
abuso de poder 82
democracia directa **30-31**, 112
democracia representativa 31, 112,
200
democracia multipartidista 74,
**78-79**
derecho al voto de los ciudadanos
**130-131**
destituir a los líderes 28
electorado 29, 30
elegir a los líderes 28
gobiernos locales 100

líderes y 20, 21
poder legislativo 85
populismo y 50
referéndums 112
tipos de **30-31**
derecho anglosajón 88, 89
derecho continental 88, 89
derechos 36, 52, **124-131**, 154
derecho al voto de los ciudadanos
**130-131**
derecho de protesta 155
derechos civiles 36, 131, 134, 141, 154,
197
derechos de las mujeres **132-133**, 154
derechos de los empleados 153
derechos de los trabajadores 45
derechos del pueblo 13, **16-17**, 18, 88
derechos humanos 103, 124, 125,
**126-127**, 154, 164, 171
derechos legales **126-127**
derechos morales **126-127**
derechos positivos y negativos
**128-129**
evolución de **124-125**
LGBTQ+ **144-145**
mismos derechos 62, 63
tipos de **126-127**
derechos civiles 36, 131, 134, 141, 154,
197
derechos humanos 36, 103, 124, 125,
**126-127**, 154, 164, 171
derechos legales **126-127**
derechos negativos **128-129**
derechos positivos **128-129**
derechos reproductivos 133, 143
desarme 98
descolonización 141, **172**
desigualdad 18, 42, 94, 134, 185
clasismo **136-137**
género 62, **134-135**, 208
globalización y 175
ingresos 41, 62
interseccionalidad **146-147**
racismo **140-141**
desinformación 114, 115, 121, **122-123**
desperdicio alimentario 193
desregulación 40, 41
deuda exterior **168-169**
devolución de poderes **80**, 200
día de las elecciones 108, 110
diáspora 60, 61
dictadura 74, **76-77**, 99

dilema de la seguridad 98
Dinamarca 80
  anarquismo en 45
  Consejo Ártico 189
  libertad de prensa 118
  modelo nórdico 56
  Producto Interior Bruto (PIB) 191
  sindicatos 152
dinastías 28, 29
dinero, creación de 95
Dios 72, 73
diplomacia **162-163**
diplomacia preventiva 162
discapacidad 58, 96, 102, 135, 147, 149
  liberalismo y 36
  subsidio de vida por discapacidad 97
discriminación 136, 144
discriminación por edad 147
disensión 75, 76, 121
disputas 176
distrito electoral 86, 108, 114
diversidad **135**
Du Bois, W. E. B. 141
Dunant, Henri 179

## E

ecología **64-65**
ecología profunda 64
economía
  barreras comerciales 171
  deuda exterior **168-169**
  dificultades económicas 156
  globalización y 174, 175
  ingresos y gastos del Gobierno
    **94-95**
  liberalismo económico 7
  liberalismo y 37
  migración y 186, 187
  neoliberalismo y 40-41
  política económica 81, **94-95**
  socialdemocracia y 56
  socialismo democrático 57
educación 93, 95, 100, 102, 132, 134, 140,
    184, 190
ejército 83, **98-99**, 190
  ayuda 191
  Costa Rica 99, 181, 198
  dictaduras 76
  fascismo y 47
golpe de Estado 20, 28

líderes 20, 28
  Tailandia 213
Ejército de Tierra y Libertad de Kenia
    183
elecciones 29, **106-115**
  campañas electorales **108-109**, 148
  consejos locales 100
  derecho al voto de los ciudadanos
    **130-131**
  manipulación **114-115**
  sistemas electorales 82, 110-111
electorado 29, 111
  democracia multipartidista 78
  derecho al voto de los ciudadanos
    **130-131**
  referéndums 112
élite, populismo y el 50, 51
embajadas 163
embargos 170
Emiratos Árabes Unidos **209**
energía sostenible 65
Engels, Friedrich 54, 56
«ensaladera», modelo de la 59
equidad 134, 135
Eritrea 112, 118
esclavitud 54, 60, **138-139**, 172, 173
Escocia 80, 200
escrutinio mayoritario uninominal
    (EMU) 78-79, 110, 111
España 76, 112-113, 182, 198, **201**
  anarquismo en 45
  colonización 172
  derecho continental 88
  fascismo en 46
  populismo en 50
  socialismo democrático en 57
espectro político **34-35**
Estado
  anarquismo y 44
  comunismo y 54
  control del ejército 99
  dictadores y 77
  empresas de propiedad estatal (EPE)
    95
  estados de un solo partido **74-75**
  fascismo y 46-47
  federalismo 80
  intervención del Estado 39, 40
  jefe de 84, 85
  libertarismo y 43
  neoliberalismo y 40
  opresión y el 143

protestas y 155
  sistemas políticos 68
  socialismo y 52-53
Estado de derecho 24, 38
estado de naturaleza 14
Estados de un solo partido **74-75**
Estados Unidos de América (EE. UU.) 40,
    181, **197**
  antifascista, movimiento 46
  asamblea legislativa 82
  cabildeo 151
  Cámara de Representantes 86
  campañas electorales 108
  campañas presidenciales 115
  Consejo Ártico 189
  conservadurismo en 39
  Constitución 124, 197, 211
  Declaración de Independencia 17
  derecho al voto 130
  deuda exterior 168
  ejército 98, 99
  elegir a los líderes 28
  embargo comercial de Cuba **171**
  esclavitud 138
  Estados bipartidistas 78
  fronteras 161
  funcionariado 91
  geopolítica 188
  ingresos y gastos 94
  inmigración 58, 187
  libertarismo en 42-43
  movimientos supremacistas de
    extrema derecha 49
  neoliberalismo en 41
  panafricanismo en 60
  poder judicial 89
  populismo en 50
  producto interior bruto (PIB) 191
  protestas 155
  Revolución estadounidense
    (1765-1791) 17, 19, 124, 156
  Senado 86
  sindicatos 152
  socialdemocracia en 57
  socialismo democrático en 57
  terrorismo 181, 183
estatus social **136-137**
Estrada, Joseph 157
ética
  comportamiento ético **24-25**
  ética de la guerra 178-179
Etiopía **206**

etnia 48, 49, 58, 59, 130, 135, 140
  interseccionalidad 146, 147
  minorías étnicas 58
euro **166**
Europa 60, 172, **200-205**
Extinction Rebellion 45, 154
extremismo 49

# F

familias, estructura tradicional 38
Fanon, Frantz 60, 141
Farage, Nigel 50
fascismo 34, 35, **46-47**, 74
Faure, Sébastien 42
federalismo **80-81**, 215
feminismo **62-63**, 133, 142, 143
feudalismo 54, **71**
Filipinas 157
campañas electorales 109
  financiación
    globalización y 174
  ver también economía
Finlandia 56, 118, 152, 189, 204
Floyd, George 141, 154
Fondo Monetario Internacional (FMI)
    41, 164-165, 168, 169, 185
Foro de las Islas del Pacífico (PIF) 167
Francia **201**, 207
  colonización 172
  deuda exterior 168
  homosexualidad 144
  nacionalismo 48
  neofascismo 46
  sindicatos 152
Francisco Fernando, archiduque 182
Franco, Francisco 46, 76, 201
Free State Project **42**
Friedan, Betty 62
Friedman, Milton 41
fronteras **160-161**, 188
fronteras marítimas **161**
funcionariado 82, **90-91**, 92, 93
fundamentalismo 75

# G

Gales 80, 200
Garvey, Marcus 60
gas de efecto invernadero 64, 192-193
Gasoducto Árabe 183
gastos gubernamentales **94-95**
Gaulle, Charles de 201
género 62, 135, 144-145, 184
  desigualdad 208
  igualdad 133
  interseccionalidad **146-147**
  prejuicios de género 143
geopolítica **188-189**
*gerrymandering* 114
Ghana 60, 61
globalización **174-175**, 189
gobernantes y gobierno
  arte de gobernar **26-27**
  ciudadanos y **12-19**
  clase dirigente, 22, 28, 38, 39, 44, 54,
    156
  cómo destituir **28**
  dictadura **76-77**
  elegir **28-29**
  fascismo 46, 47
  líder soberano **14-15**
  liderazgo moral **24-25**
  líderes prudentes **22-23**
  monarquía 68
  pares de relaciones esenciales 25
  populistas 50, 51
  quién debería gobernar **20-31**
  religiosos 73
  reyes filósofos 22-23, 24
  sistemas políticos 69
  tipos de líder **20-21**
  virtudes de 24
Gobierno local **100-101**, 215
gobiernos 28, **194-215**
  ayuda exterior 190
  barreras comerciales 170
  conexiones internacionales **160-175**
  confianza en los 57
  constituciones 83
  control del ejército 99
  democracia multipartidista **78-79**
  derechos legales 126
  derechos positivos y negativos
    **128-129**
  deuda exterior 168

devolución de poderes 80
dictadura **76-77**
diplomacia 162
Estados de un solo partido **74-75**
estructura del Reino Unido 200
federalismo **80-81**
funcionariado **90-91**
globalización y 174
gobierno local **100-101**
gobierno por consentimiento 16
ingresos y gastos **94-95**
instituciones políticas 82
ministerios **92-93**
monarquía y 70-71
organización **66-103**
partidos gobernantes y de la
    oposición **78-79**
poder ejecutivo 82, 83, **84-85**, 92
poder judicial 83, **88-89**
poder legislativo 82, 83, 84, 85, **86-87**
propaganda y censura 118, 120-121
referéndums 112, 113
regionales 80
revoluciones y 157
sistemas políticos **68-81**
sistemas tripartitos 82-83
teocracia y 72-73
y ONG 103
gobiernos regionales 80
golpe de Estado 20, 28, 75, 76, 98, 157,
    213
Gore, Al 108
Gouges, Olympe de 62, 132
Grecia 46, 57
  antigua Grecia 30, 31, 68, 70, 110, 124,
    138, 178
Grotius, Hugo 178
grupos de interés 149, 150
grupos de presión **148-157**
Guaidó, Juan 198
guerra **176-183**, 186, 187, 188
guerra civil española (1936-1939) 45,
    177
guerra contra el terrorismo 181
guerra de Corea (1950-1953) 213
guerra de secesión estadounidense
    (1861-1865) 138
guerra franco-prusiana (1870-1871) 177
Guerra Fría (1947-89) 188
guerras civiles 177, 179

# H

Hacienda 92, 93, **94-95**
Hayek, Friedrich 41
Hegel, Georg 55
hindú 49, 212
Hipias 31
Hitler, Adolf 46, 76
Hobbes, Thomas 12, **14**, 15, 16, 18, 124, 156
homosexualidad 144-145
Hong Kong 117, 210
hooks, bell 62
huelgas 152, 155
Hungría **205**

# I

identidad 48, **134-147**
    políticas identitarias **58-59**
identidad nacional 48
ideología de derechas 34, 35
    ingresos y gastos del Gobierno 94
    libertarismo **42-43**
    populismo 50
    prestaciones sociales y 96
    sistema de clases 136
ideología de izquierdas 34, 35
    ingresos y gastos del Gobierno 94
    libertarismo 42
    populismo 50
    prestaciones sociales y 96
    sistema de clases 136
ideologías políticas **4**, 9, **34-65**
Iglesia católica 71, 72, 162
Iglesia de Inglaterra 72
igualdad 16, 17, 19, 36, 134
    género 184
    ingresos 41
    matrimonio 144, 203
    mismos derechos 62, 63
igualdad matrimonial 144, 203
Ilustración 12, 16, **17**, 45, 124, 157
Imperio británico 172
Imperio otomano 144
impuestos 95
    barreras comerciales 170
    créditos fiscales 97
    federalismo y 80
    Hacienda 94

libertarismo de derechas y 43
modelo nórdico 56, 57
poder legislativo 86
progresivos 94
socialdemocracia y 56, 57
inclusión **134-147**
India 86, 172, 178, 182, 188, **212**
    conservadurismo en 39
    escrutinio mayoritario uninominal (EMU) 79
    gasto militar 98
    nacionalismo en 49
    sistemas de clases 136
    sufragio universal 131
individualismo 35, 42
industria 95, 193
inflación 94
infraestructuras 80, 183, 185
ingresos 41
    apoyo a los ingresos 96
    desigualdad salarial 41, 62, 133
    gubernamentales **94-95**
Iniciativa de la Franja y la Ruta (BRI) 168
injusticia 154
inmigrantes 58, 93, **186-187**
instituciones
    políticas **82-103**
    públicas 76
interés, conflictos de 14, 16, 18
intereses humanitarios 102, 191
internet 114, 117, 120-121, 174, 183, 213
interseccionalidad 63, **146-147**
Irán 72, 86, 121, **163**, **208**
Irlanda del Norte 80, 182, 200
Islam 72, 138
Islandia 56, 86, 189
Israel 45
Italia 46, 47, 48, **203**

# J

Japón 70, 72, 168, 172, 181, 190, **211**
jerarquía, socialismo libertario y 34
Jordania 71, 121
justicia **134-147**, 185

# K

kibbutz, movimiento 45
King, Martin Luther 141
kiriarcado **146**
Kropotkin, Piotr 45
kurdos **49**, 209

# L

labor doméstica 139, 142
legalidad 127
legislación y democracia 30, 31
Lenin, Vladímir 54-55
leyes
    antidiscriminación 145
    Constituciones 83
    cumplimiento de las 85
    derecho continental o anglosajón 88, 89
    dictaduras y 77
    internacionales 178-179
    ley federal 80, 81
    poder ejecutivo 82, 84
    poder judicial **88-89**
    poder legislativo y **86-87**
    religiosas 73
    y democracia directa 30
    y democracia representativa 31
leyes antidiscriminación 145
LGBTQ+ 36, 63, **144-145**, 146, 205
*li* 24-25
liberalismo 35, **36-37**
libertad 16, 17, 36, 42, 44, 119, 129, 155
libertad 19, 34, 35, 36, 42, 52, 129
    comunismo y 55
    de prensa **118-119**
    Declaración Universal de los Derechos Humanos (DUDH) 125
    libertad de expresión 36, 47
    luchadores por la libertad 183
    restricción de la 18, 75
libertad personal 36, 37
libertarismo 34, 35, 37, **42-43**, 44
libre albedrío 14
libre comercio 38, 171, 172
libre mercado 35, 40-41, 43, 56
líderes hereditarios 21, 28-29
líderes y liderazgo **20-31**
    arte de gobernar **26-27**

cómo destituir **28**
dictadura **76-77**
elegir **28-29**
fascista 46, 47
liderazgo moral **24-25**
líderes prudentes **22-23**
populistas 50, 51
religiosos 73
tipos de líder **20-21**
Liga Árabe 167
Liga de las Naciones 164, 185
Locke, John 13, 16-17, 18, 19, 36, 42, 124, 156

# M

Mackinder, sir Halford 189
Maduro, Nicolás 198
Mahan, Alfred Thayer 189
mandato del cielo 29, 72
manifestaciones 149, 155
manifiestos 109
Mao Zedong 55, 76, 210
maorí 214
Maquiavelo, Nicolás **26-27**, 162
Marco Aurelio **22**
marginación 49, 147
Martin, Trayvon 141
Marx, Karl 52, 54, 55, 56, 152, 156, 157
Marxismo 56, 156, 157
marxista-leninista 206, 210
medio ambiente 174, 191, **192-193**
medios de comunicación **116-123**, 143, 196, 204, 205
    dictaduras y 76, 77
    estereotipos negativos 141
    libertad de prensa **118-119**
medios de producción 52, 53
Mercado Común del Sur (MERCOSUR) 166
mercantilismo **172-173**
meritocracias 40
México **196**, 198
Miembro del Parlamento (MP) 150, 200
migración 58, 161, **186-187**, 188
Mill, John Stuart 36, **37**, 42, 177
Ministerio de Asuntos Exteriores 92
ministerios 83, 85, **92-93**
modelo nórdico **56-57**, 204
monarquía 21, 23, 28-29, 30, 54, 68, **70-71**, 85, 200

Canadá 196
derecho divino de los monarcas 72
España 201
Reino Unido 70, 72, 196, 214, 215
Tailandia 213
Montesquieu 82, 83
moral 127
    derechos morales **126-127**
    liderazgo moral **24-25**, 26
    moral personal *vs.* moral política **26-27**
movilidad social 136, 137
Movimiento de Liberación de las Mujeres 63, 133
movimiento sufragista 133
movimientos culturales 61
movimientos de liberación **48-49**, 61
mujeres 58
    #Me Too, movimiento 63, **155**
    Arabia Saudí 208
    derechos de las mujeres 62, 63, 132-133, 154
    feminismo **62-63**
    interseccionalidad **146-147**
    liberalismo y 36
    patriarcado **142-143**
    votar 30, 63, 133, 214
multiculturalismo **58-59**
Mussolini, Benito 46, 203, 206
mutualismo 44
Myanmar 99, 121

# N

nacionalismo 35, 47, **48-49**, 50
nacionalismo negro 60-61
Naciones Unidas (ONU) 106, 162, **164-165**, 167, 190
    Convención de la ONU sobre refugiados (1951) 186
    Acuerdo de París (2015) 192
    Acuerdo de París de la ONU (2015) 64
    Conferencia de Cambio Climático de la ONU (2021) 64
    Conferencia de la ONU sobre el Medio Humano (1972) 64
    Convención de la ONU sobre el Derecho del Mar (1982) 161

Convención de la ONU sobre el Estatuto de los Refugiados (1951) 178
definición de federalismo 80
desafíos globales **184-185**
Objetivos de Desarrollo Sostenible 184, 193
ONG 102
Naess, Arne 64
nave del Estado **22-23**
Nazismo 46, 74-75, 76, 141, 172, 179, 202
negociación colectiva 152
negociaciones bilaterales 162
neofascismo **46**
neoliberalismo 37, **40-41**, 175
neutralidad **180-181**
Nigeria **206**
Nkrumah, Kwame **60**
nobleza 54, 71
Noruega 56, 118, 189, 191, **204**
noticias 122, 123
noticias falsas 114, 115, 121, **122-123**
Nozick, Robert 43
Nueva Zelanda 110, **214**

# O

Obama, Barack 43, 161
Objetivos de Desarrollo Sostenible 184, 193
obligaciones 128
Occupy, movimiento 42, 50
océanos 64, 65
oligarquía 69
opinión pública **120-121**
opresión, estructuras de **142-143**
Orbán, Viktor 50, 205
orden social 38
Organismo Internacional de Energía Atómica (OIEA) 165
Organización de las Naciones Unidas para la Alimentación y la Agricultura (FAO) 165
Organización de Países Exportadores de Petróleo (OPEP) 167
Organización del Tratado del Atlántico Norte (OTAN) 167, 181, 204
Organización Mundial de la Salud (OMS) 165, 185
organizaciones intergubernamentales (OIG) **166-167**

Organización Internacional de Policía Criminal (INTERPOL) 167
Organización para la Cooperación y el Desarrollo Económicos (OCDE) 190-191
Organización para la Unidad Africana (OAU) 60
organizaciones internacionales globales **164-165**
organizaciones no gubernamentales (ONG) **102-103**, 114, 190
Orgullo **144**
orientación sexual 135, 144-145, 146
Oriente Medio **208-209**
Orwell, George 49, 119

# P

Pacto de Varsovia 181
páginas web 117, 120-121, 183
Países Bajos **203**
panafricanismo **60-61**
Pankhurst, Emmeline 131, 155
Panteras Negras 60
Papa 71, 72
pares de relaciones **25**
Partido Acción Popular (PAP) 211
Partido Comunista Chino (PCCh) 210
Partido Comunista de Cuba 75
Partido Comunista de Vietnam (PCV) 212
Partido Comunista Polaco 152
Partido de la Independencia del Reino Unido (UKIP) 50
Partido Demócrata 78
Partido Fascista Italiano 46, 47
Partido Laborista 152
Partido Libertario 78
Partido Popular Indio (BJP) 39
Partido Republicano 39, 78
partidos de la oposición 74, 75, 76, **78-79**
partidos políticos 34, 74, **78-79**
patriarcado 62, **142-143**, 146
patriotismo 39, 48
paz 176, 177, 178, 179, 185
pensamiento racional 16
pensiones 97
pérdida de biodiversidad 65, 193
Perez, Caroline Criado 143
periódicos 116, 118-119

Pinochet, Augusto 199
Plan Marshall 190
Plan de Acción Integral Conjunto (JCPOA) 163
Platón 22-23, 24, 68
pobreza 41, 190
Podemos, partido 50, 57
poder 84, 188
poder ejecutivo del Gobierno 82, 83, **84-85**, 92, 98
poder judicial del Gobierno 83, **88-89**
poder legislativo del Gobierno 82, 83, 84, 85, **86-87**
*politeia* 68, 69
política exterior 81, 85, 162
política monetaria 94
políticas
    aprobación de medidas en el funcionariado **90-91**
    implementación de 85
    ministerios del Gobierno **92-93**
    política económica **94-95**
    política exterior 81, 85, 162
políticos 23, 92
Polonia 133, 152, **204**
populacho 58
populismo **50-51**
Portugal 46, 172, 199
prensa **118-119**, 196
preocupaciones globales **184-193**
presidentes 84, 85, 92, 93, 197
prestaciones sociales 83, 57, **96-97**
préstamos 95
préstamos globales **168-169**
Primavera Árabe 117, 155
primeros ministros 84, 85, 92, 93, 200
principio del daño 36-37
privación de derechos 114
privatización 38, 40, 41, 43, 53
producto interior bruto (PIB) 169, 191, 202
proletariado 55, 152
propaganda 76, 77, 118, **120-121**
propiedad comunal 52-53
propiedad pública 52
proposiciones de ley 87
protestas 121, **148-157**
Proudhon, Pierre-Joseph 45
pueblo
    derechos del pueblo 13, **16-17**, 18, 88
    voluntad del pueblo **30-31**
pueblos indígenas 172

África 61, 140
Australia 131, 140, 215
Canadá 59, 196
Chile 199
Costa Rica 198
puerta giratoria **151**
Putin, Vladímir 115, 205

# QR

*queer* 144, 145
racismo 62, 138, **140-141**, 197
    crisol, modelo del 59
    nacionalismo 49
    panafricanismo 60, 61
Rawls, John 134
raza 130, 131
    interseccionalidad 63, **146-147**
Reagan, Ronald 41
*realpolitik* 26
reciclaje 65, 101, 150
redes sociales 63, 109, 117, 121, 122-123, 125, 148, 154, 175
referéndums **112-113**, 200
Reino Unido **200**
    asamblea legislativa 82
    cabildeo 150
    colonización 172
    Constitución 83, 200
    derechos de las mujeres 133
    deuda exterior 168
    devolución de poderes 80
    escrutinio mayoritario uninominal (EMU) 79
    estructura gubernamental 200
    funcionariado 90
    gasto militar 98
    Iglesia de Inglaterra 72
    inmigración 58, 187
    monarquía 70, 72, 196, 214, 215
    neoliberalismo en 41
    poder judicial 89
    populismo en 50
    producto interior bruto (PIB) 191
    referéndums 113
religión 58, 130, 135
    fundamentalismo 75
    interseccionalidad 146
    líderes religiosos 21
    organizada 38
    teocracia **72-73**